나폴레온 힐
당신은 반드시 성공할 것이다

Napoleon Hill's Keys to Success
: The 17 Principles of Personal Achievement
by Napoleon Hill

First Plume printing 1997
First Plume printing(Green Preface) 2007
First TarcherPerigee edition 2017

역사가 증명한 부의 바이블, 나폴레온 힐 성공 철학의 모든 것

나폴레온 힐
당신은 반드시
성공할 것이다

나폴레온 힐 지음 | **김현정** 옮김

일러두기

1. 이 책은 어느 장을 읽더라도 나폴레온 힐의 성공과 성취에 대한 깊은 통찰에 영감을 받을 수 있을 것이다. 단, 최상의 이해와 효과를 위해 첫 장부터 순서대로 개념을 파악하며 읽어나갈 것을 추천한다.

2. 이 책은 성공의 17가지 원칙에 대해 나폴레온 힐이 직접 작성한 글과 이론을 그대로 제시함으로써 독창성을 살렸다. 몇 가지 생경한 개념의 이해를 돕기 위해 아래 해설을 추가한다.

* 무한 지성 - 무한 지성은 우리가 잠재의식의 힘을 믿음으로써 다가갈 수 있는 무한한 지식이다. 논리를 뛰어넘는 예감이나 직감, 통찰력 같은 분명히 존재하는 인간 정신의 힘이다.
* 마스터 마인드 연합 - 두 사람 이상이 명확한 하나의 목표를 달성하기 위해 지식과 노력을 모아 협력하는 것을 뜻한다. 조력 집단이라고 이해해도 좋다.
* 실행하는 믿음 - 여기서 믿음은 목표, 계획, 목적이 물리적 또는 경제적 등가물로 변환될 수 있는 마음의 상태를 말한다. 당신이 믿는 신, 당신 자신, 그리고 당신에게 열려 있는 무한한 기회를 믿고 활용하는 것을 의미한다.
* 우주적 습관의 힘 - 천체가 우주적 질서에 따라 움직이듯 우리 역시 이런 불변 진리의 영향을 받는다는 개념이다. 개인 성취학에서는 행동, 사고 습관을 통제함으로써 이러한 질서를 통제할 수 있다고 본다. 우리가 특정한 생각을 반복함으로써 습관으로 만들면, 우주적 힘이 이러한 사고 패턴을 이어받아 어느 정도 영구적인 것으로 발전시키고 이를 실제로 불러올 것이다.

성공 철학의 선구자가
직설 화법으로 전하는 최고의 조언

이 책은 나폴레온 힐Napoleon Hill이 쓴 지금까지의 저서들 가운데 가장 실용적이면서도 명확하게 성공의 17가지 원칙을 다루고 있다. 이 원칙들은 지속적으로 성취를 이뤄낸 사람들이 지닌 태도와 행동의 핵심적인 면모를 담고 있다. 이러한 태도와 행동을 자기 것으로 만든다면 당신도 그들과 마찬가지로 반드시 목표를 이룰 수 있을 것이다.

평생의 작업

철강 회사 창업주이자 위대한 자선 사업가로 활동한 동시에, 당대 최고의 부자였던 앤드루 카네기Andrew Carnegie는 젊은 나폴레온 힐에게 필생의 작업이 될 일을 맡겼다. 바로 미국의 위대한 인물들이 가지고 있는 자질, 그들이 오래도록 성공을 이어갈 수 있었던 핵심 요인을 취합해 분석해달라는 것이었다. 카네기로부터의 동기 부여와 군은 결의로 무장한 힐은 그렇게 500명이 넘는 업계 거물들을 인터뷰하며 이들 철학의 핵심을 정리해 논리적인 체계로 만들어내는 일에 착수했다.

힐은 헨리 포드Henry Ford, 토머스 에디슨Thomas Alva Edison, 우드로 윌슨Woodrow Wilson(제28대 미대통령), 그리고 프랭클린 루스벨트Franklin Roosevelt(제32대 미대통령)와 같은 인물들로부터 값진 통찰력을 얻었다. 또한 이들 각자가 마주해야 했던 한계에 대해서도 알 수 있었다. 포드는 개인적으로 견디기 어려운 사람이라는 것이나 청력을 거의 잃은 에디슨의 힘겨움을 이해하게 되었다.

힐은 대공황 시절 루스벨트 대통령을 위해 국가적 병폐와 맞서 싸웠지만, 정부가 추진한 상당수의 프로그램에는 강하게 반대하는 입장이었다. 그는 그러한 프로그램이 개인의 노력은 도외시하면서 미국인들로 하여금 스스로 노력하게 하기보다는 타인에게 의존하게 만든다고 생각했다. 그러나 이렇듯 다양한 이들과 함께 일했던 경험은 훗날 힐에게 있어 그의 연구 대상들이 성취해낸 것들을 전부 합한 것보다 더 큰 깨달음을 얻는 계기가 되었다.

힐은 이미 자신의 연구 결과를 상세히 밝힌 몇 권의 책을 펴낸 후 상업적 성공을 거두었지만, 그가 이룬 최고의 성과는 바로

1937년에 출간한 역대 최고의 베스트셀러《생각하라 그리고 부자가 되어라(Think and Grow Rich)》(국내에서 다양한 제목으로 번역, 출간되었다)였다. 영감을 주는 내용들로 가득한 이 책은 성공으로 가는 길에 대한 명쾌하고 간략한 설명으로 독자들 사이에서 돌풍을 일으켰다. 힐은 이 책에서 일상의 언어로 개인적인 성취를 이루는 방법을 기술하고 있으며, 그와 관련한 풍부한 예시와 권고도 함께 담았다. 지금까지 매년 나폴레온 힐의 역작을 읽은 수만 명의 새로운 팬들이 생겨나고 있으며, 이들의 삶은 엄청나게 달라졌다.

책 출간 후에도 나폴레온 힐은 자신이 설계한 아이디어를 바탕으로 성공을 이룬 사람들을 만나면서 나날이 지혜가 깊어졌다. 계속해서 자신의 철학을 다듬어나가며 철학의 핵심을 더욱 뚜렷하게 만들었다. 그는 이후 30년간 자신의 새로운 지식을 쉴 틈 없이 이어진 연설과 강연, 그리고 글을 통해 계속해서 대중에게 전파했다. 그는 평생에 걸쳐 가능한 한 직접적이고 개인적으로 많은 사람에게 성공의 복음을 널리 전했다.

그러나 안타깝게도 나폴레온 힐의 번뜩이는 지성의 많은 부분이 책의 형태로 출간되지 못했다. 많은 사람들이《생각하라 그리고 부자가 되어라》이후에도 그가 계속 연구해온 보다 실용적인 성공의 지침을 접할 수 없었다. 바로 이러한 점을 고려해 나폴레온 힐 재단은 그가 말년에 진행했던 강연 자료 중 도움이 될 만한 주요 내용들을 이 책에 담기로 했다.

새로운 작업

이 책에는 당신이 성공의 17가지 원칙을 수행하기 위해 필요한 직접적이고 단순하면서도 훌륭한 조언과, 《생각하라 그리고 부자가 되어라》의 근간이 되는 중심 아이디어, 그리고 힐이 평생에 걸쳐 연구했던 핵심 내용이 모두 담겨 있다. 이를 통해 아이디어와 열정을 어떻게 성공을 위한 유기적이고 종합적인 계획으로 수렴할 수 있는지에 대한 방법을 확인할 수 있을 것이다.

17가지 성공의 원칙을 적용하는 기술, 이를 발전시킬 수 있는 방법, 그러한 기술과 방법이 당신의 삶에 가져다줄 수 있는 실질적인 통찰력을 나폴레온 힐이 제시한 그대로 이 책에 실었다.

이 책은 나폴레온 힐이 직접 쓴 원고, 강연, 대학 강의 교재 등에서 발췌해 취합한 내용들로 구성되었다. 또한 17가지 원칙이 실제에 적용된 최신 사례를 추가했다.

그가 전하는 지혜는 보편적이고 지속성이 있어서 그의 조언을 따르다 보면 힐이 그랬던 것처럼 당신의 일생에 걸쳐 그 유용함이 틀림없이 드러날 것이라 믿는다. 같은 원리로, 이 책에 나온 17가지 원칙을 무시하는 경우에도 그 폐해를 손쉽게 확인할 수 있을 것이다. 그에 관한 내용 역시 이 책에 담겨 있다.

나는 이 책이 나폴레온 힐의 저서 중 단연 최고의 작품이라 감히 말하겠다. 버지니아의 오지에서 자라 훗날 역대 대통령들의 측근 자리에까지 오르며 미국 특유의 성공 철학의 선구자가 된 사람이 직설 화법으로 전하는 최고의 조언이 담겨 있기 때문이다.

힐이 제시한 명확한 지침과 날카로운 통찰력, 다양한 기회를 현재 상황을 개선하는 데 활용하고 따르다 보면, 당신은 분명히 전보다 더 나은 동시에 가치 있는 존재가 될 수 있을 것이다. 이 책을 읽으면서 나폴레온 힐이 가진 모든 생각의 핵심이 되는 근본적인 행동 원리를 언제나 마음 깊이 새겨라. 그러다 보면 당신은 당신보다 먼저 이를 실천한 수백만 명의 사람들과 마찬가지로 성공이라는 보상을 틀림없이 누리게 될 것이다.

**당신의 마음이 상상하고 믿을 수 있는 모든 것은
노력으로 성취할 수 있다.**

W. 클레멘트 스톤
미국 사업가, 세계적 성공학 멘토

당신은 성공에 도달하게 될 것이다
지금 당장 시작하라

나폴레온 힐은 1883년 사우스웨스트 버지니아의 험준한 산악 지역의 한 마을에서 태어났다. 그는 자신의 가족에 대해 이렇게 묘사했다. "힐 가문의 사람들은 3대에 걸쳐, 사는 내내 무지와 문맹과 가난과 싸워야 했고, 자신들이 속한 산악지대 밖에서는 한 번도 살아보지 못하고 죽었다. 이들은 농사를 지으며 살았는데, 옥수수로 밀주를 만들어 판 돈으로 생계비를 마련했다. 게다가 이들이 살던 마을은 철도도, 전화도, 전기도 없을 뿐더러 고속도로도 지나지 않는 곳이었다."

힐은 아홉 살 때 어머니를 여의었다. 이는 나폴레온 힐에게 있어 큰 비극이었으나 한편으론 그의 성공 가능성이 커지는 계기가 되었다. 그의 아버지는 교육받은 젊은 미망인과 재혼했는데 힐에게 있어 새어머니의 존재는 마치 축복과 같았다. 새어머니는 끊임없이 힐에게 용기를 주었다. 또한 새어머니의 도움으로 타자기를 갖게 된 덕분에 나폴레온 힐은 14세 때부터 글을 쓸 수 있었다.

검소하거나 궁핍한 환경에서 태어난 다른 수백만 명의 미국인들이 그렇듯, 나폴레온 힐 역시 토머스 에디슨, 앤드루 카네기, 헨리 포드 등 열정을 갖고 자수성가한 사람들을 거의 숭배에 가까운 마음으로 우러러볼 수밖에 없었다. 오늘날에도 이와 아주 비슷하게, 부유하고 유명한 사람들이 신처럼 대우받는 상황이 존재한다. 다른 수백만 미국인들이 그랬던 것처럼 힐도 많은 이들이 실패한 분야에서 성공을 이룬 사람들과 그들이 성공할 수 있었던 이유, 그리고 부와 힘을 얻기 위해 자신의 삶을 어떻게 꾸려가야 할 것인가에 대해 관심을 가질 만했다. 당연히 힐은 이런 거물들과 만나 보길, 그리고 이들이 엄청난 성취를 이룰 수 있었던 바탕이 된 지혜를 얻길 꿈꿨을 것이다.

그러나 이처럼 자수성가한 부자들에 대해 감탄과 흠모를 아끼지 않았던 수백만 명의 사람들과는 달리, 나폴레온 힐은 실제로 자신의 꿈을 이룰 운명이었다. 힐은 당대 미국에서 가장 성공한 사람들을 만나 그들에게 깊은 인상을 주었을 뿐만 아니라, 성공 비결을 연구하고 익혀서 전 세계에 전파하는 것을 평생의 업으로 삼았다.

운명은 결국 나폴레온 힐을 그의 멘토인 앤드루 카네기에게 이끌었다. 1908년, 마침내 힐은 카네기를 인터뷰할 기회를 얻었다. 당시 74세였던 카네기는 뉴욕시 5번가에 자그마치 예순네 개의 방이 딸린 대저택에서 살고 있었다. 힐은 카네기가 변변한 교육도 받지 못한 스코틀랜드 출신의 가난한 이민자 가정의 소년으로 열두 살 때부터 일을 시작했다는 것을 알고 있었기에 마음 깊이 그에 대한 존경심을 품고 있었다. 카네기는 서른다섯 살에 미국 철강 산업을 일으켰고 엄청난 부자가 되었다. 그는 아메리칸 드림의 실현을 대변하는 인물이었을 뿐만 아니라, 힐에게 실로 깊은 인상을 남기기도 했다. 힐은 카네기로부터 전해 받은 지혜, 가치관, 통찰력을 통해 성공 철학의 기반을 쌓았고, 결국 평생에 걸쳐 위대한 성공의 원칙을 만들어 나갈 수 있었다.

힐의 성공 철학은 그가 직접 강연하던 시대와 마찬가지로 지금도 여전히 유효하다. 그의 성공 철학을 배우고 따르는 당신 또한 앞서 성공한 수많은 사람들의 경험과 성공에 이르는 검증된 방법을 통해 분명 많은 것을 배울 수 있을 것이다.

이 책을 읽기 전, 모든 성취의 출발점인 '명확한 목표를 세우라'는 첫 번째 원칙에 특히 유념하길 바란다. 가장 먼저 당신의 목표를 명확히 파악해야 한다. 그러고 나서 그 목표에 도달하기 위한 계획을 만들어야 한다.

나폴레온 힐은 목적 없이 인생을 허송세월하는 것이 실패의 가장 큰 요인이라고 말한다. 명확한 목표를 세우고 나서 나머지

16가지 원칙을 꼼꼼히 읽고 살펴보면, 당신 또한 극소수의 사람들만이 달성할 수 있는 성공에 도달하게 될 것이라 확신한다.

이제 선택은 당신의 몫이다. 지금 당장 시작하라.

돈 M. 그린

나폴레온 힐 재단 이사

차례

1

명확한 목표를 세워라

◆ ◆ ◆

성공을 향해 나아가기에 앞서 가장 먼저 맞닥뜨리게 되는 근본적인 질문이 있다. 바로 '어디로 향하고 있는가'이다. 모든 성취는 명확한 목표에서 출발하므로 만약 목표가 명확하지 않다면 100명 중 98명은 난관에 부딪히게 된다. 즉, 목표가 불분명하면 시작조차 어려운 것이다.

지속적인 성공을 일군 사람들의 사례를 살펴보면, 이들에게는 하나같이 명확한 목표가 있었다는 것을 알 수 있다. 이들은 모두 그 목표에 도달하기 위한 계획을 세우고 그것을 실현하는 데 자신의 생각과 노력을 쏟아부었다.

앤드루 카네기는 나로 하여금 위대한 인물들이 지속적인 성공의 기준으로 삼은 원칙들을 종합하고 이를 널리 알리겠다는 명확한 목표를 세울 수 있게 해준 사람이었다. 카네기는 제철소 노동자로 처음 일을 시작했다. 그는 누구보다도 뛰어난 품질의 철강을 생산해 판매하겠다는 명확한 목표가 있었기에 훗날 미국 최고의 부호 중 일인이 될 수 있었고, 또한 미국 전역의 작은 마을에 무료 도서관을 건립할 수도 있었다. 그의 명확한 목표는 단순한 바람^{Wish}을 넘어 **열망**에 가까운 것이었다. 자신만의 열망을 발견할 때 비로소 성공에 닿을 수 있다.

바람과 열망은 결정적인 차이가 있다. 사람은 누구나 돈, 명예, 존경 등 더 나은 것을 원하지만 대부분은 그저 바라는 데 그치고 만다. 인생에서 자신이 원하는 바를 알고, 바람을 집념의 수준으로 끌어올리기 위한 각오를 다지며, 끊임없는 노력과 제대로 된 계획을 통해 그러한 집념을 밀고 나가다 보면 어느새 깨달음이 찾아오고 명확한 목표가 자리를 잡는다.

남다른 비결

이 책의 가장 중요한 내용은 이 지면이 아닌 당신의 마음속에 이미 새겨져 있다. 일단 마음의 무궁무진한 잠재력을 활용하는 방법과 기존의 지식을 체계화하는 방법을 배우고 나면, 이를 당신의 목표 달성에 필요한 역량으로 바꿀 수 있다. 다음의 격언을 살펴보자.

"며칠간 가꿀 생각이라면 꽃을 심고,

몇 년간 가꿀 생각이라면 나무를 심고,

영원히 가꿀 생각이라면 아이디어를 심어라!"

나는 당신의 마음속에 아이디어를 불러일으키려는 취지로 이 책을 쓰게 되었다. 이 책을 통해 당신은 자신의 또 다른 자아, 즉 타고난 정신력의 한계를 파악하고 실패를 용납하거나 인정하지 않는 자아를 만나게 될 것이다. 또한 정당한 노력의 대가를 적극적으로 요구할 수 있는 의지를 갖게 될 것이다.

랠프 월도 에머슨Ralph Waldo Emerson은 다음과 같은 글을 남겼다. '단 하나의 아이디어가 한 세기에 걸친 사람과 동물, 엔진의 노동량을 모두 합한 것보다 더 무거울 수 있다.' 이제부터 명확한 목표에 대한 아이디어를 실행에 옮겨 보자.

명확한 목표의 장점

명확한 목표는 자립심, 자기 주도성, 상상력, 열정, 자기 훈련, 집중력을 발휘하게 하는 원동력이다. 반대로 말하면, 이 모든 자질이 목표 달성을 위한 성공의 필수 요소라고 할 수 있다. 이 책 전체에 걸쳐 이러한 자질들이 어떤 결과를 가져다주는지, 그리고 이러한 자질을 획득하고 개발한 다음 이를 성공으로 향하는 계획에 어떻게 접목할 수 있는지에 대해 자세히 다루어 볼 생각이다.

명확한 목표는 이 밖에도 다양한 장점을 가져다준다.

전문화

명확한 목표가 있으면 전문성을 키우는 데 있어 동기 부여가 되며, 이러한 전문화는 완벽을 추구하는 데 도움이 된다. 인생에서 성공은 특정 분야의 지식을 얼마나 많이 확보하고, 그러한 능력 범위 내에서 얼마나 뛰어난 성과를 거둘 수 있느냐에 상당 부분 좌우된다. 따라서 교양을 쌓는 일은 중요하다. 이를 통해 자신의 적성과 욕구를 파악할 수 있기 때문이다. 그렇게 적성과 욕구를 파악하고 난 뒤에는 곧바로 주요 관심 분야에 대한 전문 지식을 쌓아나가야 한다. 이때 명확한 목표가 있다면 당신이 성공하는 데 필요한 전문 지식을 끌어당기는 자석과 같은 역할을 해줄 것이다.

시간과 돈 배분하기

일단 명확한 목표를 정하고 나면 그것을 달성하기 위해 당신의 시간과 돈, 일상의 모든 노력을 적절히 배분해야 한다. 특히 시간 배분이 중요하다. 매 순간이 목표를 향해 나아가는 과정이기에 가장 중요한 요소로 작용한다. 돈은 성공으로 향하는 길을 갈 때 방황하지 않도록 해주는 이정표처럼 최고의 강점으로 작용할 것이다.

민첩한 기회 포착

목표가 명확하면 그와 관련된 기회를 더 빠르게 포착할 수 있고, 이로 인해 동기 부여가 수월해짐으로써 더 적극적인 행동을 할 수 있다.

에드워드 보크Edward Bok는 미국 이민자 가정 출신으로 글쓰기를 업으로 삼았다. 그는 자신의 전기 집필 사업이 잘 되어가자 여섯 명의 직원을 고용했다. 어느 날 저녁, 극장에서 상연작 브로슈어를 살펴보던 그는 그것이 크고 무거운 데다 인쇄 상태도 형편없어서 글이 눈에 잘 들어오지 않는다는 사실을 알게 됐다. 그는 그 자리에서 들고 다니기 편하고 눈에 더 잘 들어오면서도 재미있는 읽을거리가 실린 작은 브로슈어를 만들어야겠다고 생각했고, 곧바로 브로슈어의 시안을 준비해 다음 날 아침 극장 지배인을 찾아가 보여주었다. 지배인이 보기에도 훨씬 좋아진 브로슈어를 내밀면서, 그는 이를 무료로 배포하는 대가로 브로슈어 제작 독점권을 얻기로 했다. 브로슈어에 광고를 실어 버는 돈으로 제작 비용을 충당하고 수익도 낼 수 있으리라는 계산이었다. 극장 측은 이에 동의했고, 보크는 출판 및 광고 분야에서 자신보다 더 경험이 많은 친구와 동업을 시작했다. 이들은 경쟁을 피하기 위해 재빨리 시내의 다른 모든 극장과 계약을 체결했다. 사업이 번창하면서 여러 잡지를 창간하기에 이르렀고, 보크는 〈레이디스 홈 저널Ladies' Home Journal〉이라는 잡지의 발행인이 되었다. 이처럼 다른 이들의 결점을 재빨리 파악하는 동시에 기회를 포착할 줄 알면 성공은 더 빠르게 다가올 것이다.

의사 결정 능력

성공한 사람들은 대체로 의사 결정이 빠르고(모든 정보를 취합하자마자 결정을 내린다) 확고하다. 반면 성공하지 못한 사람들은 의사 결정이 늦고 자주 바꾸기까지 한다. 100명 중 98명은 성공을 위한 목표를 정하고 이를 위한 계획을 세우는 법이 없다는 사실을 떠올리자. 이들은 결정을 내리지 못하는 것은 물론, 이를 밀어붙이지도 못한다.

그렇다면 결정을 회피하는 버릇은 어떻게 고칠 수 있을까? 당장 다음 순간 마주하는 문제부터 시작하라. **어떤 결정이든 내리는 것이다.** 이는 아무런 결정도 내리지 않는 것보다 낫다. 처음에 좀 실수하더라도 용기를 가져라. 타율은 점점 올라갈 것이다. 자신이 원하는 바를 제대로 아는 것은 당연히 모든 의사 결정에 있어 도움이 될 것이다. 그것이 자신의 목표 달성에 도움이 될지 되지 않을지를 스스로 판단할 수 있기 때문이다.

협력

명확한 목표는, 당신이 다른 이들로부터 호감을 얻고 그들로 하여 금 협력하고자 하는 마음을 고무시키는 데 도움이 될 것이다. 당 신의 목표를 향한 의지가 곧 매력이자 자신감으로 비쳐지기 때문 이다.

앞서 말한 자기 인생의 주요 목표를 결정하지 못하는 98명의 사람들은 보통 목표가 확고한 한 사람으로부터 영감을 받는다. 그 리고 목표를 향해 발을 내딛은 소수의 사람들은, 역시 자신들처럼 목표를 향해 나아가는 사람들을 알아보고 도와주고 싶어 한다.

믿음

명확한 목표의 최대 장점은 반드시 성공할 것이라는 믿음을 갖게 된다는 것이다. 이것은 긍정적인 사고방식을 불러오며 의심과 좌 절, 우유부단, 미루는 습관이라는 한계로부터 당신을 자유롭게 해 준다.

이러한 한계는 당신이 성공을 향해 가며 앞으로 마주하게 될 최대 방해 요인 중 하나다. 이 책의 뒷부분에서 이를 극복하는 내 용에 대해 구체적으로 다루겠지만, 스스로를 믿고 자신의 잠재력 을 최대한 실현할 수 있도록 온 우주가 움직이고 있다고 믿으면 분 명 도움이 될 것이다. 지금부터 시작해보자.

성공 의식

목표를 이룰 수 있다는 믿음과 밀접하게 관련된 것이 바로 성공 의식이다. 성공에 대한 생각에 골몰하다 보면 스스로 실패의 가능성을 밀어내게 된다.

오래전, 솔트레이크시티에 한 청년이 살았다. 그는 평소 부지런하고 근검절약하는 태도로 주변 사람들로부터 칭송받곤 했다. 그러던 어느 날 친구들을 경악하게 한 사건이 일어났다. 그가 은행에서 자신의 전 재산을 인출해 뉴욕 모터쇼에 간 다음, 새 차를 사서 몰고 돌아온 것이다. 게다가 그는 집에 오자마자 새 차를 차고에 넣고는 잭으로 들어올리더니 조각조각 분해하기 시작하는 것이 아닌가! 모든 부품을 자세히 살펴본 그는 다시 차를 조립하기 시작했다. 이를 지켜보던 사람들은 모두 그가 굉장한 괴짜라고 생각했다. 그리고 그가 그 과정을 여러 번 반복하기 시작하자 사람들은 그가 미친 게 분명하다고 생각했다.

그 남자는 바로 획기적인 아이디어로 자동차 산업을 혁신적으로 바꾸어놓은 월터 P. 크라이슬러Walter P. Chrysler였다. 솔트레이크시티 주민들의 이름을 딴 대기업이나 고층 건물이 하나도 없는 것으로 보아, 주민들은 당시 크라이슬러의 광기에 나름의 체계가 있다는 것을 꿰뚫어 볼 줄 몰랐던 모양이다. 이들은 확고한 성공 의식이 한 사람의 성공에 얼마나 크게 관여하는지 알아차릴 수 없었던 것이다.

잠재의식의 힘

반복적인 노력을 통해 의식 속에 자리 잡은 목표를 향한 지배적인 아이디어와 계획, 그리고 목적이 이를 실현하고자 하는 강렬한 열망에 의해 정서적으로 강화되고 나면, 잠재의식은 이를 이어받아 이용 가능한 모든 자연 및 논리적 수단을 통해 실행하기 시작한다.

내가 언제든지 완벽한 통제권을 행사할 수 있는 유일한 대상은 마음가짐밖에 없다. 통제권이란 대상을 통제할 수 있는 권리를 갖는다는 뜻이다. '통제한다'와는 엄연히 다르다. 당신은 습관적으로 이러한 통제권을 행사하는 법을 익혀야 한다.

의식이란 추론과 사고가 일어나는 영역이다. 의식은 정보와 데이터를 분석하며 잠재의식을 지키는 문지기 역할을 하고, 경험의 결과로 형성된다. 반면 잠재의식은 생각이나 추론, 심사숙고의 영역이 아니다. 기본적인 감정에 대응해 본능적으로 행동하는 일이다. 사람들 간에 차이가 나타나는 이유는 각자 의식을 훈련한 방식이 다르기 때문이다. 잠재의식의 차원에서 보면 거의 대부분이 비슷하다.

잠재의식이 자동차라면 의식은 운전자에 비유할 수 있다. 동력은 운전자가 아닌 자동차에서 나오는데, 운전자는 이러한 동력을 방출하고 관리하는 법을 배워야 한다.

잠재의식은 강렬한 감정을 경험하는 동안 의식이 전달하는 모든 이미지를 받아들인다. 이 둘을 카메라라고 생각해보자. 의식은 욕망의 이미지에 포커스를 맞추고 이를 잠재의식이라는 필름 위의 한 지점으로 가져오는 렌즈 역할을 한다. 이 카메라로 좋은 사진을 얻는 방식은 다른 카메라와 같다. 초점이 선명하고, 노출이 적정해야 하며, 타이밍을 제대로 맞춰야 한다.

초점을 제대로 맞추려면 우선 촬영의 목적이 명확해야 한다. 또한 사진을 찍을 때 구도를 세심하고 정확하게 조절해야 한다. 프레임에 무엇을 포함할지는 **스스로** 결정하는 것이다. 적절한 타이밍은 노출의 순간 당신의 욕망의 강도에 따라 결정된다. 풍부한 경험을 가진 사진작가가 중요한 이미지를 단 한 장만 찍는 경우는 거의 없다. 원하는 사진을 얻을 때까지 몇 번이고 계속해서 찍는 것이다.

이처럼 잠재의식을 욕망의 이미지에 반복적으로 노출시키는 것이 관건이다. 원하는 정확한 이미지가 잠재의식에 전달될 때까지 그 과정을 반복해야만 하는 것이다. 잠재의식에 이미지를 각인 시킬 때 감정적인 상태가 될까 봐 겁먹을 필요는 없다. 가치 있는 목표를 위해서라면 이런 종류의 자기암시는 두려워하지 않아도 된다. 잠재의식에 계획이라는 이미지를 각인시키는 정도가 강할 수록, 잠재의식이 작동하는 속도도 빨라지며 당신의 행동을 적절하게 유도함으로써 사진이라는 물리적인 부분을 끌어올 수 있다.

명확한 목표 실행하기

잠재의식이 나에게 도움이 되도록 하는 것은 성공으로 가는 수많은 단계 중 첫 번째에 불과하다. 다른 이들의 협력을 얻어내지 못하고 엄격한 기준을 따르지 않으면 성공하지 못한다. 그 기준에 대해서는 이 책의 나머지 부분에서 다룰 예정이다.

일단 명확한 목표를 세웠다고 가정해보자. 이제 당신은 으레 나올 법한 질문, 즉 계획 실행에 필요한 자원을 어디에서 얻을 것인가에 대해 자문할 것이다. 무일푼에서 부를 향해 나아갈 때는 으레 첫 단계가 가장 어렵다. 핵심은 스스로 노력해서 부와 재물을 얻으려면, 우선 추구하는 바를 분명하고 간결하게 그려내야 한다는 사실이다. 그러한 그림이 집념으로 발전할 때 비로소 당신의 모든 행동이 부의 획득으로 수렴된다는 사실을 깨달을 것이다.

여기서 앤드루 카네기의 인생은 또 한 번 훌륭한 예가 되어준다. 그는 강철을 생산하겠다는 목표를 정한 순간부터 그 열망을 키워가면서 삶의 원동력으로까지 승화시켰다. 카네기는 한 친구를 찾아갔다. 친구는 그와 마찬가지로 빈털터리였으나, 그의 아이디어가 얼마나 가치 있는지 알아볼 만큼 똑똑한 사람이었다. 카네기의 엄청난 집념에 감탄한 그 친구는 카네기와 함께 일해보기로 결정했다. 이들의 열정은 또 다른 두 사람을 설득하기에 충분했다.

그리하여 훗날 카네기 제국의 핵심 인물이 된 이 네 사람은 함께 마스터 마인드 그룹을 만들었는데, 이에 관한 내용은 다음 장의 주제로 다룰 것이다. 이들은 힘을 합쳐 카네기의 집념을 밀고 나가는 데 필요한 자금을 마련할 수 있었고, 그 결과 모두 엄청난 부를 얻었다.

이들이 성공할 수 있었던 이유는 순전히 열심히 일했기 때문만은 아니었다. 당신은 어떤 분야에서든 자신만큼 열심히 하거나 혹은 더 열심히 하는데도 성공과는 거리가 먼 사람들을 몇 명쯤은 알고 있을 것이다. 학업 성적 또한 성공의 이유가 아니었다. 샘 월턴Sam Walton(월마트의 설립자-옮긴이)은 로즈Rhodes 장학금(영국 로즈 재단에서 2, 3년간 옥스퍼드대 학비와 생활비 등을 지원하는 장학금-옮긴이)을 받아본 적이 없지만, 그 어떤 옥스퍼드대 출신보다도 더 많은 돈을 벌었다.

엄청난 성공은 긍정적인 마음가짐Positive Mental Attitude을 이해하고 이를 활용할 때 비로소 얻을 수 있다. 당신의 마음가짐은 당신이 하는 모든 일에 힘을 실어준다. 긍정적인 마음가짐을 지닌다는 것은 나의 행동과 생각이 목표를 더욱 발전시킨다는 것을 뜻한다. 반면, 부정적인 마음가짐을 지니면 끊임없이 스스로의 노력을 깎아 먹고 말 것이다. 따라서 열망을 집념으로 발전시키고 명확한 목표를 세운 후에는 긍정적인 마음가짐으로 이를 키워나가야 한다.

그러나 명확한 목표와 긍정적인 마음가짐을 갖고 나면 즉시 필요한 자원을 확보할 수 있으리라 기대하는 것 또한 어리석은 생각이다. 이러한 자원을 얼마나 빨리 획득하는가에 관한 문제는 욕망의 크기에 따라 달라지며, 두려움과 의구심, 스스로 정한 한계로부터 자유로워지기 위해 자신을 얼마나 통제하는가에 따라 좌우된다.

목표를 위해 1만 달러가 필요한 경우라면 며칠 후 또는 몇 시간 후에 돈을 마련할 수도 있다. 남다른 열정과 비전을 제시해 다른 이들의 마음을 움직이면 되는 것이다. 100만 달러가 필요한 경우라면 아마 더 오랜 시간이 걸릴 것이다.

이 과정에서 중요한 변수는 1만 달러 혹은 100만 달러를 요구하는 대가로 내가 그들에게 어떤 가치를 제시하느냐다. 그리고 그들에게 서비스를 제공하기까지 필요한 시간이나 그에 상응하는 가치도 매우 중요하다. 무엇을 '얻을' 것인지 기대하기 전에 먼저 무엇을 '줄' 것인지가 명확해야 하는 것이다.

계획 수립하기

대가 없이 얻을 수 있는 것은 없다. 돈을 지불하는 사람은 그 대가로 상품이나 서비스, 자산 증식 등 무언가를 기대하기 마련이다. 당신이 하루아침에 성공하는 것은 불가능하다. 게다가 당신을 도와준 모든 이들에게 빚을 갚기 전까지는 결코 성공했다고 할 수 없다.

이 말에 공감해 고개를 끄덕이며 꼭 그렇게 하겠다고 결심하는 사람도 있을지 모른다. 그러나 정말로 마음을 잘 단련한 경우가 아닌 한, 이를 비롯한 계획의 다른 모든 부분을 마음속으로 떠올리는 것만으로는 부족하다. 반드시 적어두어야 한다.

명확한 주요 목표를 적어두면 구체적인 계획을 그려볼 수 있다. 또한 자신의 강점과 함께 약점도 헤아려볼 수 있다. 이때 목표를 말이나 글로 표현할 수 없다면 생각만큼 목표가 확고하지 않아서일 수 있다.

일단 계획을 적고 나서 매일 한 번 이상 크게 읽는다. 이렇게 하면 목표를 향한 집념은 더욱 강해지고 그 본질은 마음속에서 더욱 뚜렷하게 자리 잡게 될 것이다. 어떻게 실행해갈지 선택을 앞두고 써두었던 명확한 목표를 소리 내어 읽으면 그것이 더욱 확실해지면서 계속해서 앞으로 나아갈 에너지를 얻을 수 있다.

또한 계획서가 있으면 마스터 마인드 그룹에 공유함으로써 모두가 같은 목표에 집중하게 만들 수 있다. 한 명의 생각은 불완전하다. 어떤 사람도 혼자서 모든 문제의 답을 찾을 수는 없다. 그러나 둘 이상이 단합해 목표 달성을 위해 협력하면 위대한 성취를 이룰 가능성은 훨씬 높아진다.

성공은 가치 있는 목표

성공을 위해 스스로 노력하는 일을 깎아내리는 사람들이 있다. 부를 일군 사람들은 주변에 자신을 돕는 사람들의 희생이 있어야 부자가 되는 것이라 말하기도 한다. 그러나 성공에는 본인 스스로의 엄청난 노력이 뒤따라야 하며 대부분의 사람들은 그 정도의 노력을 쏟아붓고 싶어 하지 않는다.

돈을 벌지 않는 한, 돈을 가지고 있다고 해서 이익이 생기는 경우는 거의 없다. 복권에 당첨된 사람이 몇 년 만에 파산했다는 이야기를 종종 들어본 적이 있을 것이다. 아니면 사치하는 환경에서 자라 엄청난 재산을 상속받은 사람들이 술이나 도박에 중독되어 나락으로 떨어졌다는 이야기는 어떤가?

성공의 결과로 따라오는 부는 그것을 일구는 과정에서 많은 것을 배운다는 데 그 가치가 있다. 성공이란 엄청난 책임을 기꺼이 떠안으면서도 변함없이 좋은 상품과 서비스를 제공하고자 할 때만이 얻을 수 있다는 사실을 이 과정에서 배우는 것이다.

대다수의 사람들은 목표를 달성하기 위해 그만한 노력을 들이고 싶어 하지 않는다. 만약 당신이 재산을 많이 모은 다음, 사람들에게 당신이 한 노력과 똑같은 노력을 한다는 조건으로 그 재산을 주겠다고 한다면 대부분은 그 재산을 포기할 것이다. 그러나 이를 받아들이는 사람도 있을 것이다. 이때 당신의 제안을 받아들이는 사람들이 바로 당신에게 가장 도움이 되는 이들이다. 즉, 당신만큼 목표를 위해 모든 걸 쏟아부을 수 있는 사람들을 곁에 둬야 한다는 것이다. 이 사람들은 당신에게 가치를 매길 수 없을 정도의 엄청난 도움을 줄 수 있으며, 쉽사리 만족하는 사람들의 수준을 훨씬 넘어서는 노력을 한다. 또한 이들은 책임을 짊어질 줄 알고 당신이 안고 있는 부담을 기꺼이 덜어줄 사람들이기에 꼭 필요한 존재가 된다.

따라서 당신은 이들의 노력을 아낌없이 적극적으로 보상해야 한다. 이런 사람들은 자기 업무의 질을 기준으로 스스로의 급여를 매기는 법을 안다. 사실 누구나 그렇다. 급여는 제공되는 서비스의 종류에 따라 결정한다. 해당 서비스의 양과 질뿐만 아니라 서비스 제공을 위한 마음가짐도 고려의 대상이 되어야 한다.

만약 당신이 지금 겨우 벌어먹고 사느라 애쓰고 있다면, 당신의 목표가 현재 직장을 다니는 것에 머물러 있기 때문일 가능성이 높다. **현재의 지위와 수입에서 벗어나지 못하는 이유는 스스로 마음속에 정한 한계 때문인 것이다.**

기회 만들기

과거에 비해 성공의 기회가 점점 줄어들고 있다는 의견이 계속해서 나오고 있다. 이미 전 세계가 성공의 정점에 도달했고, 가진 자들에 의해 지배되고 있으며, 성공할 수 있는 분야는 한정되어 있는데 이미 그 한계에 도달했다는 것이다.

그러나 이는 어디까지나 하나의 의견에 지나지 않는다. 기회 부족이란 터무니없는 말이다. 부족한 것은 상상력뿐이다. 경기가 좋든 나쁘든 매년 수많은 부자들이 새롭게 등장한다. 성공할 기회가 없다며 하소연하는 사람들은 책임을 지기 싫거나 상상력을 발휘할 마음이 없는 데 대해 변명하는 자들일 뿐이다. 유용한 상품과 훌륭한 서비스는 지금도 여전히 중요할 뿐만 아니라, 이를 필요로 하는 영역은 매일 새로 생겨나고 있다.

홈 디포^{Home Depot}(미국 주택 인테리어 소매업체)의 경우를 살펴보자. 홈 디포는 저렴한 가격에 다양한 물건을 구매할 수 있게 함으로써 부담 없이 들를 수 있는 동네 철물점 이미지를 고수했다. 베드 배스 앤드 비욘드^{Bed Bath&Beyond}(미국 생활용품 소매업체)도 해당 분야 시장에서 같은 전략을 폈다. 블랙 엔터테인먼트 텔레비전^{Black Entertainment Television}을 창립한 로버트 존슨^{Robert Johnson}은 주요 방송사가 일부 시간대에만 서비스하는 시장을 타깃으로 삼았다. 이 모든 사례는 그 당시만 해도 매우 특이한 발상이었다. 10여 년 전만 해도 아무도 상상조차 못했던 전략을 펼친 이 회사들이 지금은 해당 분야에서 엄청난 성공을 거두고 있는 것이다.

20세기 초에 미국 특허청을 폐쇄하는 법안을 제출하려던 한 의원이 있었다. 그가 특허청 폐쇄를 주장한 이유는 특허를 낼 만한 것들은 이미 다 발명되고 없기 때문이라는 것이었다! 그 의원의 생각을 우습다고 생각하는 사람이라면, 기회의 시대는 끝났다고 말하는 사람을 보고 마찬가지로 웃음이 날 것이다.

기회를 좇는 경향은 미국의 저력이 되었다. **다른 이들에게 쓸모 있는 사람이 되고 싶다는 열망에 집요하리만치 몰두하다 보면 자신이 하는 일의 가치를 인정받아 제 갈 길을 찾을 수 있다.** 자신의 쓸모를 증명해야 한다는 사실을 잊으면, 지금까지 얼마나 오랫동안 노력해왔든지 간에 성공은 요원해진다.

몰락의 위기를 딛고 일어선 IBM과 같은 대형 우량 기업을 잠시 떠올려보자. IBM은 수년간 사무실 운영에 필요한 고품질의 장비를 생산해냄으로써 중소기업이든 대기업이든 가리지 않고 사업자에게 꼭 필요한 존재로 여겨졌다. 그러다 점차 고성능 대형 컴퓨터 생산에만 집중하기 시작했는데, 기존 고객들의 수요는 직원들 개개인이 사용할 개인용 소형 컴퓨터로 향하고 있었다. 결국 수익이 곤두박질칠 수밖에 없었고, 한때 업계를 호령했던 IBM은 역사상 최초로 직원들을 정리 해고하는 사태를 겪으며 근본적인 쇄신을 고민해야만 했다.

IBM이 잃어버린 것은 **새로운 지식을 향한 욕구와 이를 얻고자 하는 의지**였다. IBM 직원들은 고객이 무엇을 원하는지 더 이상 궁금해하지 않았고 군이 알아보려고도 하지 않았다. 반면, 당시 IBM과 비등한 수준의 기술을 갖춘 수십 개의 중소 컴퓨터 제조업체들은 시장에 뛰어들어 엄청난 이익을 냈다. 새로움에 대한 지식과 정보의 업데이트는 언제나 중요하며 그 가치를 절대 간과해서는 안 된다.

기업의 성공과 마찬가지로 개인의 성취 역시 다른 이들과의 관계의 기반이 되는 철학에 부합한다. 추구하는 바를 얻는 대가로 유용한 가치를 제공하겠다는 의지를 밀고 나간다면 보상은 자신이 원하는 방식으로 주어지게 마련이다.

가장 귀중한 천연 자원은, 광물 자원도 아름다운 숲도 아니다. 교육 수준이 다양한 사람들이 전 세계인들에게 더 나은 삶을 만들어줄 상품과 서비스를 제공하겠다는 마음가짐과 상상력이야말로 그 나라의 가장 귀중한 자원인 것이다. 진정한 부는 무형의 힘, 즉 생각이다. 아직도 성공하는 데 가장 중요한 것이 운이라고 생각한다면 이 장의 요점을 놓친 것이다. 기회가 저절로 굴러들어 왔다고 여기는 사람들은 대개 다시 그 기회를 차버리기 마련이다. 어떻게 해서든 부를 유지하고 있다면, 다른 사람들과 마찬가지로 그것을 지키기 위해 그만큼 열심히 노력했기 때문이다. 그러기 위해서는 명확한 목표가 필요하다. 성공을 쟁취하기 위해 마스터해야 하는 17가지 원칙 중 명확한 목표가 가장 첫 번째 순위를 차지하는 것은 이런 이유 때문이다. 자신이 뭘 원하는지도 모르면서 성공할 수는 없다. 이 원칙이 마음에 와닿는다면 이를 매일의 습관으로 삼고 실천하길 바란다.

2

마스터 마인드 연합을 구축하라

...

마스터 마인드 연합이란, 명확한 공동의 목표를 위해 둘 이상의 마음이 모여 서로 적극 협력하는 관계를 말한다.

마스터 마인드 연합과 같은 조력 집단이 있으면 다른 사람들의 경험과 교육, 지식을 최대한 내 것처럼 활용할 수 있다. 자신의 교육 수준이나 재능과 상관없이 이들의 아이디어와 도움을 효과적으로 활용하면 거의 모든 장애물을 극복할 수 있다.

대부분의 분야에서 마스터 마인드 연합을 활용하지 않고 눈에 띄는 성공을 이룬 사람은 없다. 어떤 마음도 그 하나로는 완벽할 수 없기 때문이다. 진정 위대한 마음은 다른 이들과 교류하며 서로 성장하고 확장할 때에야 비로소 강력해진다.

마스터 마인드 연합 형성하기

효과적인 마스터 마인드 연합의 모델로 열차 승무원을 들 수 있다. 기장(나 자신)이 열차를 목적지까지 무사히 운행할 수 있는 것은 열차 승무원 모두가 그의 권위를 인정하고 존중하기 때문이다. 만일 기장이 기관사에게 출발 시각을 알리지 못하면 어떻게 될까? 승객들은 열차를 버리고 목적지에 가기 위한 다른 방법을 찾을 것이다. 또한 기관사가 선로 위 신호에 신경 쓰지 않는다면 열차 충돌로 많은 승객들이 목숨을 잃을 것이다.

마스터 마인드 연합이 제 기능을 하려면 구성원에게 명확하고 확실한 신호를 전달해야 한다. 그러면 그들은 기꺼이 나에게 적극 협력하려 할 것이다. 이를 위한 4가지 단계를 살펴보자.

1단계: 목표를 정하라

마스터 마인드 연합을 결성하는 첫 단계는 달성하고자 하는 명확한 목표를 설정하는 것이다. (행선지도 정해지지 않은 기차에 누가 올라타려 할까?) 스스로 명확한 주요 목표를 정하지도 못했는데 마스터 마인드 연합을 결성할 수 있을 리 만무하다. 따라서 연합의 목표는 당신의 것과 같거나, 아니면 적어도 긴밀히 연계될 수 있는 것이어야 한다.

이미 명확한 주요 목표와 달성 방법을 적어두었다면 이 단계가 익숙할 것이다. 연합의 성공을 위해 계획을 세세하게 작성하면 자신이 만들어야 하는 일련의 모든 연결 고리를 확실하게 인식할 수 있다. 물론 연결 고리에 결합할 만한 기술이나 자원이 없는 경우도 있을 것이다. 열차의 기장이 요금을 받으면서 식당칸 관리와 계기판 주시를 동시에 할 수 없는 것과 마찬가지다. 바로 이 지점에서 두 번째 단계로 넘어간다.

2단계: 연합의 구성원을 선택하라

목표 달성에 도움을 줄 사람은 신중히 골라야 한다. 처음에 선택했던 사람이 나중에 부적합하다고 여겨질 수 있으며, 후에 생각지 못한 지식이 필요한 상황이 생기면서 이를 보완할 만한 사람을 새롭게 찾아야 하는 경우가 생길 수도 있다. 시행착오는 과정의 일부지만, 연합의 구성원이 갖춰야 할 두 가지 자질은 반드시 명심하고 있어야 나중에 크게 당황할 일이 생기지 않는다.

첫째는 '업무 수행 능력'이다. 평소 잘 알고 좋아하는 사람이라고 해서 연합의 구성원으로 선택해서는 안 된다. 그런 이들은 당신의 삶을 윤택하게 만들어줄 수 있기에 소중한 존재이긴 하지만, 마스터 마인드 연합에 적합한 사람이라고 볼 수는 없다.

또 다른 자질은 바로 '다른 이들과 화합하며 일하는 능력'이다. 구성원들이 서로 화합하지 않으면, 당장은 아니더라도 모든 것을 얻거나 잃을 수 있는 결정적인 순간에 연합이 흔들릴 수밖에 없다.

앤드루 카네기는 회사의 수석 화학자를 뽑기 위해 전 세계를 돌아다녔던 경험을 말해준 적이 있다. 그의 스카우트 담당자들은 독일의 한 회사에서 일하고 있는 뛰어난 인재를 발견했는데, 그는 두말할 필요 없이 재능이 출중한 사람이었다. 카네기는 5년 계약직으로 그를 채용했지만 이후 1년도 지나지 않아 계약을 해지해야 했다.

대체 무엇 때문이었을까? 그가 스카우트한 화학자는 성격이 너무나 괴팍한 나머지 부서 전체를 불안정하게 만들었다. 시간이 지나면서 그와 함께 일하려는 동료는 아무도 없었고, 자신을 무시하는 태도를 지나치게 의식했던 당사자 역시 온종일 담배만 피워대며 아무것도 하지 않았던 것이다.

당신의 연합에 불협화음이 끼어들 여지를 조금도 남겨둬서는 안 된다. 어떤 구성원도 거리낌 없이 모두가 완벽한 합의를 이루어야 한다. 개인적인 야망보다 연합의 목표를 실현하고 성취하는 것을 우선해야 한다. 나 자신의 야망도 마찬가지다. 이와 더불어 당신이 연합의 화합을 이끌기 위해 반드시 거쳐야 할 단계가 있다.

3단계: 보상을 정하라

마스터 마인드 연합에 참여하는 대가로 어떤 보상을 제공할지 명확히 정해놓는 것은 화합에 필요한 중요 요소다. 노력의 대가로 어떤 보상을 제공할지에 대해 처음부터 미리 정해놓으면, 나중에 구성원들로부터 비난을 받을 여지는 거의 없다. 이러한 보상의 기반이 될 만한 행동의 10가지 기본 동기를 소개한다.

1. 자기 보존
2. 사랑
3. 두려움
4. 섹스
5. 사후 세계에 대한 욕망
6. 마음과 몸의 자유로움
7. 분노
8. 미움
9. 인정과 자기표현에 대한 욕망
10. 물질적인 부

물질적인 부는 영리 기업에서 일하는 사람에게는 당연히 가장 큰 동기가 될 수 있겠지만, 다른 동기도 중요한 역할을 할 수 있음을 기억하자. 인정과 자기표현을 돈만큼 중시하는 사람들도 많다. 한편 분노, 미움, 두려움 등과 같은 동기를 이용하면 팀원들로 하여금 왜곡된 생각을 불러일으킬 수 있다.

　가장 강력한 동기 부여 요소인 물질적인 부는 당신의 팀원들과 적극적이고 공정하게, 그리고 아낌없이 나누어야 한다. 그럴수록 더 많은 도움을 받을 수 있다. 그리고 처음부터 이 원칙을 연합에 공유한다면 구성원에게도 많은 도움이 될 것이다.

4단계: 만나는 시간과 장소를 정하라

연합에 속한 이들은 목표 달성에 도움이 되는 일이라면 무엇이든지 적극적이어야 한다. 주기적으로 만나기 위한 명확한 장소와 목표를 정해 일에 진척이 있는지, 당면 문제를 해결하고 있는지 등을 확인해야 한다. 연합을 조직한 초반에는 주로 구성원들의 전문적인 역량에 의지해 성공 계획의 세부 사항을 조정할 것이다.

연합이 성숙 단계에 도달해 구성원 간의 화합이 더욱 공고해지면, 이러한 만남을 통해 모든 구성원의 마음속에 자유로운 아이디어의 흐름이 만들어진다는 것을 알게 될 것이다. 이와 같은 협력이 지속되면 만날 때마다 즐거운 분위기가 형성되는 것은 물론, 더욱 돈독한 화합의 장을 만들 수 있다.

영업 사원들이 회의를 하기 위해 한자리에 모였다고 생각해보자. 그들은 그 자리에서 어떠한 목표에 대해 전반적인 합의에 도달할 수도 있을 것이다. 하지만, 하루 또는 주말 동안에 결의를 다진 뒤 다시 모여 당면한 계획에 대한 각각의 의견을 경청하고 종합하다 보면 그들은 그러한 분위기에 고무되어 목표 달성에 대한 의지를 더욱 불태울 수 있을 것이다.

주기적으로 만난다고 해서 그 사이에 구성원들끼리 연락하는 일을 소홀히 해서는 안 된다. 전화 통화나 메모를 통해, 또는 복도에서 오며 가며 서로 대화를 나누다 보면 연합 구성원 전체가 모였을 때 언제든 행동할 수 있는 준비가 갖춰지므로 상황이 급변하더라도 그에 대해 신속히 대처할 수 있다.

연합 유지하기

연합의 화합은 명확한 목표에 대한 상호 합의를 기반으로 한다. 그러나 여느 기업과 마찬가지로 이를 유지하려면 부지런히 일해야 한다. 그 일이란 바로 리더로서의 당신의 임무다. 연합의 리더는 다음의 네 가지 자질에 주목해야 한다.

자신감

자신감이란 입증된 충실함에 기반한 의존 또는 신뢰를 말하며, 이는 직무에 대한 성실성과 충직한 책임 이행을 뜻한다. 연합의 리더는 명확한 목표에 전념하는 모습을 보임으로써 구성원에게 자신감을 불어넣어야 한다. 또한 그룹 내 비밀 유지를 강조해야 한다. 연합 구성원이 그룹 밖에서 연합의 목표에 대한 이야기를 하는 것은 연합에 해가 될 수 있다. 연합에 관련한 비밀을 조금의 망설임도 없이 발설하는 사람들이 종종 있는데, 이런 사람들은 절대로 마스터 마인드 연합의 일원이 되어서는 안 된다.

이해

모든 구성원은 그룹이 처한 상황이나 문제의 본질, 의미, 영향을 완벽히 숙지하고 이해해야 한다. 다양한 분야에 대한 이해도를 높이기 위해 전문가를 고용할 수도 있지만, 그룹과 관련된 사람들은 기본적으로 모든 핵심 사안에 있어 의사 결정을 내릴 수 있는 역량이 있어야 한다. 그리고 각 구성원은 의사 결정을 내리기 전에 그것이 좋은 결정이라 확신할 수 있어야 하며, 동시에 그룹의 결정에 전폭적인 지지를 보낼 수 있어야 한다.

공정과 정의

마스터 마인드 연합을 만들 때는 각 구성원의 사업 기여도에 대해 처음부터 반드시 의견 일치를 보아야 함은 물론, 혜택과 이익 분배에 관해서도 합의가 이루어져야 한다. 또한 구성원들은 서로를 완벽히 윤리적으로 대해야 하며, 연합의 어떤 구성원도 다른 사람의 희생을 발판 삼아 부당한 이득을 취해서는 안 된다. 그렇지 않으면 언젠가는 구성원 간에 불화가 생겨서 결국 유대가 완전히 끊어질 것이다.

용기

연합은 위험과 어려움에 직면했을 때 확고한 결단력으로 용감히 맞서야 한다. 이러한 용기는 자신감과 제대로 발달된 성공 의식에서 나온다. 개별적인 두 사람이 가진 용기는 단합된 팀의 용기에 비하면 그 힘이 미미하다. 배터리 하나가 낼 수 있는 힘이 여러 개의 배터리가 내는 힘에 못 미치는 것과 같은 이치다. 이는 마스터마인드 연합이 화합을 통해 이끌어낼 수 있는 힘을 잘 보여주는 또 하나의 예다. 여러 사람의 마음이 하나로 연결될수록 더 큰 힘을 낼 수 있고, 더 많은 저항을 이겨낼 수 있다.

자기 자신과 마스터 마인드 연합을 형성하라

어느 날 한 여성이 나를 찾아와서는 자신의 어려움에 대한 이야기를 털어놓았다. 그녀는 시력을 거의 잃은 상태였고 그녀가 말한 '돌팔이' 의사들도 그녀를 포기했다고 했다. 영화에 투자하느라 전 재산을 잃었고 남편은 바람둥이인 데다 어머니는 지독히도 오랜 투병 생활 끝에 돌아가셨고, 그것도 모자라 친척들이라고는 하나같이 골칫거리라고 했다. 그렇게 불운한 신세 한탄이 줄줄이 이어졌다. 만일 내가 그녀의 처지를 딱하게 여기지 않았더라면 이야기를 계속 듣고 있지 않았을 것이다. 그녀는 자기 연민으로 가득 차 있었다. 보아하니 지난 20년간 그녀의 삶에서 좋은 일이나 건설적인 일은 하나도 일어나지 않은 것 같았다.

"힐 박사님, 저한테 왜 이런 일들이 일어나는 걸까요?" 그녀가 물었다.

나는 그녀를 심하게 몰아세우고 싶지는 않았지만, 어쨌든 그녀가 자신의 현실을 직시하게 만들어야 했다. "솔직히 말하면 당신의 부정적인 태도를 보니 당신이 뭔가를 할 수 있다는 것 자체가 기적일 것 같습니다. 가족들이 당신을 괴롭게 하는 게 조금도 놀랍지 않군요." 내가 말했다.

"남편의 나쁜 행동을 막으려면 어떻게 해야 할까요?"

"지금으로써는 남편을 위해 하실 수 있는 게 없습니다." 내가 말했다. "그렇지만 당신 자신을 위해 할 수 있는 일은 있지요. 당신은 잃어버린 것만 생각하느라 그 밖의 것들은 안중에도 없군요. 잃어버린 것에만 골몰할수록 더 많은 것들을 잃게 될 겁니다. 그러니까 그에 대한 생각은 접어두고, 경험을 통해 얻는 바가 있을 것이라 마음먹어야 합니다. 그런 다음 시력 회복을 위해 구체적인 계획을 세우고 그것을 실천하면서 시력이 좋아질 거라는 생각을 되새기는 겁니다. 의료진의 도움을 받으시고, 잘 될 거라 믿으세요. 스스로에 대한 태도를 점차 바꿔나간다면 남편분도 그런 변화를 알아차리고 부인에게 다시 관심을 가질 겁니다. 친척들이 더 이상 만만하게 보는 일도 없겠죠. 그 이상은 드릴 말씀이 없군요. 스스로를 돌아봤을 때 전보다 긍정적인 사고방식을 갖게 되었다는 확신이 들면 그때 다시 저를 찾아오세요. 제가 나서기 전에 **당신 스스로 해결할 수 있는 것부터 해결하셔야 합니다.**"

내가 이 이야기를 소개하는 이유는 독자 여러분에게도 이와 같은 말을 하고 싶어서다. 당신이 어떤 개인적인 난관을 겪고 있든 간에 그것을 두려워하지 말고, 패배를 인정하지 않는 자기 성격의 일면을 알아가야 한다. 그렇게 '또 다른 나'와의 우정을 키워나가야 당신이 어떤 일을 하든 당신과 목표를 공유하는 다른 사람들과도 협력할 수 있다. 다른 사람을 설득하고 동기를 부여하는 내용을 다룬 이 책에 실린 모든 철학과 조언은 자기 자신에게 적용할 때 훨씬 더 유용할 것이다.

만약 당신이 1만 달러의 대출이 필요하고 그것을 대출받을 자격이 있다고 스스로를 납득시킨다면, 은행에 무작정 들어가서 대출을 요구하지는 않을 것이다. 구상 중인 프로젝트의 여러 가능성을 제시하고 확실한 대출금 상환 계획을 정리해 대출 담당 직원에게 보여줄 것이다. 상대방이 이런 자신감에 동조한다면 당신은 성공할 수 있다. 이와 같이 자신의 정신력을 온전히 자기 것으로 만들 때 비로소 다른 사람들의 노력 또한 자기 것으로 활용할 수 있게 된다.

가능한 어디서나 마스터 마인드 연합을 육성하라

마스터 마인드 연합의 유용성을 깨닫게 되면 다양한 영역에서 그것을 활용할 수 있을 것이다. 개인적인 성공을 이루기 위해서는 여러 분야에서 발전할 수 있어야 한다.

결혼 생활

당신이 가장 사랑하는 사람과 마스터 마인드 연합을 결성하는 일은 이루 말할 수 없이 중요하다. 결혼은 했으나 모든 연합의 핵심 가치인 화합이 기반이 되어 있지 않다면, 배우자에게 아직 납득시켜야 할 것이 남았기 때문일 수도 있다. 매일 일정한 시간을 내서 배우자와 함께 이루고 싶은 목표와 그에 관한 계획을 얘기해보자. 당신의 이야기에 설득력을 높이고, 지금 하는 일이 어떤 가치가 있는지에 대해 배우자를 납득시키려면 목표를 명확히 해야 한다. 당신의 계획은 당신의 남편 혹은 아내에게 어느 정도 중요한 영향을 미칠 수 있기 때문에 파트너가 원치 않는 모험에 휘말리는 일은 절대로 없어야 한다.

목표 달성을 위한 계획을 실행하기 시작했고 결혼을 생각해야 하는 시기가 오면, 인생의 동반자라 생각해둔 파트너에게 현재 자신이 어떤 일을 하고 있으며 또 그것을 어떻게 해나갈 것인지 솔직히 털어놓아야 한다. 배우자와 마스터 마인드 연합을 형성하면, 목표로 향하는 여정에서 가장 힘겨운 순간을 만났을 때 가정이 당신을 다잡아주고 지지해줄 것이다. 덧붙여 가능하면 가족 전체가 마스터 마인드 연합에 통합되도록 하라. 자녀, 부모, 형제자매 등 내가 의지하거나 나에게 의지하는 사람 모두가 그 구성원이 되어야 하는 것이다. 가정이 화합하지 않으면 그 여파는 쉽게 다른 곳으로 번질 것이다. 단합된 가족은 하나의 훌륭한 팀이다.

교육 수준

교육에는 절대 끝이 없다. 다른 사람의 전문 지식에 의지한다 하더라도 가능한 한 모든 방법을 동원하여 각자 공부해야 한다. 이 경우 당신의 마스터 마인드 연합은 지식의 총체와 연관되어 있다. 여러분은 이해 증진이라는 목표 아래 결속되어 있으며 책과 잡지, 강연, 녹음 자료 등은 모두 여러분의 동지들이다. 또한 매일 읽는 습관을 들여야 한다. 시사 정보를 제공하는 신문뿐만 아니라 마음을 넓혀주는 자료도 섭렵해야 한다. 그렇게 하면 남보다 앞서갈 수 있다.

마스터 마인드 연합의 핵심은 구성원 간의 화합이다. 자신이 속한 수많은 연합이 더욱 굳건히 화합할 수 있도록 끊임없이 노력해야 한다. 여기서 중요한 것은 화합을 불러일으키는 능력인데, 이는 앞으로 살펴볼 원칙, 즉 매력적인 성품을 갖는 일과 강한 연관성을 지닌다.

3

매력적인 성품을 갖춰라

...

지속적인 성공을 거두기 위한 세 번째 단계는 바로 매력적인 성품을 갖춰나가는 것이다. 유쾌한 성격은 둥글둥글한 성격이라 할 수 있다. 이를 위해 당신이 갖춰야 할 25가지의 특성들이 있다. 너무 많다고 겁먹을 필요는 없다. 각각의 특성은 서로 밀접하게 연관되어 있기 때문이다. 한 가지 특성을 강화하다 보면 다른 여러 가지 특성을 강화하는 데도 도움이 될 것이다.

긍정적인 마음가짐

긍정적인 마음가짐은 어떤 상황에서나 갖춰야 할 마음의 태도다. '믿음', '진실성', '희망', '낙관주의', '용기', '주도성', '너그러움', '아량', '눈치', '친절함', '건전한 상식' 등과 같은 말로 표현되는 성격의 **플러스** 요인이 이런 긍정적인 마음가짐을 결정할 때가 많다.

긍정적인 마음가짐은 매력적인 성품의 가장 중요한 특징이다. 실제로 성공의 17가지 원칙 중 많은 부분의 핵심 요소이기도 하다. 이것은 어조나 자세, 얼굴 표정에 영향을 줄 뿐 아니라, 말 한마디 한마디에 변화를 가져오고 자신이 느끼는 감정의 속성을 결정 짓는다. 머릿속에 있는 모든 생각과 그로 인한 결과에 영향을 주는 것이다.

쉽게 차이를 비교할 수 있도록 부정적인 마음가짐이 불러오는 효과를 살펴보자. 부정적인 마음가짐은 열정을 꺾고, 상상력을 위축시키며, 협동심을 약화시킨다. 또한 자제력을 약화시켜 침울하고 편협한 성격을 부추기며, 때에 따라서는 이성적 판단을 마비시키는 경우도 있다.

부정적인 마음가짐은 힘들게 쌓아온 노력을 갉아먹기 때문에 세상 밖으로 나가 도전하기보다는 집 안에 틀어박혀 있는 게 낫다고 생각하게 만든다. 적을 만들고 자신이 이룬 성과나 연합의 의미를 변질시킬 뿐이다. 어떤 변호사가 전 세계에서 가장 승산이 높은 사건을 들고 법정에 들어선다 하더라도 부정적인 마음가짐을 갖고 있으면 판사도 배심원도 설득하지 못한다. 진료실 벽에 아무리 많은 자격증이 걸려 있다 한들, 의사가 침울하고 비관적인 사람이라면 환자가 어떻게 그를 믿을 수 있겠는가? 불가능하다! 사람들은 그런 부정적인 태도를 절대로 참아주지 않는다.

그와 반대로 긍정적인 마음가짐은 마음의 문을 열고 자신의 실력과 야망을 내보이게 만든다. 자신 있게 변론하는 변호사를 떠올려보자. 누가 봐도 자신감이 넘치기 때문에 판사와 다른 변호사가 그의 이야기를 경청할 수밖에 없다. 누구라도 나를 편안하게 해주고, 질문에 쉽게 답해주고, 자기 분야의 전문성을 내보이는 의사에게 진료받고 싶어 하지 않겠는가.

긍정적인 마음가짐을 기르는 것은 매력적인 성품의 여러 특징 중 하나다. 이 장의 내용을 계속 읽어나가다 보면, 이러한 각각의 특성을 이해하고 적용하는 것이 긍정적인 사고방식을 갖는 데 어떻게 도움이 되는지 알게 될 것이다.

유연성

급작스러운 상황 변화와 비상사태에 당황하거나 이성을 잃지 않고 신속히 대응할 수 있는 능력은 성공을 위해 중요하다. 유연한 성격이란, 카멜레온처럼 주변 환경에 재빨리 적응한다는 뜻이다.

그렇다고 해서 상황에 따라 본래의 원칙을 저버리거나 목표를 수정해도 된다는 의미는 아니다. 카멜레온은 피부색이 갈색이든 초록색이든 상관없이 여전히 카멜레온이다. 유연성이란 어떠한 상황을 대하는 자신의 마음가짐이 독이 될지 약이 될지 판단하는 것을 자각하는 일이다. 만약에 당신이 처음 출시한 제품의 결과가 실패로 돌아간다면 그것은 좋은 일일까, 나쁜 일일까? 당신이 이 같은 결과를 유연하게 받아들일 수 있다면 정말로 다행이라고 여길 것이다. 초기에 결함을 인식한 데다, 제품이나 마케팅을 개선할 기회가 있기 때문이다. 그리고 당신은 긍정적인 마음가짐도 가지고 있기 때문에 더 나은 제품을 만들어 성공의 기회를 잡을 수 있는 매우 유리한 상황에 놓여 있다.

유연성은 절충이 필요한 모든 상황에서 상대방의 필요와 요구가 나로 하여금 더 나은 서비스를 제공할 수 있게 만드는 기회임을 이해한다는 뜻이기도 하다. 만일 고객이 제품을 인도하기로 한 예정일보다 일주일이나 앞서 요구하는 상황이라면, 앞으로 그런 요구를 하는 고객이 그 사람만은 아닐 것임을 예상할 수 있다. 이러한 상황과 이해를 통해 더 나은 제품을 더 빨리 생산할 방법을 파악할 기회가 생기는 것이다.

목표의 진정성

진정성을 보여주기 위해서는 목표를 위해 전심전력으로 노력하는 것 외에는 방법이 없다. 목표의 진정성은 그 사람의 말과 행동에 깊이 새겨져 있기 마련이므로 누구나 알아볼 수 있다. 즉 목표에 진정성이 없다면, 표현을 통해, 대화의 흐름을 통해, 모든 행동을 통해 진정성이 없다는 것이 여실히 드러나는 것이다. 아무리 능수능란하게 행동해도 결코 감출 수가 없다. 예스맨은 모두가 그의 진정성 없음을 알아본다는 바로 그 이유 때문에 많은 이들의 조롱거리가 된다. 반면 목표에 꾸밈없는 진정성이 있다면 그 또한 그대로 드러날 것이다.

앤드루 카네기는 새로운 직원을 자신의 사무실로 불러 지시를 내린 적이 있었다는 얘기를 해주었다. 해당 직원은 그의 말을 듣고는 눈을 똑바로 바라보면서 온화한 미소를 띠고는 이렇게 말했다. "알겠습니다. 지시대로 하겠습니다만, 요청하신 대로 하면 비용이 더 들 거라는 점은 미리 말씀드려야겠네요. 이 사안에 대해 저만큼 속속들이 조사하신 건 아니니까요."

그 직원이 상사의 말에 불복하는 건 전혀 아니었지만, 그의 단호한 태도에는 어딘가 설득력이 느껴졌고 카네기는 우선 지시를 철회한 다음, 해당 사안을 좀 더 살펴보았다. 그리고 그는 곧 자신이 틀렸고 신입 직원이 옳다는 것을 알게 되었다. 그 직원은 바로 찰스 M. 슈와브Charles M. Schwab로, 훗날 카네기와 J. P. 모건 간의 거래를 중개했고 U. S. 스틸U. S. Steel을 창립한 사람이었다. 그런 다음 대형 철강회사인 베들레헴 스틸Bethlehem Steel을 창업하기도 했다. 슈와브는 자신이 하는 모든 일에 있어 목표의 진정성을 근본으로 내세우면서 승승장구하기 시작했다. 이처럼 무엇보다 자기 자신에게 진실해야만 꾸준히 성장할 수 있는 것이다.

신속한 의사 결정

우물쭈물하는 태도는 환영받지 못한다. 이처럼 빠르게 변하는 세상에서 신속히 움직이지 않는 이들은 시대의 흐름에 동참할 수 없다. 성공한 사람들은 명확하고 빠르게 의사 결정을 내리며 그렇지 못한 이들 때문에 짜증을 내거나 불편함을 겪는다. 신속한 의사 결정은 일종의 습관이고, 이것은 자신감을 높여주는 긍정적인 마음가짐에 의해 유지된다.

신속한 의사 결정은 목표의 진정성과도 밀접한 관련이 있다. 자신의 명확한 목표가 가치 있는 것임을 확신할수록 판단을 흐리는 선택지를 과감히 버리고 목표에 더 가까워지는 선택을 할 수 있기 때문이다. 단기간의 이익과 고객과의 장기적 관계 사이에서 선택을 해야 하는 경우에도 목표의 진정성은 빠른 의사 결정을 이끌어낸다.

기회는 어디에나 있지만 빠르게 사라져 버린다. 기회를 알아볼 수 있는 안목이 있더라도 신속한 의사 결정을 내리지 않으면 그 기회는 날아가 버린다.

예의

이 세상에서 가장 저렴하면서도 가장 도움이 되는 자질이 바로 예의다. 예의는 표현하는 데 있어 약간의 시간이 든다는 사실을 제외하면 완전히 공짜인 것이다. 안타깝게도 오늘날 예의는 찾아보기 힘든 자질이 되는 바람에, 예의 바른 모습은 더욱 그 가치를 발휘한다.

예의란 결국 어떤 상황에서든 다른 사람의 감정을 존중하는 습관, 무리해서라도 안타까운 처지에 놓인 사람들을 돕는 습관, 어떤 형태로든 이기심을 자제하는 습관일 뿐이다. 주의할 점은 과장된 매너를 예의로 착각하면 안 된다는 것이다. 자기 말만 하느라 회사 사장에게 결례를 범하고 있다면, 저녁 식사 자리에서 아무리 포크를 우아하게 사용해봤자 사장의 기분이 풀어질 리 없다.

예의는 긍정적인 마음가짐에서 비롯된 자의식은 물론, 자신의 목표와 계획이 얼마나 가치 있는가를 보여준다.

눈치

모든 일에는 적당한 때와 그렇지 않은 때가 있다. 눈치는 적당한 때에 적당한 말 또는 행동을 하는 습관을 뜻한다. 눈치는 예의와 밀접한 관련이 있기 때문에 둘 중 하나만 뛰어나기란 불가능하다. 눈치는 아주 귀중한 기술이므로 있어도 없어도 눈에 띈다. 다음은 눈치 없는 사람들이 보이는 가장 흔한 행동들을 열거한 것이다.

1. 어조에 신경 쓰지 않아서 퉁명스럽거나 적대적인 말투로 말하는 경우가 많다.
2. 두서없이 말해서 차라리 아무 말도 하지 않는 편이 낫다.
3. 다른 사람의 말을 끊는다.
4. 인칭 대명사를 너무 자주 쓰며, 모든 문장을 '나'로 시작한다.
5. 자신이 중요한 사람임을 내세우기 위해 주제와 아무 관련 없는 질문을 할 때가 많다.
6. 다른 사람이 듣기에 민망한, 은밀하면서도 사적인 주제를 대화에 끼워 넣는다.
7. 초대받지 않은 곳에 간다.
8. 자랑이 심하다.
9. 사회적 규범에 어긋나는 옷차림을 한다.

10. 곤란한 시간에 전화한다.

11. 쓸데없는 잡담으로 상대방과 통화를 이어간다.

12. 잘 알지도 못하는 사람에게 지나치게 친한 척 편지를 쓴다.

13. 자신의 지식수준과 상관없이 온갖 주제에 대해 묻지도 않은 의견을 내놓는다.

14. 다른 사람의 의견이 타당한지에 대해 공개적으로 의문을 제기한다.

15. 다른 사람의 요청을 무례하게 거절한다.

16. 당사자의 친구들 앞에서 당사자를 폄하한다.

17. 자신의 의견에 동조하지 않는 사람들을 비난한다.

18. 타인의 장애에 대해 떠들어댄다.

19. 다른 사람들이 보는 앞에서 부하 직원과 동료의 잘못을 지적한다.

20. 부탁을 거절당했을 때 불평한다.

21. 무언가를 부탁할 때 우정을 이용한다.

22. 모욕적이거나 불쾌한 표현을 사용한다.

23. 즉시 싫어하는 티를 낸다.

24. 병이나 불운을 두고 신세 한탄을 한다.

25. 정치나 종교에 대해 불만을 쏟아낸다.

26. 뭐든지 잘 아는 척을 한다.

위의 사항들이 별로 중요하지 않은 사소한 결점이라고 느껴진다면, 이런 특징들이 얼마나 빨리 서로 섞여 더 나쁜 행동으로 나타나는지 생각해보라. 당신이라면 이 중 세 가지 결점을 가진 사람과 주기적으로 어울릴 수 있을까? 이런 사람들은 자신에 대한 인식이 부족하고 상대방을 배려하지 않기 때문에 다른 사람의 정신에 해를 끼친다. 매력적인 성품을 갖추려면 이러한 결점들은 모두 지양해야 한다.

어조

말하는 걸 보면 성격이 드러나는 경우가 많다. 따라서 단순한 말 이상의 의미를 전달하도록 어조를 조절하는 것은 매우 중요하다. 같은 문장이라도 어조가 달라지면 전혀 다른 의미로 전달될 수 있다. 예를 들어 납품업체에 자신감 넘치는 말투로 조금 급하게 제품을 배송해달라고 말하면, 납품업체에서는 이를 사업상 일어날 법한 일로 생각한다. 반면, 자신감 없이 안절부절못하는 말투로 얘기하면 납품업체는 상대가 급하고 곤란한 상황이라 짐작해서 더 높은 가격을 부를 가능성도 있다. 그렇다고 화난 말투로 얘기했다간 수년 간 이어온 좋은 협력 관계를 아예 망쳐버릴 수도 있음을 명심해야 한다.

어조를 조절하는 법을 연습하고 스스로 어떤 식으로 말하는지 듣는 연습을 해보자. 자신감 있는 말투는 긍정적인 마음가짐과 명확한 목적을 상대에게 드러내 보일 것이다.

미소 짓는 습관

단순한 방법이지만 진심 어린 미소가 다른 사람들에게 매력적으로 비춰질 수 있다는 사실을 간과해서는 안 된다. 이런 미소는 스스로에게 가져오는 효과 또한 적지 않다. 화가 났을 때는 미소를 지어 보자. 이런 단순한 행동만으로도 금세 마음이 차분해지며 긍정적인 마음가짐을 가져야겠다는 생각이 들 것이다. 웃는 얼굴은 지독하리만치 적대적인 상대마저 무장해제시킨다. 웃으며 말하는 상대와 싸우기란 쉽지 않기 때문이다.

평소에 거울을 보면서 미소 짓는 연습을 하자. 목소리를 조절하면서 연습하면 더 좋다. 다른 사람들이 나를 인식하는 방식과 나 자신의 행동에 미치는 영향이라는 두 가지 측면에서 이는 서로 연관된다.

얼굴 표정

얼굴 표정을 보면 상대의 마음속에서 무슨 일이 일어나고 있는지 대부분 알 수 있다. 표정은 그 사람에 대해 판단을 내리는 하나의 기준이다. 유능한 영업 사원은 특히 판단력이 뛰어나다. 자신의 얼굴 표정을 인식하고 이를 조절하는 법을 더 잘 익힐수록 다른 사람의 표정도 더 잘 파악할 수 있다. 그리고 당신은 이미 거울 앞에서 어조와 미소를 연습하고 있을 테니, 자연스레 표정 짓는 연습을 함께하면서 이를 발전시켜 나갈 수 있을 것이다.

아량

아량은 나와 다른 의견, 생활 방식, 믿음을 가진 사람에 대해 인내심을 갖고 공정하게 대하는 성향을 말한다. 열린 마음으로 새로운 생각과 정보를 받아들이기 위해 노력하는 것은 단지 어울리기 좋은 사람이 되기 위해서만은 아니다. 앞서 언급한 대인 관계 기술인 눈치와 밀접한 관련이 있긴 하지만, 아량은 새로운 생각이나 정보의 장점을 더 잘 파악함으로써 경쟁에서 우위를 점할 수 있게 해준다. 새로운 생각을 접할 때마다 그것을 온전히 내 것으로 만드는 것은 어려울지 몰라도, 이를 면밀히 살펴보고 이해하려는 시도는 할 수 있을 것이다. 반면, 편협함은 아래와 같은 여러 단점을 가져온다.

1. 친구가 되고 싶어 하는 사람을 적으로 만든다.
2. 지식 탐구를 제한해 정신적 성장을 멈추게 한다.
3. 상상력을 꺾는다.
4. 자기 훈련을 방해한다.
5. 정확한 사고와 이성적 판단을 가로막는다.

편협해질수록 다양한 세계를 마주할 수 있는 가능성과 내면의 영적인 힘으로부터 스스로를 차단해버릴 뿐이다. 내면의 힘은 새로운 생각을 받아들일 준비가 되어 있을 때 비로소 꽃피울 수 있다.

솔직한 태도와 말투

동료를 솔직하게 대하지 않고 속임수를 쓰는 사람들을 보면 누구나 불쾌감을 느낄 것이다. 종잡을 수 없고, 명쾌하지 않으며, 쉽사리 의중을 파악할 수 없는 사람들에게 신뢰감을 느끼기란 거의 불가능하다.

이런 사람들은 노골적으로 거짓말을 하지는 않지만 거짓말이나 다름없는 행동을 한다는 데 문제가 있다. 사실을 알 권리가 있는 사람들에게 일부러 그 사실을 감추고 알려주지 않는 것이다. 이는 비열한 부정행위이며 건실한 사람들의 마음을 좀먹는다. 진정으로 건실한 성품을 가진 이들은 사람들과 터놓고 대화하며 언제든 그들에게 솔직하게 다가갈 용기가 있다. 이들은 불이익이 예상되는 상황에서도 이런 면을 일관되게 유지한다.

앞서 소개한 특성들을 살펴보고 그것들을 거짓으로 꾸며 사기 행각에 활용할 수 있으리라 생각했다면, 당신은 완전히 착각한 것이다. 마음에서 우러난 솔직함 없이는 그 어떤 능력도 제 힘을 발휘할 수 없다. 솔직할 수 없다면 당신의 목표에 대해 어떻게 자신감을 가질 것이며, 또 어떤 태도로 그 목표에 도달할 수 있겠는가?

예리한 유머 감각

유머 감각을 잘 다듬으면 생활 속에서 마주하게 되는 다양한 상황에 대해 유연하고 융통성 있게 대응하는 데 도움이 된다. 자기 자신이 압박감을 느끼는 와중에도 주변 사람들로 하여금 냉담하다거나 거리감이 생겼다고 느끼게 하는 대신, 여유로운 모습과 인간미를 보여줄 수 있다. 또한 유머 감각은 당신이 인생을 지나치게 심각하게 여기지 않도록 해준다.

웃어야 할 때 웃을 수 없는 사람들은 훌륭한 정신적 자극을 거부하는 셈이다. 제품이나 계획에서 결함을 발견하더라도, 그러한 상황에서 재미를 찾을 줄 아는 사람은 한 발 뒤로 물러났다가 다시 시작할 수 있다. 그렇지 않은 사람은 한동안 불만에 사로잡히고 말 것이다.

또한 유머 감각이 있으면 미소 짓는 일을 훨씬 수월하게 할 수 있어서 긍정적인 마인드를 강화하는 데도 큰 효과가 있다.

무한 지성에 대한 믿음

자기 자신과 성공에 대한 절대적 믿음은 성취 철학에 관한 모든 원칙의 기본이다. 믿음은 그 속성이나 목적에 관계없이 모든 위대한 성취를 이루기 위한 핵심 요소다. 명확한 목표를 위한 계획들을 수행하는 과정에서 이러한 믿음을 소홀히 한다면, 별을 보지 않고 천문학을 공부하는 것과 마찬가지다. 믿음은 사실 성공의 17가지 원칙 중 하나일 정도로 매우 중요하며, 다음 장에서 더 자세히 다룰 예정이다.

무한 지성에 대한 믿음은 다른 사람들에 대한 믿음을 불러일으킨다. 자신감은 자신감을 낳는다. 무한 지성에 대한 믿음, 자신에 대한 믿음, 타인에 대한 믿음을 가진 이들은 다른 사람들 또한 스스로에게 믿음을 가질 수 있도록 용기를 북돋워줄 수도 있다.

자기 주도성, 상상력, 열정, 자립심, 그리고 명확한 목표를 드러내기 위한 최고의 수단이 바로 믿음이다. 인간의 마음은 무언가를 성취할 수 있도록 정교하게 설계된 기계와 같다. 이러한 기계를 작동시키는 힘은 마음의 외부에서 오며, 믿음은 그처럼 엄청난 힘을 마음껏 이용할 수 있도록 해주는 최대 관문이다.

이 관문을 여는 메커니즘은 바로 열망이나 동기다. 그 외에 관문을 열 다른 방법은 없다. 문은 동기와 열망의 강도에 따라 조금씩 열리며, 오직 타오르는 열망만이 그 문을 최대한으로 열 수 있다. 타오르는 열망은 깊은 정서적 감정을 동반한다. 논리적이기만 한 동기는 마음 깊은 곳으로부터 끓어오른 동기만큼 문을 활짝 열어젖히지 못한다.

믿음은 당신의 마음을 인간적 한계에서 벗어나게 함으로써 편협함과 같은 장애물을 없애준다. 옹졸한 마음을 갖게 만드는 일 외에 편협함이 대체 무슨 쓸모가 있단 말인가? 마치 한 줄기 빛이 어둠을 쫓아버리듯, 삶의 다양한 면면을 아우르는 안목을 길러주는 힘을 키우면 편협함으로부터 벗어날 수 있다.

믿음은 우리를 둘러싼 세계와 그 세계에 사는 사람들에 대한 시각을 대폭 확장해준다. 그리고 그러한 시각은 모든 인간관계를 더 잘 이해할 수 있는 밑거름이 된다. 이처럼 믿음은 매력적인 성품이 지닌 모든 특징을 뒷받침해준다.

또한 믿음은 현실의 장애를 직시하고 이를 타파할 새로운 해법과 아이디어를 구상함으로써 개인적 성취를 향해 나아갈 수 있도록 해준다. 누군가가 정확히 표현했듯이 "믿음을 따라가면 길을 잃는 일은 없다."

믿음의 힘은 무궁무진하다. 그것은 재생 가능한 궁극의 자원이며, 인간이 최대한 그 힘을 활용하길 바라는 창조주의 바람이다. 믿음의 힘은 누구나 쉽게 얻을 수 있다. 비용을 지불할 필요도 없다. 이를 활용하고자 하는 열망만 있다면 간단히 내 것으로 만들 수 있다.

당신이 완벽히 통제할 수 있는 유일한 대상은 바로 당신의 생각이다. 당신이 가진 진정한 사적 공간은 당신의 마음속에 있다. 바로 그곳에서 당신은 내면의 한계를 극복하기 위해 믿음의 힘을 최대한 완벽하게 활용할 수 있을 것이다.

날카로운 정의감

다른 사람들을 공정하게 대하지 않는 한 매력적인 성품을 갖추거나 목표를 달성하리라 기대하기는 어렵다. 날카로운 정의감을 가지려면 의식적으로 정직하게 행동하기 위해 최선을 다해 노력해야 한다는 것이 핵심이다.

사람들은 대부분 정직하게 행동하는 것을 더 편하게 느끼고 실제로 그렇게 행동하지만, 이런 정직함은 상황에 따라 변하기 쉬워서 자신에게 더 이익이 된다면 얼마든지 그 신념을 굽히기도 한다. 따라서 솔직하게 말하는 습관을 기르려고 노력하는 것 자체로 이미 의식적으로 정직하게 행동하기 위해 중요한 첫 발을 내디딘 것이라고 할 수 있다. 즉각적인 이익을 불러오든 아니든 간에, 어떤 상황에서든 일관되게 정직한 행동을 할 수 있으려면 일상에서 그러한 신념을 철저히 지키려는 노력이 필요하다. 혹시 날카로운 정의감 때문에 기회를 잃는 일이 생기더라도 정직함이 가져다주는 실질적인 이득은 아래와 같이 많다.

1. 매력적인 성격 형성에 도움을 주는 자신감의 근거가 된다.
2. 근본적으로 진실하고 건실한 성품을 길러준다. 이런 성품은 그 자체로도 아주 매력적이다.
3. 사람들의 마음을 얻게 해줄 뿐만 아니라, 실질적이고 지속적인 이득의 기회를 가져다준다.
4. 자립심과 자긍심을 길러준다.
5. 양심에 더욱 귀 기울일 수 있고, 이로 인해 동기와 욕망이 더 분명해져서 즉각 행동에 옮길 수 있다.
6. 귀중한 친구들은 끌어들이고, 적은 물리친다.

7. 믿음에 대해 마음을 열 수 있다.

8. 화를 부르는 논란을 피할 수 있다. 부적절한 언행을 한 것이 드러나면서 유명 인사들이 얼마나 자주 사회에서 매장 당하는지를 생각해보자.

9. 명확한 목표를 향해 더 높은 자기 주도성을 갖고 나아갈 수 있다.

날카로운 정의감은 단순히 물질적 보상을 얻기 위한 도구가 아닌, 모든 인간관계를 더욱 풍요롭게 만들어주는 수단이다. 또한 탐욕과 이기심을 억제하고 자신의 권리, 특혜, 책임을 더 잘 이해할 수 있게 해준다. 이러한 정의감을 통해 매력적인 성품의 모든 면이 강화된다.

적합한 어휘 사용

성공한 사람들은 세심하고 주의 깊게 적합한 어휘를 선택해서 사용한다. 빈틈없는 마케팅 계획을 세우듯 언어 사용에서도 이러한 자질이 드러나야 한다. 욕설이나 상스러운 말, 무심코 쓰는 잘못된 어휘를 상습적으로 남발하는 일이 없어야 한다. 대신 정확한 단어를 사용함으로써 자신이 원하는 바를 명확히 전달할 수 있도록 의미 전달력에 신경 써야 한다.

만일 자신의 언어 능력이 미덥지 않다면 독서를 통해 개선할 수 있다. 내 지인 중 한 사람은 매일 30분간 사전을 읽었다. 그렇다. 그는 실제로 사전에 나온 표제어를 전부 읽었다. 나는 그가 말실수하는 것을 단 한 번도 본 적이 없으며 그가 전달하는 뚜렷한 메시지에 감탄하곤 했다.

이런 방식이 너무 지루한 공부처럼 느껴진다면 다양한 자기 계발서를 읽거나 오디오북을 들으면서 어휘력을 확장하는 방법도 있다. 언어 능력을 높은 수준으로 끌어올린다고 해서 손해 볼 일은 없을 것이다. 이런 훈련을 해나가다 보면 상투적이고 반복적인 표현을 줄일 수 있으므로 답답하고 졸린 대화에서 벗어나 즐거운 분위기를 이끌어낼 수도 있다.

사람들은 대개 상대의 말과 글을 통해 그 사람을 판단하기 때문에 적합한 어휘의 사용은 생각보다 중요하다. 대화나 편지에서 직접적이고 분명하며 이해하기 쉬운 표현을 사용한다면 그 사람의 매력적인 성격의 모든 면면이 더 빨리, 더 잘 드러날 것이다. 반면 어휘를 제대로 사용하지 못하면 목표와 그 달성 방법을 두고 대화하는 과정에서 혼선이 빚어지면서 마스터 마인드 그룹의 화합에도 금이 갈 수 있다.

효과적으로 말하기

효과적으로 말하는 데 있어 적합한 단어를 선택하는 것만큼 중요한 일은 없다. 솔직함, 정확한 단어 선택, 그 밖의 다른 유쾌한 성격적 특징을 갖춘 사람은 대회 장소든, 토론회든, 일대일 대화든, 어디서나 확신과 설득력을 바탕으로 자신의 의사를 강력하게 전달할 수 있다.

극적이고 감동적인 연설은 문명화가 진행되는 동안에도 엄청난 영향력을 발휘해왔다. 효과적으로 말할 줄 아는 사람들이 국가의 운명을 바꾸고 정의해왔으며, 그 결과 그들은 역사에 길이 남게 되었다. 물론 이 정도로 야심이 크지 않더라도 얼마든지 효과적으로 말하는 방법을 익힐 수 있다.

극적인 기술을 마스터하려면 평상시 대화할 때 힘주어 말하는 법을 익혀야 한다. 대화할 때마다 단어 하나하나에 적절히 감정을 싣는 연습을 하면 공식적인 발표 자리에서는 청중에게 훨씬 더 효과적으로 전달할 수 있을 것이다.

그러나 아무리 극적인 기술을 많이 익힌다 해도 일단 청중이 흥미를 잃고 나면 분위기를 반전시키기는 어렵다. "당신이 하고 싶은 말이 무엇인지를 알고, 거기에 필요한 모든 감정을 담아 말하고, 그런 다음 자리에 앉아라!"라는 말도 있지 않은가. 여기서는 마지막 두 마디가 핵심이다. 연설은 가능한 한 짧게 해야 한다는 걸 명심하라. 핵심을 전달했으면 그것으로 끝이다. 장황한 연설을 늘어놓는 연사들은 청중에게 과도한 집중력을 요구하며, 그들의 시간을 존중하지도 않는다. 결국 아무도 설득하지 못한다.

듣는 사람의 마음에 가닿을 만한 핵심적인 내용을 전달하지 못하면 설득의 실패는 예정된 수순이라고 할 수 있다. 내가 제공하는 서비스나 제품을 처음 접하는 사람들에게 전문 용어나 기술적인 표현을 사용해서는 안 된다.

예시와 보기를 활용하면 말 속에 극적인 요소가 실리기 때문에 듣는 사람에게 전달하고자 하는 메시지가 친근하게 와닿는다는 사실을 기억하자. 전에 컴퓨터를 사용해본 적이 없는 회사에 새로운 컴퓨터 시스템을 소개한다고 해보자. LAN이나 펜티엄 칩에 대해 장황한 설명을 늘어놓으면 자리에 앉은 대부분의 사람들이 꾸벅꾸벅 조는 광경을 보게 될 것이다. 그 대신 새로운 컴퓨터 시스템을 사용하면 직원들이 서로 어떻게 연결될 수 있는지, 그들이 얼마나 빨리 정보를 공유할 수 있는지, 또 얼마나 효율적으로 업무에 기술을 활용할 수 있는지를 설명하면 당장이라도 계약하고 싶어서 안달이 난 사람들의 눈빛을 마주할 수 있을 것이다.

또한 말할 때는 제스처를 적절히 사용해야 한다. 손으로 머리를 쓸어올리거나 주머니에 손을 찔러 넣는 행동은 삼가야 한다. 기회가 될 때마다 유능한 연설가들의 모습을 관찰해보자. 그러면 그들이 어떻게 손을 사용해서 자신의 이야기를 강조하는지 알 수 있다. 미소 짓는 연습과 표정 연습을 하듯이 거울 앞에서 제스처를 연습하라.

어조를 조절하는 연습을 하다 보면 사람들 앞에서 말할 때 꽤 도움이 될 것이다. 자신의 열정과 자신감, 내용의 중요성 등을 어조를 통해 전달하는 것이다. 열정은 모든 말하기의 핵심 요소인데, 앞서 언급한 좋은 말하기의 모든 특징이 바로 열정을 통해 전체적으로 어우러질 수 있기 때문이다. 듣는 사람은 말하는 사람의 진정한 열정 앞에서 마음이 움직이지 않을 수 없다. 열정은 전염되는 것이다. 명확한 주요 목표에 대한 확신과 진정성이 있다면 자신이 하는 말에 감정을 담아 내보이는 데 문제가 없을 것이다. 이것이야말로 효과적인 말하기의 핵심이다.

감정 조절

우리가 하는 일은 대부분 감정에 좌우된다. 감정으로 인해 위대한 성취를 이룰 수도 있고, 또는 패배의 쓴맛을 볼 수도 있기 때문에 스스로의 감정을 잘 이해하고 조절해야 한다. 이를 위한 첫 단계는 바로 동기를 유발하는 감정을 파악하는 것이다. 여기서는 정적 감정과 긍정적 감정을 각각 7가지씩 소개한다.

7가지의 부정적 감정은 다음과 같다.

1. 두려움

2. 증오

3. 분노

4. 탐욕

5. 질투

6. 복수

7. 미신

7가지의 긍정적 감정은 다음과 같다.

1. 사랑

2. 섹스

3. 희망

4. 믿음

5. 연민

6. 낙천주의

7. 의리

위에 열거한 14개의 감정에 따라 계획의 성공과 실패가 결정된다. 이러한 감정들은 서로 연관되어 함께 나타나기도 하고 무작위로 나타나기도 한다.

각각의 감정은 기본적인 마음가짐과 관련되어 있기에 그동안 그토록 긍정적인 마음가짐을 강조한 것이다. 이러한 감정들은 마음가짐이 투영된 것에 지나지 않으므로, 스스로 정리하고 유도하고 자유자재로 조절할 수 있다. 하지만 그러기 위해서는 우선 마음을 잘 다스릴 줄 알아야 한다. 현재 그 상황에서 느끼는 감정을 예민하게 살피면서 그런 감정이 내 마음가짐에 어떤 영향을 주는지를 파악한 뒤에 이를 받아들이거나 거부해야 한다. 낙천주의는 자신감과 유연성을 키워줄 것이다. 반면 증오는 아량과 날카로운 정의감을 무디게 만들 것이다. 이러한 감정을 조절하지 못하면 변덕스러운 기분에 인생 전체가 휘둘리게 될 수밖에 없다.

이처럼 감정을 조절하기 위해 애쓰고 있다면, 어떤 감정을 느끼게 될 때 그에 따라 행동하는 횟수가 몇 번이나 되는지 매일 표를 작성해보자. 이렇게 하면 자기 스스로가 얼마나 자주 감정에 휩싸이며, 그러한 감정이 어떤 힘을 지니고 있는지에 대해 더 명확히 알 수 있다. 감정을 촉발시키는 원인이 무엇인지 알고 나면 그것을 없애버리거나 원인을 찾아내 이용할 수 있을 것이다.

성공에 대한 열망을 강렬한 집념으로 키워낸 뒤 명확한 목표를 실행에 옮기는 것이야말로 감정 조절의 핵심이다. 목표 수행 능력과 감정 조절 능력은 서로 관련되어 있고 상승 작용을 일으켜서 어느 하나가 잘 되면 나머지도 따라오게 된다.

적극적인 관심

사람, 장소, 대상에 집중하고 필요에 따라서는 가능한 한 오래도록 관심을 기울일 수 있어야 한다. 그렇게 하지 못하면 매력적인 성품의 다른 특성들은 쓸모없어지고 만다. 상대가 원할 때 주의를 집중하는 것만큼 그 사람을 으쓱하게 만드는 것은 없다. 내가 말을 잘하는 것보다 상대의 말을 잘 들을 때 훨씬 더 많은 것을 이뤄낸다.

상대에게 집중하면 어떤 상황에서든 최대한 많은 것을 얻을 수 있다. 상대가 나에게 말을 할 때 주머니 속에서 뭔가를 만지작거리거나, 시계를 보거나, 자주 시선을 돌린다면 그 사람을 모욕하는 것밖에 안 된다. 또 중요한 대화 내용을 놓치게 될 뿐만 아니라, 상대가 즉시 나의 무관심을 알아채고 대화를 중단하려 할 것이다.

자기 자신의 사소한 행동들을 알아채지 못하거나 주변 상황에 둔감한 것은 누구에게서나 흔히 볼 수 있는 단점이다. 당신의 잠재 고객이 당신의 제안에 동의하기 전에 잠시 머뭇거렸던 순간을 놓친 적이 있는가? 만약 그러한 순간을 알아챘다면 당신은 더 나은 서비스를 위한 방법을 고민해볼 수도 있을 것이다. 잠재 고객이 매년 당신으로부터 짧지만 친절한 연락을 받고 흔쾌히 계약을 연장하는 그런 서비스가 훨씬 가치 있다는 걸 깨달을 수도 있는 것이다. 아니면 당신은 자신 있게 권하기 어려운 제품을 구매하도록 상대를 끊임없이 설득해야만 하는 곤란한 상황을 마주할 수도 있다.

동료에게 항상 관심을 갖고 있는 것도 중요하다. 동료가 성공이나 실패를 했을 때 그 원인을 알 수 있기 때문이다. 당신이 속한 마스터 마인드 그룹에서도 당신은 전체 동료들에게 영향을 미칠 만한 누군가의 상황 변화에 대해 반드시 알고 있어야 한다. 그 사람이 구성원의 판단에 영향을 끼칠 수도 있기 때문이다.

적극적으로 관심을 가지면 기억력도 자연스레 좋아진다. 처음에 무언가를 제대로 주의 깊게 관찰하면 뇌리에 선명하게 남을 것이다. 이러한 노력은 특히 다른 사람과의 관계에서 유용하게 빛을 발한다. 대화의 구체적인 내용을 기억할 수 있으면, 그것이 상대방에게는 인생의 아주 사소한 부분에 지나지 않는다 하더라도 내가 그 사람에 대해 얼마나 깊은 관심을 갖고 있는지를 보여줄 수 있기 때문이다. 전에 알던 사람을 우연히 다시 만났는데 상대가 나를 알아보지 못한다면 무척 당황스러울 것이다. 하지만 당신이 먼저 호감을 갖고 상대를 기억하고 있음을 보여준다면, 상대는 이후부터 나를 만날 때마다 더 반가워할 것이다.

다방면의 지식

자신의 전문 분야에 대해 얼마나 지식이 많든 간에 사회 전반에 대한 관심을 보이지 않는다면 누구도 당신을 매력적이라 생각하지 않을 것이다. 동료와 함께 업무에 관한 이야기는 몇 시간이고 떠들어댈 수 있을지 모르지만, 이는 탕후루 가게에서 손님들을 마주친 치과의사처럼 그다지 환영받지 못할 것이다.

시사 문제에 늘 관심을 갖고, 자신의 전문 분야 이외의 취미도 갖고 있어야 한다. 그래야만 그 사람이 지닌 성품과 지식이 더욱 그 깊이와 폭을 넓혀갈 수 있다. 자신에 대해 잘 이해하고 있는 사람은 타인에 대해서도 더 잘 이해할 수 있으며, 상대는 당신의 그런 점을 높이 살 것이다.

사람에 대한 호감

개가 자신을 좋아하는 사람과 좋아하지 않는 사람을 알아볼 수 있는 것처럼, 사람들은 누군가가 타인을 대할 때 그 사람에게 호감을 가지고 있는지 아닌지를 매우 빨리 알아챈다. 그들은 보통 자기 같은 부류를 본능적으로 싫어하는 사람들을 마찬가지로 불쾌하게 여기며, 진정한 열정을 가진 이들에게는 매력을 느낀다.

호감 가는 매너로 싫어하는 감정을 감출 수 있다고 생각할지 모르지만, 이를 지켜보는 사람들은 거기에 인간적인 따스함이 없음을 직감적으로 느낀다. 따라서 인정머리 없는 마음이 불쑥 올라오지 못하게 생각을 잘 다스리고, 특히 욱하는 성질에 각별히 신경 써야 한다. 욱하는 성질은 감정을 제대로 다스리지 못한 결과이며, 그리하여 감정이 걷잡을 수 없이 날뛰게 되면 다른 사람에게 큰 상처를 주는 말과 행동이 튀어나올 수도 있다. 자신의 감정을 다스리지 못하는 것은, 면도칼처럼 날카로운 혀를 볼 베어링 위에 올려놓고 다른 사람을 향해 마구 발사하는 일과 같다.

다른 사람에게 짜증을 내는 것은 이기심과 자기 훈련 부족을 여실히 보여주는 행동이다. 패배주의적인 태도를 끊임없이 드러내는 것 또한 마찬가지다. 최근에 불운을 겪었다고 하소연하거나 갈피를 잡지 못하는 마음을 계속 토로해봤자 상대로부터 도움을 받기는 어렵다. 사람들은 목표를 높게 잡았다가 그것을 이루지 못한 사람에게는 너그럽기 마련이지만, 시작조차 해보지 않고 주변 사람들에게 높은 목표를 세웠다는 이야기만 끊임없이 떠들어대는 사람은 다른 이들을 배려할 줄 모르는 사람으로 치부할 뿐이다. 다른 이들에게 적극적인 관심과 아량, 존중을 보이면 그들도 자연스레 나를 똑같이 대할 것이다.

겸손

오만함, 허영, 이기주의는 매력적인 성품의 소유자에게서는 절대 발견할 수 없는 특성들이다. 겸손을 소심함과 착각해선 안 된다.

진정한 겸손이란 아무리 위대한 위인이라도, 인간이라는 존재가 원래 그렇듯 전체의 일부에 지나지 않는다는 사실을 인정하는 것이다. 내가 누리는 것들은 많은 이들 또한 누릴 수 있도록 주어진 선물이며 당연한 것이 아님을 인정하자.

스스로의 교만함과 씨름하고 있다면 다른 사람들에게 적극적인 관심을 기울여 자기 자신 이외의 다른 주제에 집중해야 한다. 자신에 대한 믿음이 커질수록 넓은 세상과 그 가치의 중요성을 더 잘 인식할 수 있다. 믿음이 굳건한 사람들은 늘 겸손한 자세를 유지하며 이러한 자질들은 언제나 높은 평가를 받는다.

효과적인 쇼맨십

쇼맨십은 얼굴 표정, 어조, 적절한 단어 선택, 효과적인 말, 감정 조절, 예의, 다방면의 지식, 마음가짐, 유머 감각, 눈치 빠른 행동 등 매력적인 성격의 수많은 특징들이 적절히 어우러져 나온 결과물이다. 이러한 면모를 함께 드러내면 필요할 때마다 호의적인 관심을 받을 수 있을 것이다.

쇼맨십이라고 해서 단순히 눈길을 끌고, 익살을 떨거나, 재치 있는 농담을 하거나, 수다를 떤다는 의미는 아니다. 이러한 자질들은 확실히 주의를 끌기는 하지만 피곤한데다가 위험한 경우도 적지 않다. 훌륭한 쇼맨십을 만드는 여러 자질들을 효과적이고 긍정적으로 활용할 수 있다면, 한 명이든 수천 명이든 사람을 대하는 데 많은 도움이 될 것이다.

정정당당한 스포츠맨 정신

이겼다고 잘난 척하거나 졌다고 불평을 늘어놓는 모습을 보이지 않는다면 곧 다른 이들의 존경을 받게 될 것이다. 운동 경기에 임하다 보면 자연스럽게 이런 습관이 들게 마련이지만, 만일 당신이 경기장이나 코트에 발을 들여놓은 적이 없다 하더라도 경기 막바지에 당신이 그럭저럭 지낼 만한 사람이라는 인상을 준다면 그들과 서로 협력하는 사이가 될 수 있다.

업무 외적인 관심사는 이러한 특징을 기르기에 좋다. 유연성, 눈치, 겸손 등은 그러한 스포츠맨 정신을 보여주는 데 도움이 된다. 결과가 어떻든 간에 언제나 친근한 태도를 보여줘라. 그럼 사람들은 당신과 함께 일하길 잘했다고 생각할 것이다.

제대로 된 악수 예절

이는 정말 간단한 기술이지만 첫인상을 결정짓는 매우 중요한 자질로써 어떻게 악수하느냐에 따라 인상은 분명 달라진다. 단단하고 친근감 있게 손을 잡되, 으스러지지 않을 정도로 적당히 힘을 준다. 당신은 상대에게 경쟁이 아닌 열정과 협력의 의지를 분명히 보여주어야 한다. 힘없는 악수는 무관심이나 나약함을 나타낼 것이다.

인사말과 함께 악수를 청하고 중요한 표현을 강조할 때 상대방의 손을 쥐어야 한다. 뚜렷한 인상을 남길 수 있도록 인사하는 동안은 악수하는 손을 놓지 않는다.

인사할 때는 직접적이고 확고한 어조로 말하자. 사람들은 이러한 느낌을 바탕으로 당신의 전체적인 성격을 짐작할 것이다.

개인적인 매력

이 마지막 특성은 성적 에너지를 좀 점잖게 표현한 것으로 보면 된다. 매력적인 성품의 모든 면 중에서 이것은 유일하게 타고난 특성에 해당하며 엄밀히 말해 개인의 노력으로 성장시킬 수가 없다. 타고난 특성이기에 더 성장시킬 수는 없지만 올바르게 사용할 수는 있다.

성적 에너지는 보편적인 추동력이다. 이러한 에너지의 방출은 도움이 될 수 있는데, 물론 적절히 사용하는 경우에만 그렇다. 적절히 사용한다는 것은 동료나 잠재적인 기업 고객을 육체적으로 유혹한다는 의미가 아니다. 그렇게 하면 심각한 혼란을 초래할뿐더러, 그와 같은 행동은 정직과 같이 매력적인 성격의 다른 일면들과 상통하지도 않는다.

그보다는 그 성적 에너지를 노력에 전달하여 당신의 육체가 아닌 노력이 다른 이들로 하여금 매력의 원천으로 받아들여지도록 만들어야 한다. 성적 에너지를 이용해 열정을 키우고 사람에 대한 진실한 애정을 보여주면서 자신의 스타일과 어조를 가다듬어야 한다. 몸짓과 자세 역시 이러한 자질을 반영한다. 성적 에너지는 매력적인 성품의 강력한 요소로 작용하지만, 이 외의 다른 특징들이 품위 있게 드러나야만 진정으로 도움이 될 것이다.

매력적인 성품의 모든 특징들은 확실히 상호 보완적이며 서로가 서로를 강화시키는 양상을 띤다. 한편으로 어떤 특징은 제대로 된 악수 예절처럼 빠르게 습득할 수 있는가 하면, 또 어떤 특징은 습관의 수준으로 꾸준히 끌어올려야 하는 것도 있다.

자신의 성격을 면밀히 그리고 정직하게 분석해 불쾌감을 유발하는 특징을 없애야 한다. 아무리 친한 친구라도 당신의 성격적인 면은 쉽게 지적할 수 없기 때문이다. 그랬다가는 마음에 상처를 주고 반발심이나 좌절감만 불러일으킬 수 있으니까. 따라서 스스로를 분석하는 일에 공을 들이면 결국 당신에게 엄청난 이득으로 돌아올 것이다. 이러한 과정을 통해 자기 자신을 제대로 평가할 수 있을 뿐 아니라 다른 사람을 분석하고 이해할 수 있는 능력 또한 얻을 수 있다.

매력적인 성품을 만들기 위해 할 수 있는 건 다했다고 생각하는 우를 범하지는 말자. 보상의 기준이 그렇듯 매력적인 성격의 기준 또한 계속 향상되고 있으니까.

4

실행하는 믿음을 활용하라

...

여기에서 믿음이란, 보편적인 힘을 인식하고 그 존재를 확신하며 조화를 이루는 것을 말한다. 당신은 이러한 믿음을 단순히 갖는 데 그치지 말고 더욱 적극적으로 활용해야 한다.

이전부터 믿음에 대한 수많은 정의를 듣고 읽어왔겠지만, 그중 다수는 종교적인 신념과 관련이 있을 것이다. 이 장에서 다루고자 하는 내용의 핵심은 자기만의 영적인 믿음은 그리 중요한 요소는 아니라는 것이다. 하지만 그러한 영적 믿음을 매일 실천하는 방법을 비롯한 여러 가지를 배울 수 있을 것이다.

믿음은 곧 마음의 상태다. 지속적인 성공을 성취하는 데 도움이 되는 믿음은 수동적인 것이 아닌 능동적인 것이다. 능동적인 자기 자신을 세계의 생명력과 연결 짓는 과정이다. 그리고 나는 이를 '무한 지성'이라 부른다.

무한 지성을 이해하기

숭고한 존재에 대한 긍정적이고 확고한 믿음 없이, 능동적이고 실행하는 믿음을 갖기란 불가능하다. 이러한 믿음은 다양한 방식으로 얻을 수 있는데, 관찰과 실험, 느낌, 기도, 명상, 생각 등이 여기에 해당한다.

당신은 그 영향을 직접 확인하거나 당신이 신뢰하는 사람들의 이야기를 받아들임으로써 무언가를 배울 수 있다. 그러나 무엇보다 무한 지성에 대해 이해하기 위해서는 외부 세계는 물론 자신의 내면을 탐색해야 한다.

외부 세계

사람들은 항상 외부 세계에서 무한 지성의 증거를 확인해왔다. 자연의 모든 과정은 질서를 따른다. 태양이 오늘은 동쪽에서 떴다가 내일은 서쪽에서 뜨는 일은 없다. 자연의 법칙은 영원불변하게 지속되며 어디서나 존재한다. 그러한 질서와, 그처럼 지속적으로 법칙이 유지되는 것은 지적 설계와 명확한 목표, 무한 지성에 대한 충분한 증거가 있음을 분명히 나타낸다. 테니슨Alfred Tennyson(영국 빅토리아 시대의 시인-옮긴이)이 이렇게 썼듯이 말이다.

> "해와 달과 별과 바다와 언덕과 평원.
> 이것들은, 오 영혼이여, 세상을 다스리는 그분의 환영이 아니던가?"

팔을 들어 손목시계를 한번 보자. 그 시계는 조직화된 지성의 도움 없이는 존재할 수 없었으며, 그 지성이란 바로 인간의 지성이라는 사실을 당신은 알고 있다. 이러한 인간의 지성은 오로지 하나의 마음에서 비롯된 것이 아니며 우주의 자연 질서라는 힘을 표현하는 하나의 도구일 뿐이라는 사실도 마찬가지로 잘 알고 있다.

그 시계를 분해한 다음, 부품들을 모자 안에 넣고 흔들어보자. 100만 년이 지난다 한들 그 부품들이 저절로 조립되어 이른바 시계가 될 가능성은 전혀 없다. 그렇게 되기 위한 과정에는 명확한 계획을 가진 의도적이면서도 조직화된 지성이 필요하다. 시계와 마찬가지로 우주 역시 무한 지성의 산물이 아니고서는 그처럼 존재할 수 없다.

내부 세계

당신은 촉각, 시각, 청각, 미각, 후각 등 외부 세계를 평가할 수 있게 해주는 많은 감각을 가지고 있다. 그러나 다른 현실을 경험하게 해주는 감각도 있다. 마스터 마인드 연합이라는 조력 집단의 장점은 바로 다른 사람들과 마음이 서로 연결되면서 각 구성원의 잠재의식이 무한 지성의 힘에 의해 열린다는 것이다.

양심은 당신을 이러한 힘에 닿게 해주는 도구이며, 기도할 때 역시 마찬가지로 내면의 세계를 탐색할 수 있다. 이러한 경험들은 인류의 역사가 계속해서 형성되어온 원동력이 되었다. 사도 바울에게 조용히 작게 속삭였던 내면의 목소리는 기독교의 모습과 그 방향을 바꾸어놓았다. 또 마하트마 간디를 이끌었던 영적 신념은 인도뿐만 아니라 전 세계의 사회 경제적 변화 방식에 영향을 주었다.

근본 사상과 개념을 발견하고, 이를 수용해 널리 전파하는 인간 정신의 능력은 무한 지성과 긍정적 관계를 맺을 수 있는 인류의 능력을 다시금 명확하게 말해준다. 당신도 이러한 관계들 속으로 들어가 당신 삶의 목적에 맞게 조율하며 살아갈 수 있다. 그리고 이는 바로 실행하는 믿음을 통해 성취 가능하다.

불신을 극복하기

믿음은 무한 지성을 받아들일 수 있도록 훈련함으로써 길러지는 마음의 상태라는 것을 기억하자. 실행하는 믿음은 무한 지성의 힘을 자신의 명확한 목표에 맞게 적용한 것이다. 또한 이것은 개인적 성취라는 과학에 동력을 전달하는 발전기이자, 생각을 행동으로 옮길 수 있도록 해주는 에너지 공급원과도 같은 것이다.

믿음 안에서는 잠시나마 이성의 끈을 늦추고 의지를 내려놓은 채, 내면에 무한 지성을 받아들일 수 있도록 완벽히 마음을 열게 된다. 명확한 목표에 관한 장에서 스스로가 완벽히 통제할 권리를 갖는 유일한 대상은 바로 마음이라고 설명한 바 있다. 마음을 통제해야 무한 지성의 힘을 규칙적으로 받아들일 수 있는 것이다.

마음속으로 무슨 생각을 하고 믿든지 당신은 해낼 수 있다. 그러니 스스로 정한 한계와 제약으로 인해 무한 지성의 흐름을 막는 일은 없어야 한다. 프리즘을 통과하는 햇빛이 여러 색깔의 빛으로 나누어지듯이 마음을 통과하는 무한 지성 또한 다양한 형태로 나누어진다. 성공할 수 없다는 생각, 스스로 가치 없다는 생각, 다른 사람들이 방해가 된다는 생각, 이룰 수 없는 일도 있다는 생각, 이런 생각들은 마음의 프리즘에서 결함으로 작용함으로써 무한 지성의 힘을 왜곡하고 흩어지게 만든다. 불신을 통해 무한 지성의 힘을 받아들이는 마음의 문을 닫아버리면 그 혜택을 절대 경험할 수 없다.

단순히 믿음이 있다고 되뇌면서 즉각적인 결과를 기대할 수는 없는 노릇이다. 믿음이란 시간을 들여 키워가야 하는 마음의 상태이기 때문이다. 따라서 하루에 한 시간 정도는 시간을 내서 무한 지성과의 관계에 대해 깊이 있게 생각하라. 그리고 무한 지성이 삶 속에서 드러나는 방식과 그 힘을 적용할 수 있는 곳을 찾아라.

결핍, 가난, 두려움, 질병, 부조화와 같은 부정적인 생각을 마음 속에서 몰아내고 다음의 간단한 3가지 단계를 실행하여 믿음을 조금씩 쌓아가 보자.

1. 목표 달성을 위해 명확한 열망을 표현하고, 이를 하나 이상의 기본적인 인간의 동기와 관련지어라.
2. 그러한 열망을 이루기 위한 명확하고 구체적인 계획을 세워라.
3. 수립한 계획을 실행하는 일에 모든 의식적인 노력을 기울여라.

무한 지성에 대한 믿음을 실천할수록 마음은 그것이 가진 힘을 향해 더욱 열리게 될 것이다. 그리고 그러한 힘이 삶에 도움이 된다는 것을 더 많이 알수록 믿음을 실천하기가 더욱 수월해질 것이다. 훌륭한 선순환이 이루어지는 것이다.

어떠한 문제나 질문과 맞닥뜨렸을 때, 이처럼 자라나는 믿음은 행동으로 옮길 수 있다. 믿음을 실천함으로써 당신의 잠재의식은 이미 그 문제를 해결하는 데 성공할 것이라 믿도록 길들여진 상태다. 성공에 대한 믿음을 바탕으로 잠재의식이 품은 아이디어, 예감, 직감에 귀 기울이는 데 방해가 되지 않도록 이성의 끈을 늦춰라. 문제에 대한 해결책을 찾아 잠재의식이 암시한 내용을 살펴라. 머릿속에 떠오른 계획이 타당하다는 생각과 함께 열의가 느껴지면 그러한 해결책을 인식할 수 있다. 계획을 인식하자마자 즉시 행동에 옮겨야 한다! 주저하거나, 입씨름을 벌이거나, 문제 삼거나, 걱정하거나, 마음 졸이지 말고 먼저 행동으로 옮기는 것이다!

계획이 생각대로 풀리지 않았다면 이 절차를 반복하라. 믿음을 키우고, 그 믿음을 실행하는 데 열린 마음을 갖게 되기까지는 시간이 걸린다.

그러나 무한 지성이 내 일을 대신해줄 수는 없다. 실행하는 믿음이란 바로 이런 것이다. 믿음을 갖고 수립한 계획에 다른 사람들의 협력이 필요한 경우, 이를 얻어내기 위해 노력해야만 한다. 그것은 저절로 얻어지는 것이 아니다. 자본이 필요한 계획이 있다고 해서 문 앞에 놓인 장바구니 속에 돈이 저절로 담길 리는 없는 것이다. 당신의 능력을 총동원해서 자본을 확보해야 한다. 믿음을 행동으로 옮겨야 한다.

마지막으로 덧붙일 말은, 당신이 갖지 못한 것을 요구하기 위해서가 아니라 이미 누리고 있는 것들에 대해 감사하는 기도를 한다면 훨씬 더 빨리 결과를 얻을 수 있다는 것이다.

두려움을 극복하기

믿음에 대해 마음을 여는 것이 중요한 이유 중 하나는 스스로 한계를 지우는 두려움을 몰아낼 수 있기 때문이다. 기본적으로 인간이 느끼는 두려움에는 7가지가 있다. 거의 모든 사람이 하나 이상의 두려움으로 고통받는데, 그 모든 두려움을 극복하는 이들도 분명 있을 것이다. 여기서는 그 7가지의 두려움이란 무엇인지, 삶 속에서 이런 두려움을 어떻게 알아볼 수 있는지, 또한 그것을 어떻게 몰아낼 수 있는지 소개하고자 한다.

첫 번째 두려움: 가난

이는 7가지의 기본적인 두려움 중에서 가장 치명적이면서도 극복하기 어려운 난제다. 그로 인한 고통과 고난이 상당하기 때문이다. 가난에 대한 두려움의 상당 부분은 다른 사람을 대하면서 얻는 쓰라린 경험에서 오는데, 이런 사람들은 알고 보면 자신의 이득을 위해 타인을 착취하는 데 거리낌이 없는 믿을 수 없는 사람들이다.

가난이 싫어서 벗어나기로 결심했다면 자신을 철저히 분석해 두려움의 징후를 찾아내야 한다. 그런 다음 이러한 두려움의 근원인 부정적인 습관을 대체할 대상을 찾아 거기에 마음을 단단히 붙들어 매야 한다.

야망의 부족. 당신은 삶이 거저 주는 것이라면 그것이 어떤 것이든 아무런 의심도 없이 덥석 받아들이는가? 당신은 정신적으로나 육체적으로 게으른 사람인가? 그렇다면 가난에 대한 두려움을 이겨 내기 위해 긍정적이고 의욕 넘치는 야망을 가져야만 한다.

스스로 의사 결정을 내리지 못함. 당신은 다른 이들에게 삶의 결정권을 맡기는가? 창조주로부터 받은 가장 귀중한 선물을 포기해선 안 된다! 스스로 결정을 내릴 줄 아는, 자기 결정권을 가진 사람이 되어야 한다.

실패에 대해 변명하기. 당신은 성취하지 못한 일에 대해 변명을 늘어놓는 사람인가? 타인의 성공을 시기하고 비판하는가? 내게 일어난 일에 대한 책임은 오로지 나에게 있다는 사실을 받아들여라.

부정적인 마음가짐. 이는 가난에 대한 두려움이 주는 가장 큰 한계로, 다른 모든 한계가 여기에 포함될 수 있다. 비관주의를 버리고, 모든 계획이 내 뜻대로 될 것이라 생각하며 그에 따라 행동하라. 일을 미루지도, 책임을 외면하지도 말고 분수에 맞게 생활하라. 더 나은 삶을 위해 노력하면 반드시 그렇게 될 것이다.

명확한 목표를 세우는 것은 부정적인 마음가짐을 긍정적으로 바꾸기 위한 첫 걸음이다. 당신이 원하는 것이 무엇인지 파악하고 언제든 그것을 찾아 나서라. 야망을 크게 가져라! 목표를 높이 잡고 무한 지성의 도움으로 그것을 달성할 것이라 굳게 믿으면 가난에 대한 두려움을 떨칠 수 있다.

두 번째 두려움: 비판

비판에 대한 두려움은 사소하면서도 때로는 심각한 영향을 줄 수 있다. 사람들은 시대의 흐름에 뒤처지는 것, 그리고 '모두'가 하는 것을 나만 하지 않는다는 것에 대한 두려움 때문에 트렌디한 패션 제품과 신형 자동차, 세련된 스테레오 오디오 시스템 같은 것들을 사곤 한다. 이런 두려움은 점점 자신도 모르게 독립을 가져다줄 혁신적인 아이디어를 내고 실현할 기회를 가로막을 것이다. 결국 자기만의 개성과 스스로에 대한 믿음을 빼앗기고 마는 것이다.

비판에 대한 두려움을 보여주는 가장 뚜렷한 특징들과 이러한 두려움을 없애기 위한 방법들을 소개한다.

최신 유행 따라잡기. 최신 트렌드를 이끄는 부유층인 척을 하다가는 경제적으로나 감정적으로나 파탄 나는 수가 있다. 당신의 재원과 정신력은 진짜로 필요한 다른 곳에 쏟아야 한다.

성과 떠벌리기. 주로 열등감을 감추기 위해 하는 행동이다. 이는 성공을 거두는 것이 아니라 모방하는 것이다. 명확한 주요 목표 중에 지역 사회로부터의 인정이 포함되어 있다면 괜찮지만, 거짓으로 인정을 얻는 경우에는 그 거짓이 들통날까 봐 늘 전전긍긍하게 될 것이다. 실제로 성취한 것에 자부심을 가지고, 진정한 성취가 스스로 빛을 발할 날이 곧 올 것이라 믿어라.

쉽게 당황하기. 이는 확고한 의사 결정을 어렵게 만들고 사람과 대면하는 일을 두렵게 만드는 동시에 자신감을 잃게 만든다. 자부심을 가질 만한 명확한 목표를 위해 어떤 일을 하든 다 그럴 만한 가치가 있다고 생각하라. 월터 P. 크라이슬러Walter P. Chrysler의 이웃들이 그를 얼마나 비웃었는지, 그리고 그런 공허한 비웃음이 얼마나 빨리 사라져 버렸는지를 기억하라.

사람들은 종종 비판을 두려워한다. 그런 두려움이 그대로 자라나게 두면 자신의 진취성과 상상력은 서서히 고갈돼버리고 만다. 그러나 당신이 두려움으로부터 한 걸음씩 물러날 때마다 그것은 당신으로부터 두 걸음씩 멀어질 것이다. 그리고 일단 두려움으로부터 멀어지기 시작하면 날이 갈수록 그것을 떨쳐내는 일이 더 수월해지는 것을 느낄 수 있을 것이다.

세 번째 두려움: 질병

이 두려움은 다음에 다룰 내용인 죽음에 대한 두려움과 밀접한 관련이 있다. 이런 두려움이 커지는 이유는 대부분 습관 때문이다. 아마도 같은 두려움을 가진 사람들 사이에서 자라왔기 때문에 그런 두려움을 갖게 되었을 가능성이 크다. 질병에 대한 두려움은 당신으로 하여금 모험을 꺼리게 만들 수 있으며, 두려움을 갖고 있다는 자체만으로도 당신이 그토록 두려워하는 상황을 실제로 일으킬 수도 있다.

마음속으로 무슨 생각을 하고 무엇을 믿든지, 당신은 반드시 해낼 수 있다는 것을 기억하라. 건강을 지킬 때든 병이 났을 때든 이런 마음은 그 어떤 상황에서도 효과가 있다. 노먼 커즌스Norman Cousins는 자기 자신은 물론이고 환자를 치료할 때 웃음의 힘을 효과적으로 입증해보였다. 우리는 건강을 유지하는 데 정신력을 집중하길 원하지만, 어떤 습관들은 우리가 질병에 대한 두려움의 노예라는 것을 보여주기도 한다. 이와 관련하여 다음과 같은 습관을 고쳐야 한다.

약에 의존하는 습관. 몸에 좋다는 새로운 약 광고가 나올 때마다 약국으로 달려가는가? 마늘, 인삼, 녹용 같은 것을 집 안에 산더미처럼 쌓아놓고 먹은 적이 있는가? 자신을 챙기는 것은 중요하지만 약에 지나치게 의존하다 보면, 건강을 챙기고자 하는 마음가짐이 건강 유지의 핵심이라는 사실을 잊게 된다.

자기 연민의 습관. 조금만 아프거나 불편해도 자리에 드러눕는가? 해야 할 일을 하지 않은 데 대한 변명으로 건강 상태를 들먹이는가? 그런 습관에서 벗어나려 하지 않고 그대로 주저앉아 버리면 끝이다. 이는 분명 극복하기 위해 노력을 들여야 하는 장애이다. 자신의 건강 상태를 극복하면서 능력을 키워가면 성공을 위한 계획을 실행하는 데도 분명 도움이 될 것이다.

중독성 물질을 남용하는 습관. 이것은 술일 수도 있고 약물일 수도 있지만, 정신적 또는 신체적 고통의 두려움을 덮기 위해서만 사용하는 경우다. 그러한 두려움을 없앨 수 있는 가장 좋은 방법은 고통의 근원을 찾아 해결하는 것이다. 이 과정은 시간이 꽤 걸릴 수도 있지만 그렇게 한 걸음씩 나아가다 보면 그 외의 다른 두려움도 점차 극복할 수 있게 될 뿐만 아니라 성공에 필요한 시간과 돈, 에너지 또한 얻을 수 있다.

질병에 대한 두려움을 극복하면 놀랍게도 구체적인 결과가 매우 다양한 방식으로 나타난다. 나와 내 가족, 친구, 야망 등 모든 일에 있어 더 나은 모습을 보여줄 수 있을 것이다.

네 번째 두려움: 사랑의 상실

나는 한순간에 돈, 사회적 지위, 가족의 사랑 등 자신이 가진 모든 것을 잃은 한 남자를 알고 있었다. 당시는 그가 오랜 세월 비즈니스 파트너를 속이면서 탈세를 해왔던 사실이 드러난 직후였다. 그 이유에 대해 그가 늘어놓은 변명은 자신의 아내로부터 계속해서 사랑을 받지 못할 거라는 두려움 때문에 탈세로 부정하게 얻은 이득을 모두 아내에게 주었다는 것이었다.

씁쓸하게도 그가 아내의 욕구를 만족시키겠다는 하나의 목표에만 그토록 오랫동안 노력을 쏟아부은 결과는, 아내가 남편을 그런 식으로밖에 볼 수 없게 되었다는 것이었다. 아이러니였다. 그가 더 이상 아내를 부양할 수 없게 되자마자 아내는 그를 떠났다. 아내는 남자를 진정으로 사랑했었으나, 남자는 자신을 향한 아내의 애정이 식을까 두려운 나머지 관계의 일면에만 공을 들였고, 결국 아내의 애정은 자연히 시들어갔다. 그는 자신의 돈 외에 아내에게 사랑할 만한 어떤 것도 주지 못했던 것일까?

사랑의 상실에 대한 두려움은 아주 사적이고도 이해하기 쉬운 만큼 그 증상을 자세히 설명할 필요는 없을 듯하다. 긍정적인 마음가짐으로 사랑하는 이와의 관계를 가꾸고 나의 전부를 내어주면, 사랑은 두려움의 근원이 되기보다는 강인함과 용기를 주는 든든한 버팀목이 되어줄 것이다.

다섯 번째 두려움: 노년

노년에 대한 두려움은 당신의 기력을 쇠하게 하고 열등감을 갖게한다. 당신이 서른이든 마흔이든 예순이든 혹은 일흔이든, 노화에 대한 두려움은 당신으로 하여금 더 이상의 기회는 없으며 따라서 좋은 시절은 다 지나갔다고 확신하게끔 만든다.

하지만 실제로는 전혀 그렇지 않다. 지나간 인생의 모든 순간은 현재의 우리에게 여전히 유효한 귀중한 교훈을 가르쳐주었다. 인류 역사에서 위대한 성취는 대부분 적잖은 인생을 살아온 사람들이 이루어낸 것이다.

이러한 두려움에 맞서는 최고의 방법은 그 두려움에 적극적으로 뛰어들어서 웃어넘기는 것이다. 생일을 맞을 때마다 한 살을 더하지 말고 오히려 빼보자. 단, TV에나 나올 법한 옷을 입고 말투를 따라 하면서 십대처럼 행동하는 실수는 저지르지 말아야 한다. 그랬다가는 우스꽝스러운 인간만 될 뿐이다. 당신이 꼭 해야 하는 일이라는 걸 알면서도 "내가 열 살만 더 젊었더라면 했을 텐데"와 같은 말로 핑계를 대지는 말라는 것이다.

나 역시 아침에 일어날 때마다 내 옆에 몰래 다가오는 '시간의 할아버지(서양에서 시간을 가상의 존재로 의인화하여 표현하는데, 큰 낫과 모래시계를 든 노인의 모습을 하고 있다-옮긴이)'를 본 적이 있었다. 처음에는 겁에 질렸다. 그러다 어느 날 그의 눈을 바라보며 소리쳤다. "여기서 나가, 이 늙은이야, 꺼져버려! 당신은 필요 없어! 나가라고!" 자신이 무언가를 하기에는 너무 나이가 많다는 생각이 들 때마다 이렇게 해보라. 그러면 노년에 대한 두려움이 엄습해올 때마다 이런 반응이 잠재의식에서 재빨리 튀어나와 스스로를 지킬 수 있을 것이다.

여섯 번째 두려움: 자유의 상실

어디에 살고 있든, 어느 나라에서든, 자유의 상실에 대한 두려움이 존재한다. 민주주의 국가의 국민들이 누리는 자유를 즐기지 못하고 경찰국가에서 고통받는 이들에게 그러한 두려움은 더욱 크다. 그러나 일상생활에서도 자유를 제약할 수 있는 요소는 얼마든지 많다. 그리고 이런 두려움 때문에 무력해지면 자신의 목표에 집중하지 못하게 될 수도 있다.

이런 두려움을 떨치는 유일한 길은 자유를 지키는 제도를 옹호하기 위해 적극 나서는 것이다. 예를 들어 지금의 미국인들이 누리는 권리는 수년간의 격렬한 투쟁을 통해 쟁취한 것이며, 이는 끊임없이 권력을 감시하는 긴장감을 통해서만 유지할 수 있다. 또 이러한 투쟁은 지금도 진행 중이라는 사실을 인식하고 적극적인 역할을 해야 하며, 타인의 자유를 침범하는 행동은 절대로 해선 안 된다. 자신의 명확한 주요 목표를 좇느라 가족과 마스터 마인드 연합, 동료 위에 군림하는 독재자가 되어버리면, 급진적인 혁명 세력 못지않게 자유라는 대의에 역행하는 꼴이 되고 말 것이다. 내 성공의 기반이 되는 바로 그 자유의 힘과 조화를 이루지 못하면 이러한 두려움에서 자유로워질 수 없다.

일곱 번째 두려움: 죽음

죽음에 대한 두려움은 다른 모든 두려움을 압도한다. 이 두려움은 사실 물리치기가 무척 어렵다. 사회 전반에 존재하는 보편적인 두려움인 동시에, 그 크기가 매일매일 계속해서 커지기 때문이다.

죽음에서 도망칠 방법은 없고, 어떤 믿음을 갖고 있든지 간에 죽음은 미지의 영역이기 때문에 더 두려울 수밖에 없다. 살아 있는 사람은 절대로 경험할 수가 없기 때문이다. 죽음의 본질에 관한 완벽하고 절대적인 답을 얻기란 불가능하며, 이해할 수 없는 대상을 두려워하는 것은 어쩔 수 없는 인간의 본성이다.

사실 죽음에 대한 **두려움**은 실제 죽음이라는 사건보다도 훨씬 빨리 삶을 끝낼 수 있다. 언제든 자기 존재가 끝날 수 있다는 가능성에 사로잡히면, 나의 모든 행동이나 노력이 아무런 의미가 없다고 느낄 수도 있다. 하지만 이는 삶의 모든 순간이 소중하고, 세계는 당신의 주위에서 굴러가고 있으며, 당신의 행동이 당신이 처한 상황을 넘어 훨씬 멀리까지 긍정적인 영향을 미칠 수 있다는 근본적인 사실을 무시하는 것이다. 어느 순간 죽음이 찾아온다 하더라도 당신이 사랑하는 이들, 그리고 심지어 당신이 알지도 못하는 사람들에게 삶은 여전히 현재형이다. 당신에겐 공동선共同善을 위해 행동해야 할 의무가 있다.

내가 이 두려움을 어떤 방식으로 잠재웠는지에 대해 알려주겠다. 나는 오랫동안 삶과 죽음, 세계의 본질을 관찰해왔는데 결국 두 가지 결론만이 가능하다는 사실에 도달했다. 즉, 죽음은 긴 영면에 드는 것이거나 아니면 지금 이 땅에서 우리가 경험하는 것보다 훨씬 나은 다른 차원의 경험이라는 것이다. 어차피 죽음은 필연이니 어느 쪽에 해당하든 두려워할 필요 없다.

이런 사실을 인식하면 죽음에 대한 두려움을 없앨 수 있다. 죽음에 대해 너무 자주 얘기하거나 깊이 생각하지 말고, 누구든 때가 되면 죽음을 맞이할 것이며 그와 관련하여 내가 할 수 있는 일은 아무것도 없다는 사실을 깨닫기만 하면 된다. 그러니 이 사실을 받아들이자. 어리석은 사람만이 어쩔 도리가 없는 일을 걱정하는 법이니까.

두려움을 희망으로 바꾸기

죽음에 대한 두려움을 대하는 가장 기본적인 방법은 그것을 떨쳐 버리는 자기만의 방법을 익히는 것이다. 이 외의 다른 두려움들 역시 모두 무시하는 것이 좋은데, 어떤 두려움이든 강아지처럼 늘 당신을 따라다닐 것이기 때문이다. 마음속에 오래 담아둔 생각은 현실로 나타난다. 대부분의 사람들은 일어나지 않길 바라는 일들을 생각하며 살아가다가 결국엔 그들이 걱정하던 일들을 겪고 만다.

그렇다면 원치 않는 일에 대한 생각은 그만두고 원하는 것들의 이미지로 머릿속을 채우는 것이 더 나은 생각이 아닐까? 진정으로 원하는 것, 상태, 상황에 마음을 집중하는 법을 익히는 것보다 더 중요한 일은 없다. 이는 실행하는 믿음을 가장 잘 활용하는 경우다. 마음속에 명확한 목표가 있을 때 비로소 믿음이 생길 수 있다. 그리고 믿음이 생기면 그 믿음을 무한 지성의 힘으로 실행할 수 있다.

믿음은 그것이 활용될 때에만 존재한다. 마치 근육을 사용하지 않고는 그것을 자라게 할 수 없고, 투자하지 않고 자본을 늘릴 수가 없는 것처럼 말이다. 명확한 목표에 따라 지속적으로 행동할 때 믿음도 점점 커질 것이다.

믿음의 힘을 증명하기

믿음을 실행에 옮기기 위해서는 무엇보다도 긍정적인 마음가짐이 필요하다. 믿음과 긍정적인 마음가짐을 기르기 위한 몇 단계를 소개한다.

제1단계. 명확한 목표를 세우고 달성을 위한 노력을 시작하라. 이와 관련해서는 1장의 설명을 따른다. 원하는 바를 정확하게 파악하고 이를 얻기 위해 부지런히 움직여라. 열망의 대상은 가치 있는 것, 얻을 수 있는 것이어야 한다. 스스로를 절대로 과소평가하지 않되, 무리한 과제를 부과하지 않도록 주의한다.

제2단계. 밤낮으로 기도하며 열망의 대상을 확인하라. 상상력을 동원해 이미 목표를 이룬 자신의 모습을 떠올려라. 하나의 목표를 달성한 뒤에는 새로운 목표를 설정하라. 현실에 안주해선 안 된다. 빌 게이츠Bill Gates는 전 세계 70퍼센트가 넘는 컴퓨터에 운영체제를 공급하는 소프트웨어 회사인 마이크로소프트를 창업했다. 당시 그의 나이는 서른다섯이었는데 그의 회사는 맥도널드와 디즈니, CBS보다도 컸다. 그는 과연 그 정도에 만족했을까?

아니었다. 그는 자기 자신과 회사가 계속해서 새로운 역할을 할 수 있길 꿈꿨다. 서른일곱이 됐을 때, 그는 사무실의 모든 장비를 연결할 수 있는 시스템을 공급하는 새로운 사업을 시작했다. 전화기, 팩스, 컴퓨터 등의 기계가 모두 원활하게 연동되는 환경을 구상한 것이다. 그리고 그는 이와 같은 자신의 비전에 대기업인 AT&T와 IBM을 끌어들여 컨소시엄 형태로 놀라운 시스템을 개발해 공급했다.

당신은 자신이 머릿속으로 구상할 수 있는 성공을 정확하게 달성할 수 있다고 믿어야 한다. 그러므로 어떻게 해서든 매일 그러한 믿음과 비전을 키워나가라.

제3단계. 앞서 언급한 인간 행동의 10가지 기본 동기(39쪽 참고)를 자신의 주요 목표와 최대한 많이 연계하라. 하고 싶은 일을 하기 위한 강력한 동기를 자신에게 부여하는 것이다. 그런 다음 그 동기를 가능한 한 매일, 그리고 자주 마음속에 떠올림으로써 동기를 새롭게 다진다. 그 동기에 좋은 집, 좋은 차, 좋은 가구 등이 포함되어 있다면 이런 것들에 둘러싸인 자신을 마음속에 그려본다. 그 차를 운전하거나 그 집 주변을 돌아다니는 시늉을 해도 좋다. 불타오르는 열망에 상상력이라는 기름을 쏟아붓는 데 주저하지 마라.

제4단계. 명확한 목표의 장점을 모두 나열해 적은 다음, 가능한 한 자주 머릿속에 떠올려라. 이렇게 하면 자기 암시의 힘으로 성공을 의식하게 될 것이다. 또한 일이 잘 풀리지 않는다 싶을 때는 이 방법이 다시금 결의를 다잡아줄 것이다. 난감한 일에 휘말린 경우에는 그 상황에서 벗어나면 무엇을 할 것인지에 대해 생각하면서 긍정적인 마음을 유지하고 문제를 해결하라.

제5단계. 당신과 당신의 목표에 공감하는 사람들과 어울리면서 그들의 응원을 받아라. 그들은 동료, 친구, 또는 가족일 수도 있다. 나의 지인 가운데 한 부동산 중개인은 어깨가 축 처진 채 집으로 돌아갈 때가 가끔 있는데, 이런 상황에 대비해 미리 남편과 합의한 것이 있다. 그녀가 의기소침해서 한숨을 내쉬기 시작하면 그 즉시 남편은 밀리언 달러 클럽 인증서(미국 부동산 협회NAMAR가 뛰어난 성과를 거둔 부동산 전문인에게 수여함-옮긴이)와 과거에 그녀가 달성한 영업 실적 목록을 꺼내 든다. "여기 누구 이름이 보여? 이 집들을 전부 누가 팔았지? 2년간 매물로 나와 있던 호숫가 근처 집을 누가 팔았더라? 그게 꿈에 그리던 집이 될 거라고 누가 예상했더라? 최근에 나온 이 매물도 그만큼 좋지 않아?"

이 정도면 충분하다. 그러면 그녀는 다시 집 밖으로 나가거나 전화 통화를 한다. 남편은 어떨까? 그는 아내의 결단력에 영감을 얻고, 약간의 격려만으로도 얼마나 많은 것이 변할 수 있는지 알게 된 후에는 자신의 일도 더욱 잘해나가고 있다. 누구에게나 자신을 북돋워줄 사람이 필요하다. 우리는 서로를 북돋워주면서 도움을 주고받는 것이다.

제6단계. 목표 달성을 위해 하루에 최소 하나 이상의 명확한 계획을 실천하라. 그리고 그런 행동을 계속하라. 물론 이야기 속 부동산 중개인이 매일 집 한 채를 팔 수는 없겠지만 그녀가 고객에게 집을 구경시켜 주면서 좋은 점을 소개하고, 고객 목록을 검토하고, 매물로 나온 집을 직접 둘러보면서 한 가족이 살기에 얼마나 좋은 집일까를 가늠하는 모습이 눈에 선하다. 이러한 각 단계가 늘 실제 판매로 이어지지는 않겠지만, 이는 분명 실제 계약 체결만큼이나 중요한 부분을 차지한다.

제7단계. 선두 주자를 선택하라. 자립심이 강하고 성공한, 잘 나가는 사람을 고른 다음 그 사람을 따라잡는 데 그치지 말고 그를 추월하겠다는 목표를 정하라. 단, 그것이 자신의 목표라고 아무에게도 말하면 안 된다. 중요한 것은 공개적으로 타인의 인정을 얻는 것이 아니라 스스로의 목표를 확실히 하는 것이기 때문이다.

제8단계. 책과 사진, 좌우명, 그 밖에 목표를 확고히 할 수 있는 장치를 주변에 둔다. 성취와 자립심의 상징이 효과적으로 나타나는 것들을 고른다. 이런 물건들을 하나씩 늘려가며 새로운 장소로 이리저리 옮기고, 색다른 시각으로 다른 것들과 연관 지어 바라볼 수 있게 하라. 앞서 말한 부동산 중개인 친구는 자신의 밀리언 달러 클럽 인증서 한 부를 액자에 넣어 책상 위에 올려두었다. 하루는 그녀가 액자를 집어 들고 아래쪽으로 내려 먼지를 턴 후 잠시 신문지 위에 올려두었다가 다시 그것을 집어 들려는데, 바로 아래에 있던 신문의 기사가 문득 눈에 들어왔다. 대학 축구팀에 새로운 축구 코치가 고용되었다는 내용이었다. 그녀는 곧바로 "그렇다면 그 코치에게 살 곳이 필요하겠군!"이라고 생각했다. 그다음엔 어떻게 됐을까?

내가 목표를 이루는 데 도움이 되는 환경을 만들기 원한다면 주변에서 일어나는 일에서 영감을 받았을 때 바로 메모할 수 있게 끔 항상 노트를 가지고 다녀라. 길거리나 회의실에서 그때그때 휘갈겨 쓴 내용들이 오래도록 도움이 될 수 있다.

제9단계. 불쾌한 상황에서 절대 빨리 벗어나려 하지 마라. 자신이 있는 바로 그곳에서 단 한 순간도 망설이지 말고 내가 가진 것을 모두 활용해 그 상황에 맞서라.

이는 당신에게 거절을 표한 사람에게 주먹을 휘두르라는 뜻이 아니다. 상대가 거절을 했다고 해서 그대로 받아들이지 말고, 자신이 가진 모든 능력을 동원해 상대의 마음을 바꾸기 위해 노력하라는 뜻이다. 또는 자기 자신을 냉철히 돌아보고 스스로 저지른 실수를 찾아내 그 즉시 바로잡으려는 다짐이 필요할 수도 있다. 때로는 역경이 시험대가 되어 원래 주어진 것보다 더 큰 일을 할 수 있는 수단을 제공하기도 한다.

현재의 당신이라는 사람과 당신이 처한 상황은 마음속의 지배적인 생각이 만들어낸 결과라는 것을 기억하라. 이런 생각에 수긍하지 못하고 시간만 끌어봤자 더욱 깊은 한계와 좌절감에 빠질 뿐이다.

제10단계. 쟁취할 가치가 있는 것은 무엇이든 그에 대한 대가를 치러야 얻을 수 있다는 것을 인식하라. 쟁취할 가치가 있는 것은 노력할 가치가 있다는 뜻이기도 하다. 주체적인 인생을 살기 위한 대가는 믿음을 실행할 때 부단히 경계해야 한다는 것이다.

두려움의 문을 닫고 돌아서면 내 앞에 열린 믿음의 문을 곧 보게 될 것이다. 믿음을 키우고 실행하는 데에는 시간과 노력이 필요하다. 그리고 그것은 절대로 끝나지 않을 것이다. 내가 쓸 수 있는 힘은 무한하기 때문이다. 그에 따른 보상도 마찬가지다.

5

한층 더 노력하라

...

당신이 받는 보수 이상으로 더 나은 서비스를 더 많이 제공하면 머지않은 시기에 그 투자에 대한 복리를 돌려받게 될 것이다. 당신이 뿌린 유용한 서비스라는 씨앗이 싹을 틔워 풍성한 수확이라는 보상으로 되돌아온다.

'한층 더 노력한다는 것'은 간단한 몇 단계의 과정을 통해 실천할 수 있는 종류의 원칙은 아니다. 그보다는 스스로 발전시키고 만들어가야 하는 마음가짐이라고 할 수 있다. 이 마음은 당신이 하는 모든 일에 포함되어야 한다. 이제부터 소개할 이야기에서 이러한 마음가짐에 대해 살펴보고, 그 구체적인 장점을 소개하려고 한다. 기억해야 할 것은 이 같은 제대로 된 마음가짐으로 상대방에게 우

수한 서비스를 제공하는 동시에 자기 스스로에게 건네는 충고야
말로 최고의 충고라는 사실이다.

토머스 에디슨의 유일한 파트너

에드워드 C. 반스Edward C. Barnes는 별로 가진 것은 없지만 의지만
큼은 엄청난 사람이었다. 그는 당대 가장 위대한 인물이었던 토머
스 에디슨과 동업하겠다는 큰 꿈을 품고 연락도 없이 에디슨의 사
무실을 찾았다. 그의 꾀죄죄한 겉모습을 본 직원은, 심지어 그가
에디슨 씨의 파트너가 되기 위해 찾아왔노라고 밝히자 웃음을 터
뜨렸다. 에디슨은 지금껏 한 번도 파트너를 둔 적이 없었기 때문이
다. 그러나 결국 그는 집요한 노력 끝에 에디슨과 면담을 할 수 있
었고 잡역부로 취직했다.

　　에디슨은 반스의 강한 의지에 깊은 인상을 받았으나 단지 그
이유만으로 자신의 파트너로 삼기에는 확신이 부족했다. 대신 반
스는 몇 년간 장비 청소와 수리를 도맡아 했다. 그러던 어느 날 그
는 영업팀 사원들이 에디슨이 최근에 개발한 구술 녹음기Dictaphone
에 대해 하는 얘기를 들었다.

　　영업팀은 그 녹음기가 절대 팔리지 않을 것이라 말하며 비웃었
다. 왜 비서를 굳이 기계로 교체한단 말인가? 그러나 잡역부였던

반스는 그 얘기를 듣고 벌떡 일어서더니 이렇게 소리쳤다. "제가 팔아보겠습니다!" 그는 그렇게 그 일을 따냈다.

그로부터 한 달간 반스는 잡역부로 일해서 번 돈으로 뉴욕 거리를 누비고 다녔다. 그리고 그달 말까지 7대의 녹음기를 팔았다. 그가 전국에 더 많은 녹음기를 판매할 여러 가지 아이디어를 가지고 연구소로 돌아오자, 에디슨은 그를 녹음기 관련 비즈니스 파트너 자리에 앉혔다. 그는 그렇게 지금까지 알려진 에디슨의 유일한 파트너가 되었다.

반스는 어떻게 에디슨에게 그토록 중요한 사람이 될 수 있었을까? 에디슨은 수천 명이 넘는 직원들을 거느리고 있었지만, 그들 중 오로지 반스만이 에디슨의 발명품에 대해 적극적인 믿음을 보였고 그러한 믿음을 행동으로 옮겼기 때문이다. 그는 판매를 위한 잡다한 경비를 요구하지도 않았고 또 높은 보수를 요구하지도 않았다.

반스는 회사에 자신의 업무 범위를 훨씬 벗어나는 서비스를 제공함으로써 자신에게로 호의적인 관심을 집중시킬 수 있었다. 에디슨의 직원 중 이 정도의 노력을 보여준 유일한 사람으로서 반스는 결국 스스로를 위해 이처럼 엄청난 이익을 발굴한 것이나 마찬가지였다.

노드스트롬 현상

1920년대에 시애틀에서 소박한 신발가게로 사업을 시작했던 노드스트롬Nordstrom 가문은 이후 미국 전역에 유명 백화점 체인을 세워 고객 만족 서비스를 적극 실시했다.

고객이 마음에 들어 하지 않으면 의류를 구매한 지 몇 년이 지났다 하더라도 언제든 교환할 수 있다. 전국의 어떤 지점이든 영업 직원들이 연락하면 고객이 원하는 사이즈와 색상의 물품을 찾을 수 있다. 심지어 한 직원은 어머니의 날 카드 보내는 걸 깜빡했다는 고객을 대신해 카드를 써서 보내주기도 했다.

매장 임원들은 노드스트롬의 이러한 고객 감동 정책이 악용될 여지가 있다는 것을 인정한다. 옷을 산 뒤 문제가 없는 데도 한 번 입고 반품하는 고객들이 있기 때문이다. 또 주문 제작 상품을 주문하고도 찾아가지 않는 고객들도 있는 데다가, 어떤 사람들은 노드스트롬 영업 직원들을 개인 심부름꾼처럼 취급하는 경우도 있다. 하지만 노드스트롬은 그런 것들을 문제시하지 않았다. 전국의 어느 백화점도 따라오지 못하는 최상의 서비스를 제공함으로써 그만큼 엄청난 고객 충성도를 확보했던 것이다. 메이시스Macy's, 블루밍데일Bloomingdale's, 마셜 필드Marshall Field, 시어스Sears, J. C. 페니J. C. Penny 등의 대형 백화점이 문을 닫거나 정리 해고에 나서는 불경기에도 노드스트롬은 서서히 꾸준하게 서부에서 동부로 사업을 확장했다. 이는 한층 더 노력하는 서비스를 추구하는 자사 브랜드의 가치관에 충실한 직원들을 뽑았다는 확신이 있을 때에야 비로소 새로운 매장을 열었던 그들만의 엄격한 관리 기준이 있었기에 가능한 일이었다.

나 자신의 경우

성공의 원칙을 체계적으로 정리해 출판해 달라는 앤드루 카네기의 의뢰를 받아들인 건, 내가 조지타운 법대에 다니고 있을 때였다. 나는 출장 경비를 정산 받은 것 외에 카네기로부터 내 수고에 대한 어떤 보상도 받지 못했다.

그 일에 몰두하다 보니 점점 생활에 부담이 되기 시작했다. 나는 부양해야 할 가족이 있었고, 많은 친척들이 내 목표를 비웃었다. 이처럼 녹록치 않은 상황에서도 나는 자그마치 20년간 사장, 발명가, 대기업 창업자, 유명 자선가들을 만났다. 이들은 자신이 성공하는 데 어떤 원칙을 활용했는지 인식하지 못한 채로 이를 활용했기 때문에, 이들을 관찰하고 이들의 성공에 관여했을 것이라 생각한 힘이 실제로 작용하고 있었는지를 판단하는 데에는 상당한 시간이 걸렸다. 그렇게 나는 스스로를 위해 돈을 버는 대신 다른 사람들을 위한 일을 하고 있었다.

물론 나도 친척들의 괴롭힘과 고단한 생활을 견디며 살아야 하는 세월 동안 긍정적인 마음가짐과 인내심을 유지하기가 쉽지 않았던 때가 있었다. 언젠가 황량한 호텔 방에 혼자 있을 때, 어쩌면 가족들의 말이 맞았을지도 모른다는 생각에 거의 포기할 뻔한 적도 있었다. 하지만 내가 멈추지 않고 이 길을 계속 걸어올 수 있었던 것은 언젠가는 내 일을 온전히 마치고 스스로 자부심을 느낄 때가 올 것이라는 확신 때문이었다.

때로는 희망의 불꽃이 꺼질 듯 깜빡일 때, 그 불꽃이 꺼지지 않도록 죽을힘을 다해 불씨를 살려야 했던 적도 있었다. 이처럼 거친 풍파를 헤치고 내가 견뎌낼 수 있도록 해준 것은 바로 무한 지성에 대한 믿음이었다.

그렇게 내가 20년간 한층 더 노력하며 그 모든 역경을 건너냈던 시간들은 과연 결실을 보았을까? 당연하다.

받는 것보다 더 많이 일하는 것의 장점

지금 당장 얻는 것보다 더 많이 노력하다 보면 역경을 마주할 수밖에 없다. 따라서 그러한 역경이 가져다줄 각종 이점을 알고 있으면 도움이 될 것이다.

수확 체증의 법칙

당신이 제공하는 특별한 서비스의 양과 질은 몇 배로 커져 당신에게 고스란히 돌아올 것이다. 밀농사를 짓는 농부의 경우를 생각해보자. 그가 밀알 하나를 심을 때마다 똑같이 한 알의 밀알만 수확할 수 있다고 한다면 그는 분명 시간을 낭비하는 셈이다. 그러나 잘 자란 밀의 줄기와 다발에는 수많은 밀알이 달려 있다. 물론 땅에 심은 밀알들이 전부 발아하는 것은 아니지만, 농사지을 때 어떤 문제가 생기든 농부는 자신이 심은 것보다 몇 배는 더 많은 밀알을 수확할 수 있다.

서비스를 제공할 때도 마찬가지다. 100달러의 가치가 있는 서비스를 제공하면 100달러뿐만 아니라 그보다 열 배는 더 많은 가치를 돌려받게 된다. 물론 그러기 위해서는 올바른 마음가짐이 바탕이 되어야 함은 물론이다.

그러나 마지못해 혹은 싫은 티를 내면서 서비스를 제공한다면 분명 아무것도 얻지 못할 것이다. 이는 농부가 비옥한 들판이 아닌 고속도로에 씨를 뿌리는 것과 같다. 자신의 이득을 챙기는 데만 골몰해 눈을 번득이며 일한다면, 돌아오는 것은 눈을 찔리는 일 말고는 없을 것이다.

비 내리는 어느 오후, 한 노부인이 필라델피아 백화점 안으로 걸어 들어왔다. 백화점의 점원들 대부분이 그녀를 무시했으나 한 매장의 싹싹한 젊은 점원은 다가가더니 자신이 도울 일이 있느냐고 물었다. 노부인은 단지 비가 그치길 기다리는 것이라 답했고, 그는 그런 노부인에게 군이 구매를 권하지 않았다. 그리고 그는 다른 점원들처럼 노부인에게 등을 돌리는 대신 그녀가 앉을 의자를 가져다주었다.

비가 그치자 노부인은 그 젊은 점원에게 고맙다고 말하고는 명함을 달라고 했다. 그로부터 몇 달이 지난 후, 매장 소유주는 이 젊은 점원을 스코틀랜드로 출장을 보내달라고 요청하는 편지를 받았다. 어느 성 전체에 비치할 가구와 비품의 주문을 받을 담당자가 필요하다는 것이었다! 그 편지를 쓴 사람은 바로 그 젊은 점원이 의자를 가져다주었던 노부인으로, 알고 보니 그녀는 앤드루 카네기의 어머니였다.

스코틀랜드로 떠나기 위해 짐을 꾸릴 때쯤 그 젊은 점원은 백화점의 파트너가 되었다. 이는 체증 수확의 법칙을 보여주는 한 예로, 아무도 다가가려 하지 않았던 노부인에게 그가 보여준 약간의 관심과 예의가 결실을 맺은 것이다.

보상의 법칙

보상의 법칙은 내가 하는 모든 일이 얼마간 동일한 종류의 결과를 가져다준다는 것이다. 이 법칙에 따라 이익을 보려면 언제나 최선의 태도로 할 수 있는 최대의 서비스를 제공해야 하며, 즉각적인 보상을 받을 수 없을 것 같다 하더라도 이와 관계없이 최선의 태도를 유지해야 한다.

여기서 중요한 점은 고령자에게 의자를 내주고 얻은 보상과 같은 예상 밖의 이익이 아니다. 정직과 성의의 문제다. 정직하지 못하고 게으른 사람들은 해야 하는 것보다 적게 또는 아무것도 하지 않고 더 많은 것을 얻게 되길 바란다. 만일 요금은 올리고 서비스는 줄여서 더 많은 이익을 볼 생각이라면 당신은 경쟁자들에게 금방 따라잡힐 것이다.

AT&T(미국 모바일 통신 회사)는 비싼 대가를 치르고서야 이런 교훈을 얻었다. 요금은 계속 올리면서 고객에 대한 새로운 서비스는 아무것도 내놓지 않았던 것이다. 그 후 규제 완화가 이어지면서 MCI, 스프린트Sprint가 나타났고 결국 빵! 하고 터질 것이 터지고 말았다. 수십만 명의 고객들이 새로운 장거리 전화 서비스를 이용하기 시작했다. AT&T는 그제야 잘못을 깨닫고 요금을 내리면서 혁신적인 패키지 서비스를 내놓았다. 여전히 치열한 경쟁이 이어지고 있지만, AT&T는 이 일을 계기로 보상의 법칙만큼은 제대로 배울 수 있었을 것이다.

이와 달리 이동식 주택 건설업자인 짐 클레이턴Jim Clayton의 경우를 살펴보자. 그가 운영하는 회사인 클레이턴 홈스Clayton Homes는 허리케인이 사우스 플로리다를 휩쓸어버렸을 때 이미 가파르게 성장 중이었다. 새로운 이동식 주택 수요는 엄청났고 매우 빠르게 증가했다. 플로리다의 여러 사업체가 그랬듯 클레이턴 또한 주택의 가격을 천정부지로 높일 수도 있었다. 그러나 클레이턴 홈스는 종전의 가격 수준을 유지하면서 생산량을 대폭 늘렸고, 보상의 법칙에 따라 서비스를 제공한 대가로 여전히 상당한 이익을 올릴 수 있었다. 이로써 사우스 플로리다의 주택 구매자 수천 명은 다음에 구매할 기회가 왔을 때 클레이턴 홈스에 대해 매우 좋은 기억을 갖고 있을 수밖에 없었다.

반복되는 일상 속에서 그처럼 드라마틱한 일은 자주 일어나지 않겠지만, 현실적으로 와닿는 예가 있다면 바로 보수일 것이다. 액수가 마음에 들지 않는다면 이 사실을 기억하라. 내가 지금 받고 있는 보수 이상의 서비스를 제공하기 전까지는 더 많은 보수를 받을 자격이 없다는 것을 말이다.

이미 보수보다 더 많은 서비스를 제공하고 있는데 보상의 법칙이 맞지 않는 것 같다고 생각한다면 그 이유를 자문해보라.

슬픈 사실은 대다수의 사람들이 보수를 받는 것 이상으로 더 크고 명확한 목표를 갖고 있지 않다는 것이다. 따라서 그들이 얼마나 열심히 일하든 간에 운명의 수레바퀴는 그들을 지나쳐버린다. 그들이 더 많은 것을 기대하지도 요구하지도 않기 때문이다.

당신은 현재의 보수보다 더 많은 것을 받을 자격이 있다는 것을 보여주기 위해 무엇을 하고 있는가?

호의적인 관심 얻기

당신의 서비스를 필요로 하는 사람들은 당신에게 제공할 것이 있다. 하지만 이들이 필요로 하는 것을 줄 수 있는 사람이 아마 당신뿐만은 아닐 것이다. 그렇다면 다른 이들과 당신을 어떻게 차별화해야 할까? 바로 당신이 받는 보수 이상의 일을 함으로써 관심을 불러일으키는 것이다.

어느 이른 아침, 찰스 슈와브는 그가 관리하던 제철소 중 한 곳에 도착했다. 잠시 후 새벽녘 어스레한 빛 속에서 회사의 속기사 자리에 앉아 있는 한 직원이 그의 눈에 들어왔다. 그에게 이 시간에 뭘 하고 있는지 묻자, 그 직원은 슈와브가 출근해서 곧바로 보내고 싶어 하는 편지나 전보가 있을까 싶어 자신도 일찍 나온 것이라고 설명했다. 그 때문에 다른 직원들이 출근하기 몇 시간 전에 혼자 미리 나와 있었다는 것이다.

슈와브는 그 직원에게 감사를 표한 후, 그날 늦게 그를 부를 일이 있을지도 모르겠다고 말했다. 그리고 그 일은 실제로 일어났다. 그날 밤 슈와브는 본사로 돌아가면서 새로운 개인 비서를 데려갔는데, 바로 이른 아침 슈와브의 주의를 끌었던 그 직원이었다.

이 젊은이가 슈와브의 주의를 끈 것은 그가 훌륭한 속기사여서가 아니었다. 자기 주도적으로 한층 더 노력하는 그의 습관 때문이었다.

없어서는 안 될 존재가 되기

당신이 한 회사의 직원이든 아니면 자기 회사의 사장이든 간에 한 층 더 노력하는 사람은 남들에게 없어서는 안 될 존재가 된다. 그 들을 위해 다른 사람이 하지 않는 일을 하는 것이다. 지식과 기술 이 더 뛰어나거나 더 명망 있는 사람들도 있겠지만, 꼭 필요한 것 을 주는 사람은 바로 당신뿐이다. 다른 홍보 전문 회사도 많을지 모르지만, 긴급 상황이 발생했을 때 의욕적인 태도로 새벽 2시에 요구에 응할 수 있는 사람이 바로 당신이라면 사람들은 이를 기억 하고 가치를 알아볼 것이다.

배우 기획사에서 일하던 한 젊은이는 성미가 고약한 스타가 몇 시간, 혹은 몇 날 며칠이 되었든 자신의 문제에 대해 불평하는 것 을 적극적으로 들어주었다. 그런 일에 시간을 할애한 사람은 그 외에는 아무도 없었다. 하루는 세트장에서 여배우가 짜증을 내면 서 촬영을 거부하는 일이 있었는데, 그녀가 촬영장으로 복귀하도 록 설득할 수 있었던 것은 감독도 프로듀서도 스튜디오 대표도 아 닌 바로 그 젊은이였다. 그 덕분에 영화는 예정대로 진행되었고 수 백만 달러를 절약할 수 있었다. 그는 그처럼 자신의 중요한 고객과 친구가 됨으로써 옆에 없어서는 안 될 존재가 된 것이었다.

누군가에게 또는 어떤 집단에게 없어서는 안 될 존재가 될 때 까지는 평균적인 보수 이상을 절대 바랄 수 없다. 스스로를 유용한 존재로 만들면 나를 대체할 사람을 찾기란 아예 불가능하지는 않더라도 매우 어려울 것이다. 이처럼 자신을 남들과 차별화하면서 한층 더 노력하고, 자신이 먼저 나서서 남다른 서비스를 제공하는 귀중한 자질을 갖춘 사람들은 사실상 자신의 가치를 스스로 결정하는 셈이다.

자기 계발

한층 더 노력한다는 것은 일하는 능력, 일을 잘 해내는 능력을 강화한다는 뜻이다. 가능한 최선의 서비스를 최선의 태도로 제공하는 데 온 마음을 집중하여 업무를 수행하면 실력은 강화되기 마련이다. 체계적인 자기 훈련을 실천함으로써 해당 과정을 반복할 때마다 이해의 수준을 높이고, 뛰어난 업무 수행의 필요성을 당신의 잠재의식에 주입시킨다. '강인함과 투쟁은 함께 간다'는 격언을 기억하라.

발표를 하거나 소프트웨어 프로그램을 설계하는 등 자신의 명확한 주요 목표와 연결된 일을 할 때는 전보다 더 잘 해내겠다는 의식적인 노력이 반드시 필요하다. 당연히 실패할 때도 있고 과거 기준에 못 미치는 때도 있겠지만, 이전의 최고 기록을 뛰어넘겠다는 그 의지야말로 궁극적으로 탁월한 능력을 이끌어내는 건강한 습관이다.

일을 완수하는 것만을 목표로 삼고 주어진 과제나 보수에 대해 불평하거나 불만을 토로하는 사람은 남보다 뛰어날 수 없다. 언제나 주어진 일에 있어 최상의 결과를 내는 데에만 집중하라.

기회

누군가에게 없어서는 안 될 존재가 되면 직업적 안정성을 얻을 수 있을 뿐만 아니라 자신이 원하는 일을 선택할 수 있는 위치에 서게 된다. 이는 아마도 승진 또는 이직을 뜻하거나, 당신 쪽에서 고객을 선택할 수 있다는 의미일 것이다. 한층 더 노력하는 것은 가난의 두려움, 결핍의 두려움, 혹은 적당히 타협하는 이들과의 경쟁에 대비해 일종의 보험을 드는 방법인 셈이다.

전기 작가 윌리엄 노백William Novak의 예를 살펴보자. 그는 몇 년간 나름 의미 있는 작품 활동을 했음에도 불구하고 딱히 돈벌이가 되는 작품을 쓰지 못하고 있다가 크라이슬러의 CEO인 리 아이어코카Lee Iacocca의 자서전 공동 집필 작가로 고용되었다. 아이어코카가 그의 인생에서 겪었던 매혹적이고 세세한 일화들을 살펴본 노백은 너무나 매력적인 책을 써냈고, 이는 1년 넘게 전국 베스트셀러에 올랐다. 아이어코카의 일대기에 관한 책은 아마 별다른 노력 없이도 큰 성공을 거두었겠지만, 노백은 읽기 쉬우면서도 영감을 불러일으키는 내용으로 돌풍을 일으켰다.

이후 어떤 프로젝트든 노백의 이름이 공동 저자로 걸리면 그것이 출판계에서 하나의 보증 수표처럼 여겨지며 다른 저자들이 쓴 책보다 훨씬 높은 선금을 받게 되었다. 이제 그는 자신이 원하는 주제를 선택할 수 있으며 제일 좋은 것을 고를 수도 있다. 그는 이렇게 한층 더 노력함으로써 자신이 원했던 일을 할 수 있게 되었다.

뚜렷한 대비

한층 더 노력하면 당신에게 스포트라이트가 비춰지면서 다른 이들과 뚜렷한 대비를 보여주게 된다는 중요한 이점이 생긴다.

마셜 필드 백화점의 한 뛰어난 쇼윈도 디자이너가 멋진 넥타이로 진열장을 가득 채운 뒤 진열장 중앙에 전신 거울을 배치해두었다. 직장인들은 길을 가다 멈춰 서서 진열장 속 넥타이를 보고 감탄하며 자신을 전신 거울에 비춰보았다. 진열장의 화려한 넥타이에 비해 거울 속 자신들의 목에 걸린 넥타이는 칙칙하고 추레하게 보였다. 결국 많은 이들이 매장 안으로 발을 들였고, 자신이 맨 넥타이보다 훨씬 멋져 보이는 말쑥한 새 넥타이를 사갔다. 이것이 바로 대비의 효과다.

사람들은 늘 비교를 하고 그것을 통해 다른 점을 알아챈다. 이처럼 당신 또한 다른 사람들에 비해 더 나은 서비스를 더 많이 제공한다면 강한 대비 효과를 통해 자연히 두드러져 보이게 될 것이다.

현명한 고용주들은 대비 효과를 민감하게 의식하고 있어서 유능함이 돋보이는 직원에게 보상을 해준다. 한편, 그런 대비를 무시하고 유능한 직원에게 보상을 해주지 않을뿐더러 그가 제공한 서비스 덕에 얻은 이익을 챙기기만 하는 고용주도 있다. 그러나 그런 대비는 워낙 눈에 띄는 특징이기에 경쟁 업체들도 곧 그 유능한 직원을 알아볼 것이다. 즉, 눈에 띄게 유능한 사람은 매우 드물기 때문에 남들보다 돋보이는 면이 있다면 다른 사람들도 금방 그 점을 알아볼 수밖에 없다.

유쾌한 태도

적극적이고 활기찬 모습으로 지금 받는 보수 이상의 일을 하는 사람은 긍정적이고 유쾌한 태도를 보여주며, 이는 곧 매력적인 성품의 바탕을 이루게 된다.

매력적인 성품을 지니면 자신이 바라는 대로 대접받을 가능성이 더 커진다. 어떤가, 꽤 괜찮지 않은가? 그러니 자신에게 역시 '당신이 대접받고 싶은 대로 남을 대하라'는 황금률을 적용해야 하는 것이다. 비록 상대가 바로 반응하지 않는다 하더라도 다시금 반복해서 끈기 있게 행동하라. 그래도 전혀 변화가 없다면, 그런 사람들과 계속 일을 하고 싶은지에 대해 생각해볼 필요가 있다. 오히려 당신이 고용주를 해고해야 할 때가 온 것일 수도 있다.

자기 주도성

자기 주도성이란, 누가 시키기 전에 알아서 할 일을 하는 것을 말한다. 이는 유능한 사람들이 지닌 성격 중 가장 두드러지는 특성이지만, 안타깝게도 이런 자질을 갖춘 사람은 많지 않다. 한층 더 노력한다는 것은 기회가 다가오기를 기다리지 않고 직접 나서서 기회를 만든다는 것이기에 자기 주도적이다.

항상 모든 일에 있어 가능한 한 최선을 다하는 데 마음을 집중하면 주변의 상황을 철저히 살펴볼 수 있다. 보통 이상으로 일을 해내야 하는 것은 물론이다. 내가 하고 있는 업무를 통해 이런 것들을 보여주는 셈인데, 이 말은 곧 당신이 자기 주도성을 활용하고 있다는 의미다.

그런데 이러한 평균 이상의 서비스를 제공하면서도 가난을 면치 못하는 사람들이 있다. 이들은 대부분 정직하고 믿을 만한 사람으로, 동시에 남에게 속거나 착취당하기 쉽다. 또한 이들은 그런 상황을 벗어나기 위해 아무것도 하지 않는데, 이는 자기 주도성이 부족하기 때문이다.

자신이 가진 것을 아낌없이 베푸는 것과, 그것이 아무런 도움이 되지 못했다는 것을 모르는 척하는 것은 별개의 문제다. 자기 주도성을 발휘해서 진정으로 필요한 곳에 제대로 노력을 쏟은 것인지 확인해야 한다. 나를 고용한 사람들이 정직하고 믿을 만한 사람인지, 그들이 완전히 망해서 급여를 못 받게 되는 건 아닌지 자세히 살펴라. 미래가 없다는 것을 알게 되면 그 즉시 다른 직장을 구해야 한다. 자기 주도성이라는 것은 단순히 남을 위한 것만은 아니다.

자신감

한층 더 노력한다는 마음으로 일하면 내가 옳은 일을 제대로 하고 있다는 확신이 생기고 양심에 어긋남이 없이 스스로를 믿게 된다.

때로 잘 지내기에 가장 힘든 사람은 당신의 칫솔을 쓰는 사람, 매일 아침 거울 속에서 당신을 보는 사람, 즉 당신 자신일 때가 있다. 그 사람에게 당신의 계획과 목표를 설명하고 협력을 구하라. 노력과 서비스를 제공하기 위한 전략을 간략히 설명하고 그에 대한 답을 들어라. 그래도 확신이 서지 않는다면 당신의 생각을 납득시키는 데 좀 더 시간을 들여야 한다.

남루한 행색에 풀이 죽은 한 남자가 나를 찾아온 적이 있다. 그때 나는 문득 그의 이름이 떠올랐다. 한때 유명 레스토랑의 오너였던 그는 최근에 파트너가 파산한 후 모든 것을 잃은 상태였다. 그는 나에게 도움을 청했다.

나는 그에게 커튼 앞에 서 있으라고 한 뒤, 소개해줄 사람이 있다고 했다. 그 사람은 이 세상에서 당신의 자신감 회복을 돕고 좌절을 극복하게 해줄 유일한 사람이라고 말했다. 그런 다음 나는 커튼을 확 열어젖혀서 그가 앞에 놓인 전신 거울을 보게 했다.

그는 몇 분간 할 말을 잊고 한참 동안 거울을 응시하더니 고맙다는 말을 남기고 내 사무실을 나갔다. 몇 달이 지난 후 그는 완전히 새로워진 모습으로 내 앞으로 성큼성큼 걸어 들어왔다. 그는 몹시 들뜬 모습이었다. 그는 고맙다는 말을 반복하며, 그날 이후 자기 스스로의 사업 역량을 떠올리며 다시금 힘을 냈다고 했다. 그리고 마찬가지로 자신의 능력을 믿어주는 새로운 후원자를 찾아냈고, 그렇게 심기일전해서 새로 운영하게 된 레스토랑이 시카고 최고의 인기 명소 중 하나로 떠올랐다고 한다.

자신이 최고의 서비스를 제공한다는 것을 알고 그에 대한 자신감이 생기면, 내가 레스토랑 오너에게 사용했던 것과 같은 극적인 연출 없이도 거대한 실패를 견딜 수 있는 결의를 스스로 굳건히 다질 수 있게 된다. 먼저 자기 자신을 믿으면 언젠가는 의지할 만한 사람 또한 당신 앞에 나타날 것이다.

미루는 습관 극복하기

열정적이고 활기차게 일할 때는 그 일을 오후나 내일로 미루고 싶다는 유혹을 어렵지 않게 물리칠 수 있다. 오히려 빨리 시작하고 싶어 안달이 날 수도 있다. 꼭두새벽에 일어나 하루 일과를 시작한다는 유명인들의 이야기를 듣고 놀란 적이 있는가? 그들은 조금이라도 빨리 자기 일을 하고 싶어 한다. 애초에 그들이 유명세를 얻게 된 것도 그런 열의 때문에 가능한 것이었다.

해야 할 일을 빨리 시작할수록 미루는 습관은 뿌리내리지 못하고 사라져서 흔적조차 남지 않게 될 것이다.

한층 더 노력하기 공식

나는 한층 더 노력하는 일에 마음을 계속 집중할 수 있도록 다음과 같은 공식을 만들었다. 이 책에 나오는 유일한 공식으로, 아주 간단하다. $Q^1 + Q^2 + MA = C$

Q^1은 제공된 서비스의 **질**이다.

Q^2는 제공된 서비스의 **양**이다.

MA는 서비스를 제공하는 **마음가짐**이다.

C는 내가 받는 **보수**다.

여기서 '보상'은 자신의 삶에 등장하는 모든 것을 의미한다. 돈, 즐거움, 다른 이들과의 화합, 정신적 깨우침, 믿음, 열린 마음, 관용, 또는 당신이 구하는 가치 있는 모든 것들이 이에 해당한다.

항상 보상의 다양한 속성을 알고 있어야 한다. 돈은 물론 좋은 것이지만 절대 성공의 유일한 요소는 아니며, 돈이 있다고 해서 꼭 성공을 즐길 수 있는 것도 아니다. 금전적 보상이 부족할지언정 다른 면에서 풍부한 보상이 주어지는 관계라면 단번에 끊어내지는 말자. 당신이 그들에게 아무리 많은 서비스를 제공한다 한들 다른 사람들은 당신의 일면만을 보고 당신을 이해하기 마련이다. 관계가 틀어지면 대비가 주는 반짝이는 효과는 당신에게 불리하게 작용할 수 있으며, 한층 더 노력하는 정신에 충실한 다른 사람들을 찾아 나설 것이다.

6

자기 주도성을 개발하라

...

한층 더 노력함으로써 얻을 수 있는 최대 이점 중 하나는 바로 자기 주도성을 얻게 된다는 것이다. 이 장에서는 자기 주도성을 전체적으로 이해하고, 예시를 통해 그러한 자기 내면의 자질을 확장하는 법을 소개할 것이다.

앤드루 카네기는 언젠가 나에게 이런 말을 한 적이 있다. "어느 것도 성취하지 못하는 사람들에는 두 가지 유형이 있네. 시킨 일밖에 할 줄 모르는 사람과, 시킨 일조차 제대로 못하는 사람이지. 앞서가는 사람은 시키지 않아도 자기 할 일을 찾아서 해낼 뿐만 아니라 거기서 끝내지 않고 한층 더 노력해서 기대 이상으로 훨씬 많은 일을 해낸다네."

자기 주도성은 스스로의 발전에 도움이 될 뿐만 아니라 사람들의 관심을 불러오며 새로운 기회를 가져다주기 때문에 목표 실현을 위해 꼭 필요한 자질이다.

자기 주도성의 주요 속성

몇 년간 이러한 성공 원칙을 만들어오면서 나는 수많은 위인들을 관찰했다. 다음은 내가 그들을 관찰할 때마다 지속적으로 나타난 자질들을 모아놓은 것이다. 이 중에는 이 책에서 이미 다룬 내용도 있고 나중에 다룰 내용도 있을 것이다. 여기서 중요한 것은 이 중에서 현재의 당신이 가진 특징들을 파악한 다음, 그것들을 어떻게 향상시키고 강화할지에 대해 생각하는 것이다.

- 명확한 목표 선정
- 목표를 추구하기 위해 지속적으로 행동하려는 동기
- 목표를 실현할 수 있는 힘을 얻기 위한 마스터 마인드 연합
- 자립심
- 자기 훈련
- 승부욕을 바탕으로 한 집요함

- 통제 범위 안에서 잘 다듬어진 상상력
- 신속하고 명확하게 의사 결정을 내리는 습관
- 추측이 아닌 알려진 사실을 기반으로 판단하는 습관
- 한층 더 노력하는 습관
- 자유로이 열정을 표출하고 이를 조절할 수 있는 능력
- 세세한 부분까지 챙기는 뛰어난 감각
- 반감 없이 비판에 귀 기울일 수 있는 능력
- 인간의 열 가지 기본적인 동기 숙지
- 한 번에 한 가지 과제에 집중할 수 있는 능력
- 자신의 행동에 대한 전적인 책임 부담
- 부하 직원의 실수를 전적으로 책임지려는 의지
- 부하 직원과 동료에 대한 인내심
- 다른 사람들의 장점과 능력 인정
- 항상 긍정적인 마음가짐
- 실행하는 믿음을 가질 수 있는 능력
- 끝까지 해내는 습관
- 속도보다는 철저함을 중시하는 습관
- 신뢰할 만한 성격

위에 열거한 자질들 가운데 상당수는 이미 익숙할 것이다. 자기 자신은 이미 저런 자질들을 갖추고 있다고 생각할 수도 있다. 그러나

각각의 자질이 서로 영향을 주고받는 관계에 있다는 것이 이 책에서 다루는 성공을 위한 17가지 원칙의 본질이므로, 이러한 자질들을 동시에 개발하지 않고 한 가지 자질만을 키울 수는 없다. 자기 주도성을 통해 믿음을 실행하지 않으면서 어떻게 그것을 키워갈 수 있을까? 그리고 실행할 명확한 목표도 없이 어떻게 자기 주도성을 가질 수 있겠는가? 불가능하다.

자기 주도성은 전염된다

제2차 세계대전 중 헨리 카이저Henry Kaiser는 빠르고 효율적인 선박 건조 능력으로 전 세계를 깜짝 놀라게 만들었다. 그런 그의 성취를 주목해야 하는 이유는 그가 전쟁의 필요에 응답하기 전까지는 선박 건조 경험이 없었기 때문이다. 그럼에도 불구하고 이를 가능하게 한 자질은 바로 그의 자기 주도성이었으며, 이러한 자질은 끝까지 실행해내는 그의 습관을 통해 가장 극명하게 드러났다.

카이저는 열차 한 대분의 강철이 약속된 날짜에 자신의 조선소에 도착하게끔 지시를 내리고는, 자신의 직원들이 그 화물을 받을 준비가 되어 있는지, 그리고 무엇보다도 강철이 예정대로 생산되고 있는지를 계속해서 확인했다. 그는 제철소에 원료 공급 담당자를 보낸 뒤 자신에게 진행 상황을 보고하게 한 다음, 화물과 함께 이동하며 열차가 탈선하거나 지연되는 일이 없도록 했다.

카이저는 이처럼 사업의 아주 세세한 부분까지 신경을 썼기 때문에 그를 위해 일하는 사람들은 모두 그가 자신들에게도 똑같은 자질을 기대하리라는 사실을 알았다. 만약 일이 잘못되면 원료 공급 담당자는 어떻게 해서든 문제를 바로잡고 그로 인해 허비한 시간을 만회해야 했다. 게다가 카이저는 좀처럼 실패하는 일도 없었다!

카이저의 집요한 자기 주도성은 매일 수천 명의 사람들에게 본보기가 되었던 것이다.

남들이 실패할 때 자기 주도성은 성공한다

나는 결혼한 지 얼마 되지 않아 아내의 가족들을 처음 만났다. 기차를 타고 아내의 고향 근처까지 가긴 했으나, 기차는 아내의 집을 2마일 정도 앞둔 곳에서 멈췄다. 그렇게 처가에 도착했을 때쯤 폭우가 쏟아졌고 내 꼴은 말이 아니었다. 게다가 기분도 좀 언짢은 상태였던 나는 아내의 가족들 앞에서 이렇게 소리치고 말았다. "왜 철로를 마을 안쪽까지 깔지 않은 겁니까?"

아내의 남자 형제들은 웃음을 터뜨리며 자신들 또한 그 문제로 10년간 노력을 해봤지만 철도 회사는 비용을 들여 동네 강 위를 지나는 다리를 지을 생각이 없더라고 말해주었다.

"10년이라니!" 나는 거만하게 말했다. "뭐, 저라면 3개월 안에 그들을 설득할 수 있을 것 같은데요."

음, 그때 나는 정말이지 실언을 해버리고 말았다. 새로운 가족 앞에서 그처럼 호언장담하는 건 한번 해보자는 소리나 다름없었다. 결국 나는 행동에 나서야 했다. 아내의 남자 형제들과 나는 비가 그치기를 기다렸다가 강쪽으로 내려갔다.

그곳에 가보니 삐걱거리는 낡은 목조 다리가 눈에 띄었다. 다리 건너편에는 카운티 도로가 나 있었는데, 화물 철로는 강 건너편에서 끊겨 있었다. 철로가 도로를 가로질러 나 있어서 화물 열차가 그곳을 지날 때 도로 위의 차들이 멈춰야 했기 때문에 지역 주민들은 통행에 제약을 받을 수밖에 없었다.

그때 나는 한 가지 아이디어를 냈다. "잠깐, 생각보다 단순한 걸요." 내가 말했다. "우선 여객 철도 회사가 다리 건설 비용의 3분의 1을 부담하는 겁니다. 그러면 마을에 더 나은 서비스를 제공할 수 있을 거예요. 또 카운티에서도 어쨌든 오래된 목조 다리를 새것으로 교체해야 하니 비용의 3분의 1을 부담합니다. 그리고 나머지 3분의 1은 화물 열차 쪽에서 부담하면 차들이 철로를 지날 필요가 없어질 것이고, 그러면 주민들이 길을 건너려고 기다리다가 불의의 사고를 당하는 걸 막을 수 있죠."

그 일은 정말로 간단했다. 일주일 후 아내의 남자 형제들과 나는 위에서 말한 삼자가 모두 그 계획에 합의하게 만들었고, 세 달

뒤에는 새로운 다리가 놓이면서 마침내 마을 사람들이 여객 철도 서비스를 누릴 수 있게 되었다.

나는 자승자박으로 내 앞에 놓인 상황에서 빠져나오기 위해 자기 주도성을 발휘해야 했지만, 당신은 굳이 그럴 필요가 없길 바란다. 그러나 기회가 있을 때마다, 특히 어리석은 실수를 한 다음에 자기 주도성을 발휘한다면 자신뿐만 아니라 지역 사회에도 그 혜택이 돌아갈 것이다.

자기 주도성은 일자리를 만든다

내가 아는 사람 중에 꽤나 소박한 사람이 있었는데, 그는 잘하는 게 그다지 많지 않아 보였다. 그는 수습 배관공이었지만 그 일이 딱히 적성에 맞지 않는 것 같다고 느낀 그의 상사는 시험 삼아 그를 영업직에 앉혔다. 하지만 그는 그 일에도 소질이 없는 듯 보였다.

언젠가 그의 깔끔한 필체를 본 적이 있던 상사는 이번에는 그에게 장부 정리를 맡겨 보았다. 결과는 또다시 신통치 않았다.

그러나 정작 그 배관공은 장부 정리 경험을 통해 배운 것이 있었다. 바로 정확한 재고 파악의 중요성이었다. 그래서 그는 스스로 열심히 재고 조사를 하기 시작했고, 그 결과 자신에게 다음의 긍정적인 자질이 있다고 판단했다.

1. 돈을 절약하는 습관

2. 배관 작업 비용을 정확히 계산하는 능력

3. 자신에게 없는 뛰어난 기술이 다른 사람에게 있음을 인정하는 능력

4. 집요함

5. 직원들의 화합을 이끌어내는 능력

이런 자질을 지닌 그는 과연 무슨 일을 할 수 있었을까? 답은 뻔했다. 그는 직접 배관 사업을 시작했다. 사업장 위치를 정하고 가능한 한 최고의 실력을 갖춘 직원들을 채용해 계약을 추진하기 시작했다. 그렇게 일을 시작한 지 일 년 만에 그의 일정은 꽉 찼다. 그는 견적 비용에 맞게 적절히 일을 진행한데다가 작업 수준도 높았기 때문에 빠른 시간 안에 최고의 배관 회사라는 명성을 얻을 수 있었다. 심지어 그 자신은 형편없는 배관공이었음에도 말이다!

이 사람이 자신의 인생을 성공으로 이끌 수 있었던 비결은 오로지 자기 주도성에 따라 행동했다는 것이다. 그는 명확한 목표를 시작으로 차근차근 숙련된 직원들로 구성된 마스터 마인드 연합을 구성했고, 더 나은 서비스를 제공한 끝에 성공을 거뒀다. 그가 독립하지 않았더라면 그의 예전 상사는 결국 그를 포기하고 해고했을 것이다. 그는 그렇게 스스로 일자리를 만든 것이다!

자기 주도성은 기회를 만든다

닐 발터Neil Balter는 일주일에 고작 400달러를 버는 목수 견습생으로 일할 당시, 벽장 안에 놓일 선반을 만드는 작업에 고용되었다. 그가 일을 끝내자 고객은 매우 만족해하며 자신의 공간을 잘 활용해 훌륭한 선반을 제작해준 그에게 고마워했다. 발터는 그 고객의 모습을 보고 한 가지 아이디어를 떠올렸다. 그리고 그 고객에게 받은 돈으로 '캘리포니아 벽장 회사California Closet Company'를 차렸다.

비좁은 벽장을 효율적인 공간으로 새롭게 탈바꿈시키는 그의 아이디어는 곧 높은 인기를 얻었고, 발터는 사업을 시작한 지 12년 만에 전국에 100개 이상의 지점을 보유하게 되었다. 다른 사업가들도 그의 아이디어에 주목하면서 이와 비슷한 회사들이 전국에 우후죽순 생겨났다. 그리고 1989년, 발터는 자신의 회사를 윌리엄스 소노마Williams-Sonoma에 1,200만 달러에 팔았다.

닐 발터는 어쩌면 훌륭한 목수가 되는 데에만 만족했을 수도 있다. 그러나 그는 자신의 능력을 확인하고 믿으며 스스로 명확한 목표를 세워서 어떤 견습생도 꿈조차 꾸지 못했던 일에 성공했던 것이다.

자기 주도성은 미래를 만든다

허버트 배스Herbert Bass와 앨릭스 가이슬러Alex Geisler는 1960년대 필라델피아의 한 TV 방송국에서 프로덕션 일을 하고 있었다. 이들은 TV 시장에서 비디오테이프가 영화보다 훨씬 더 다양하게 활용될 것이라 보았다. 당시 두 사람은 정상급 프로덕션 전문가 축에 들지는 못했으나, 독립해 회사를 차리기로 했다.

이후 두 사람은 '유니텔 비디오Unitel Video'란 회사를 창업했다. 하지만 시장에서 두각을 드러낼 만한 프로덕션 전문성을 제공할 수는 없었기에 그만한 가치가 있는 다른 서비스를 내놓기로 했다. 즉, 다른 프로덕션 회사에서는 볼 수 없는 최고의 장비와 공간을 제공한다는 구상이었다. 일찍 사업에 뛰어들었으나 타사와의 경쟁을 피할 수 없었던 이들은, 시장 점유율을 확보하기 위해 대여료를 못 받을 것이라 생각한 업체들이 퇴짜를 놓은 이들을 고객으로 삼았다.

배스와 가이슬러는 한층 더 노력한다는 것의 중요성을 이미 알고 있었다. 자신들의 고객 역시 만족시켜야 할 고객이 있는 사람들이라는 것 또한 알고 있었다. 이들은 고객에게 최신 기술이라는 이점을 제공했다. 가이슬러는 〈석세스Success〉 매거진과의 인터뷰에서 이렇게 말했다. "우리는 고객이 생각조차 못했던 기술들을 제시합니다. 고객이 인정받으면 우리 역시 그에 따른 보상을 받으니까요."

〈심슨 가족The Simpsons〉이나 〈스타트렉: 더 넥스트 제너레이션Star Trek: The Next Generation〉과 같은 프로그램의 프로덕션 일을 진행하면서, 유니텔은 이제 전 세계 동영상 기술자를 대상으로 교육 세미나를 제공하고 있다. 뿐만 아니라 IBM과 시티은행Citibank 등의 회사에 기업 통신 서비스를 제공하는 동시에 뉴욕, LA, 샌안토니오, 미니애폴리스 등에 흩어져 있는 사람들을 한 공간에 있는 것처럼 온라인으로 연결해주는 영상 회의 서비스를 만들고 있다.

배스와 가이슬러는 동영상이 미래가 될 것이라 생각한 최초의 인물들은 아니었다. 그러나 이들은 자기 주도성을 발휘해 그동안의 경험을 바탕으로 계획을 세우고 위험을 감수하면서 아무도 시도하지 않았던 서비스를 제공함으로써 해당 분야에서 최고의 자리에 설 수 있었다.

자기 주도성은 발전을 만든다

언젠가 자신의 사업을 시작하는 것 또한 명확한 목표가 될 수 있다. 그게 목표가 아니거나 그 단계가 오려면 아직 시간이 더 필요한 경우라 해도, 자기 주도성은 여전히 도움이 될 수 있다.

에이미 힐리어드 존스Amy Hilliard-Jones는 질레트Gillette사의 마케팅 전략가였다. 그녀는 질레트가 출시를 취소한 제품을 통해 기회를 찾았는데, 그것은 바로 화이트 레인White Rain 샴푸였다. 화이트 레인은 비싸지도 않고 샴푸로써의 기본 기능만 있는 제품이었다. 그럴 듯한 기능은 없지만 가격에 민감한 소비자들이 찾을 만한 제품이라고 판단한 그녀는 화이트 레인을 재출시하기 위해 캠페인을 기획하고, 임원들 앞에서 프레젠테이션을 진행해 그 가치를 납득시켰다. 결국 임원들이 그녀의 기획에 찬성하면서 기획은 일사천리로 진행되었고, 화이트 레인은 질레트에서 가장 잘 팔리는 샴푸 중 하나가 되었다.

힐리어드 존스는 이후 에스닉 헤어 케어 시장을 겨냥해 질레트가 새로 인수한 자회사인 '러스트라실크 코퍼레이션Lustrasilk Corporation'을 쇄신할 적임자로 발탁되었다. 그녀는 모이스처 맥스Moisture Max라는 완전히 새로운 제품 라인을 출시했고, 이는 엄청난 성공을 거뒀다.

그리고 그녀는 포춘 500대 기업을 위해 아프리카계 미국인들을 대상으로 한 마케팅 서비스를 전문으로 하는 '뷰렐 커뮤니케이션스 그룹Burrell Communications Group'의 부사장이 되었다. 그녀가 그 위치에 오르게 된 것은 지속적으로 자기 주도성을 발휘해 자신을 고용한 회사에 엄청난 이익을 안겨주었기 때문이다. 이 회사들은 기대 이상의 서비스를 제공하려는 그녀의 헌신적인 태도를 알아보았다. 하버드 경영대학원도 마찬가지였다. 그녀에게 맥스 앤 코언 어워드Max and Cohen Award 유통 부문 우수상을 수여했으며, 〈달러스 앤 센스Dollars & Sense〉 매거진은 100대 전문직 여성 목록에 그녀의 이름을 올렸다. 이처럼 자기 주도성은 에이미 힐리어드 존스가 인정을 받고 발전을 거듭하며 정확히 그녀 자신이 원했던 기회를 얻는 데 큰 도움을 주었다.

자기 주도성 실천하기

자기 주도성은 주요 목표를 결정한 그 순간부터 발휘해야 한다. 행동 계획을 세워라. 마스터 마인드 연합을 결성하라. 이 과정에서 새롭게 알게 된 사실로 인해 목표가 바뀔 수도 있지만 중요한 것은 즉시 실행에 나서야 한다는 것이다.

아직 미흡한 계획이라도 나중으로 미루는 것보다는 당장 실행하는 편이 낫다. 미루는 습관은 자기 주도성의 천적이며, 초반부터 이런 습관을 들이면 나중에 매 순간마다 골칫거리가 될 것이다.

계획을 실행할 때는 최선을 다하고 실수를 통해 배워라. 망할게 뻔하다고 말하는 비관론자는 무시하라. 앤드루 카네기가 철강 가격을 톤당 140달러에서 20달러로 낮추겠다는 목표로 철강 사업에 뛰어들었을 때 많은 사람들이 그를 비웃었다. 그리고 카네기가 목표를 이뤘을 때 그를 비웃던 사람들은 단 한 푼도 벌지 못했다.

조언이 필요하다면 유능한 전문가를 찾아가 상담비를 내고 전문적인 상담을 받아라. 동료나 친구 등 이 사람 저 사람으로부터 얻는 주먹구구식 조언은 아무런 쓸모가 없는 것이다.

외부의 힘에 떠밀려 마지못해 행동하게 될 때까지 절대 기다려서는 안 된다. 물론 예기치 못한 상황과 경쟁에 대응해야 할 때도 있지만, 매일 스스로 세운 계획에 따라 앞으로 나아가야 한다. **성공한 자신의 모습을 머릿속에 그리면서 불타오르는 열망을 키워라! 열망의 불꽃이 높이 타올라 당신이 앉아 있는 의자를 태워버리게 만들어라.** 그러면 전날 해야 할 일을 다 마치지 못했을 때 의자에 편히 앉아 여유를 부릴 수 없을 것이다.

일이 끝난 후에는 스스로 잘 돌아봐야 한다. 과연 최선을 다한 것일까? 어떻게 했어야 더 잘할 수 있었을까? 지금 당장 그 조치를 취하는 건 어떤가? 언제든 기회를 잡을 수 있도록 정신을 바짝 차리고, 기회를 발견하자마자 행동에 옮길 수 있을 때 자기 주도성을 발휘할 수 있다.

자기 주도성은 분명 쉽게 얻을 수 있는 자질은 아니다. 이를 실천하려면 엄청난 정신적 에너지가 필요하다. 자기 주도성이 확고하지 못할 때는 다른 모든 원칙에 생기를 불어넣어 원상태로 되돌려주는 원칙, 즉 긍정적인 마음가짐으로 돌아가면 된다.

7

긍정적인 마음가짐을 길러라

...

긍정적인 마음가짐은 성공 철학의 가장 중요한 단일 원칙이다. 모든 일이 이 마음가짐에 달린 것이다. 따라서 이러한 마음의 태도를 이해하고 활용하지 못하면 다른 16가지 원칙의 이점을 최대한 끌어낼 수가 없다.

두 봉투의 선택

비유적으로 말하면, 모든 사람들은 태어날 때부터 '보상'과 '벌'이라고 쓰인 두 개의 밀봉된 봉투를 쥐고 나온다고 할 수 있다. '보상'

이라 쓰인 봉투에는 자신이 마음먹은 '대로 원하는 것을 얻었을 때 누리게 될 모든 이점이 들어 있고, '벌'이라 쓰인 봉투에는 감정을 절제하고 가치 있는 목표에 마음을 쏟는 것을 뒷전으로 미룰 경우 닥쳐올 모든 결과가 들어 있다.

위의 단락을 다시 한 번 읽어보자. 이제 다시 한 번 더 읽어보자. 거기엔 매우 중요한 메시지가 담겨 있다.

이 장에서 나는 독자 여러분을 위해 두 개의 봉투들을 모두 열어보고, 그 구체적인 내용을 소개할 것이다. 이 봉투들은 진짜이며 그 안에 포함된 보상과 벌도 진짜라는 것을 알게 될 것이다.

자연이 혐오하는 두 가지가 있는데, 바로 진공과 게으름이다. 근육은 사용하지 않으면 위축되어 쓸모없어진다. 정신력을 사용하지 않을 때도 마찬가지다. 당신의 두뇌와 인생이 스쳐 지나가는 모든 것들로부터 영향을 받는다면 그에 저항하거나 긍정적으로 행동할 수 없을 것이다. 이와 같은 결과를 얻지 않으려면 열망의 대상에 정신을 집중하고, 이를 달성하기 위한 계획을 실행해야 한다.

"성공은 성공을 부르고 실패는 더 많은 실패를 불러온다"라는 옛말을 한 번쯤 들어본 적이 있을 것이다. 이보다 더 진실한 말은 없다. 성공을 위해 노력하다 보면 실력은 점점 더 향상되게 마련이다. 아무것도 하지 않고 실패를 인정하기만 하는 사람을 기다리는 것은 더 많은 실패밖에 없다.

긍정적인 마음가짐으로 반드시 성공할 거라 믿으면, 그 목적지가 어디든 그 믿음이 당신을 틀림없이 성공으로 이끌 것이다. 만약 부정적인 마음가짐으로 인해 머릿속이 두려움과 좌절로 가득하다면, 그 마음이 이끄는 곳은 성공과는 거리가 먼 곳일 뿐이다.

그것이 바로 마음가짐의 힘이다. 그러니 당장 긍정적인 마음가짐을 위해 노력해보는 건 어떨까?

긍정적인 마음가짐이 주는 보상

자신의 마음을 온전히 다스려 이를 원하는 목표로 향하게 만든다면 다음과 같은 결과를 얻을 수 있다.

1. 성공할 수밖에 없는 상황으로 이끄는 성공 의식
2. 신체적, 정신적 건강
3. 경제적 독립
4. 좋아서 하는 일을 통한 자기표현
5. 마음의 평안
6. 두려움을 떨쳐내는 실행하는 믿음
7. 오랜 우정
8. 장수와 균형 잡힌 삶
9. 스스로 정한 한계로부터의 자유

10. 자신과 다른 사람을 이해하는 현명함

부정적인 마음가짐이 내리는 벌

자신의 마음을 온전히 다스리는 일이나 가치 있는 목표를 추구하는 일을 등한시한다면 다음과 같은 운명이 기다리고 있을 것이다.

1. 평생 벗어날 수 없는 가난과 고통
2. 온갖 종류의 정신적, 육체적 질병
3. 평범함 속에 갇히게 만드는 스스로 정한 한계
4. 두려움과 그로 인한 모든 치명적인 결과
5. 생계 수단에 대한 혐오
6. 적은 많고 친구는 거의 없는 인간관계
7. 생각할 수 있는 온갖 걱정과 근심
8. 마주치는 모든 부정적인 영향에 휩쓸리기
9. 타인의 의지에 복종
10. 인류가 처한 상황을 개선하기 위해 아무것도 하지 않는 헛된 인생

당신은 어떤 선택을 할 것인가? 첫 번째 선택지를 마음 깊이 받아

들이지 않는다면 두 번째 선택에 따른 결과가 당신을 덮쳐올 것이다. 중간도, 타협도 없다. 이제 어떤 선택을 할 것인지 결정했는가?

긍정적인 마음가짐을 기르는 방법

내가 원하는 결실을 얻으려면 긍정적인 마음가짐을 가져야 한다. 이것 없이 이룰 수 있는 위대한 일이란 없다.

자신의 마음가짐은 오로지 자신만이 완벽히 통제할 수 있는 대상이라는 점을 인식하라. 긍정적인 마음가짐을 통해 그러한 통제력을 발휘하고 이를 관리하라.

스스로 자초했든 아니든 모든 역경과 슬픔, 실패에는 나중에 그와 똑같은 크기의 이익을 싹틔울 씨앗이 들어 있다. 그러니 이를 잘 키워내면 자신에게 닥친 불행을 훨씬 뛰어넘는 축복으로 만들 수도 있다. 이러한 사실을 이해하고 스스로 만족할 정도로 증명해 보여라.

과거의 모든 실패를 뒤로하는 법을 배워라. 긍정적인 마음가짐을 갖는 데 있어 아무런 도움이 되지 않는 모든 요인은 깨끗이 잊어버리자.

삶에서 가장 원하는 바가 무엇인지 알아내고, 그것을 좇아라. 과거의 인물이든 현재의 인물이든, 전 세계에서 가장 훌륭하다고 생각되는 사람을 선택하라. 그 사람을 앞으로의 삶에서 당신의 모범으로 삼고 가능한 모든 방법으로 따라 하라.

목표 달성을 위해 어떤 자원이 필요한지 파악하고 이를 얻기 위한 계획을 세우되, 너무 많거나 적지 않은 적당한 수준이 되도록 한다. 소심한 생각은 버려라. 그러나 다른 무엇보다 특히 탐욕은 야망 있는 사람들을 파멸로 이끌었다는 사실을 기억하라.

매일 다른 사람을 기분 좋게 해주는 말이나 행동을 하는 습관을 들여라. 이는 전화나 엽서, 아니면 간단한 친절을 베푸는 것만으로도 가능하다. 예를 들어 누군가에게 영감을 주는 책을 주면, 상대방의 인생에 기적을 일으킬 만한 선물을 한 셈이다. 또한 하루 한 번의 작은 선행은 노인의 우울한 마음을 풀어줄 수도 있다.

자신을 채찍질하는 것은 패배가 아니라, 패배를 향한 마음가짐이라는 것을 알아야 한다. 실망할 때마다 그와 똑같은 크기의 이익의 씨앗을 찾아내는 훈련을 하라.

가장 하고 싶은 것을 찾아내고, 정말 좋아서 할 때처럼 그 일에 열과 성을 다하라. 아마도 그 일은 단순한 취미가 될 수도 있을 것이다. 그래도 좋다. 게으른 마음은 쉽게 부정적인 마음으로 변한다는 것만 알아둬라. 부정적인 마음이 알을 깨고 나오는 것이다.

문제의 해결책을 찾아보았으나 별 소득이 없을 때, 다른 사람의 문제 해결을 돕다가 우연히 그것을 발견하는 경우가 많다는 것 또한 알아두자. 이럴 경우 다른 사람의 문제가 해결될 때쯤이면 자신의 문제에 대한 답 역시 어느 정도 얻을 수 있을 것이다.

내용을 이해하고 완전히 흡수할 때까지 랠프 월도 에머슨Ralph Waldo Emerson의 에세이 〈보상Compensation〉을 일주일에 한 번씩 읽어라. 이러한 효과적인 노력을 통해 긍정적인 마음가짐으로부터 얻는 이익을 납득할 수 있을 것이다.

당신이 어떤 자산을 보유하고 있는지 빠짐없이 조사하라. 자신이 가진 최대의 자산은 운명을 결정지을 수 있는 건전한 정신임을 알게 될 것이다.

만일 당신의 잘못으로 기분이 상한 상대가 있다면 대화를 통해 진심 어린 사과를 전하라. 그리고 용서를 구하라. 이 과제가 쓰라리게 느껴질수록, 과제를 끝낸 후에는 부정적인 마음의 영향으로부터 더욱 자유로워질 수 있다.

이 세상에서 당신이 점유하는 공간은 다른 사람들의 이익을 위해 당신이 제공하는 서비스의 양과 질, 그리고 서비스를 제공할 때의 당신의 마음가짐에 정확히 비례한다는 사실을 기억하라.

나쁜 습관은 끊어내라. 한 달간 한 번에 하나씩 나쁜 버릇을 없애버리고 당신이 당신 자신의 주인임을 확인하라. 상담사나 전문기관의 도움이 필요하다면 기꺼이 도움을 받아라. 자존심에 굴복하지 말라.

당신이 전적으로 협조하고 동의하지 않으면 그 누구도 당신의 감정을 상하게 하거나 화나게 하거나 두렵게 할 수 없음을 이해하

라. 주변에 해로운 영향을 끼치려는 사람이 있다면 그 사람으로부터 마음을 닫아라.

자기 연민은 자립을 가로막는 음험한 존재임을 인식하라. 당신이 언제든 의지할 수 있는 대상은 당신 자신밖에 없다.

살면서 겪은 모든 상황을 결국 잘된 일이라고 생각하라. 슬픈 경험이라도 점차 그러한 괴로움이 견딜 만해지면 자신의 최대 자산이 될 것이기 때문이다.

다른 사람들을 통제하고자 하는 욕구를 다른 데로 돌려라. 그 욕구가 당신을 집어삼키기 전에 눌러버려야 한다. 그 에너지는 자신을 더 잘 통제하는 데 쏟아라.

하기 싫은 일에 정신이 팔려 시간을 낭비하지 말고, 하고 싶은 일을 하는 데 몰두하라.

매일 기도하고 지금 가진 것에 감사하는 마음을 표현함으로써 열망하는 대상과 그에 관한 상황을 끌어올 수 있도록 마음을 가다듬어라.

일상 속에서 적정한 몫의 보상을 요구하고 받을 때까지 기다리지 마라. 당신은 비록 알아채지 못했겠지만 삶에서 바라는 많은 것들이 이미 당신의 것이라는 사실을 깨닫는 순간 아마 놀라게 될 것이다.

자신의 신체적, 정신적 필요에 맞는 스타일대로 살고, 최신 트렌드를 따라가느라 시간을 낭비하지 말라.

아무나 건네는 조언을 귀담아듣지 마라. 단, 그 사람이 그러한 조언의 타당성을 입증하는 만족할 만한 증거를 기꺼이 제시하는 경우는 예외다. 이렇게 함으로써 한낱 장사치들이나 비합리적이고 어리석은 이들로부터 벗어날 수 있다.

개인의 능력은 물질을 소유하는 데서 나오는 것이 아님을 이해하라. 마하트마 간디가 자신의 나라를 자유로 이끌 수 있었던 것은 재산이 많아서가 아니었다.

최선을 다해 건강을 유지하라. 마음의 병은 신체적 병으로부터 유발될 가능성이 크며, 마음처럼 몸도 긍정적인 상태를 유지하려면 늘 적극적으로 움직여야 한다.

아량을 베푸는 습관을 굳건히 하고, 모든 주제와 모든 사람에 대해 인종과 신념에 관계없이 열린 마음을 가져라. 사람들에게 자신이 바라는 모습을 요구하기보다는 그들의 있는 그대로의 모습을 좋아하는 법을 배워라.

사랑은 몸과 마음을 위한 최고의 치료제라는 사실을 인정하라. 사랑은 몸 전체의 화학 작용을 변화시키고 긍정적인 마음가짐을 표현하도록 몸을 길들인다. 또한 다른 사람의 마음속에 당신이 점유하는 공간을 확장시킨다. 사랑받는 최고의 방법은 사랑을 주는 것이다.

당신이 받은 모든 혜택을 동일하게, 혹은 더 큰 가치로 되돌려주어라. 수확 체증의 법칙은 당신에게 유리하게 작용할 것이며, 결국 혹은 아마도 곧 당신이 받을 자격이 있는 모든 것을 얻게 해줄 것이다. 긍정적인 마음가짐은 어느 쪽에서나 유용하다.

무언가를 잃을 때는 그와 동일하거나 더 큰 가치를 얻게 된다는 사실을 기억하고, 나이 드는 것을 두려워하지 말라. 예를 들어 젊음이 사라지면 지혜를 얻을 수 있다는 것을 기억하라.

모든 문제에 적합한 해결책을 찾을 수 있다는 것을 믿되, 그런 해결책은 자신이 원하는 것과 다를 수도 있다는 사실을 받아들여야 한다.

어떤 난관도 극복할 수 있음을 상기시켜 주는 사람들을 본보기로 삼아라. 토머스 에디슨은 정규 교육을 세 달밖에 받지 못했지만 역사상 최고의 발명가로 남았으며, 헬렌 켈러는 시력과 청력을 잃고 말도 할 수 없었지만 수백만 명에게 큰 영감을 주었다. 명확한 목표는 그 어떤 한계도 뛰어넘을 수 있다.

우호적인 비판에 부정적으로 반응하지 말고 기꺼이 받아들여라. 당신에 대한 다른 사람들의 평가에 대해 알 수 있는 모든 기회를 활용해, 자신의 능력을 파악하고 개선이 필요한 것들을 찾아내라. 다른 사람들의 비판을 두려워하지 말고 오히려 그들로부터 비판이 나올 수 있게 하라.

성공의 원칙을 충실히 따르는 사람들과 마스터 마인드 연합을 형성하라. 그들과 자신의 발전 상황과 통찰에 대해 이야기 나누면서 훨씬 더 폭넓은 그들의 경험을 활용하고 이점을 획득하라. 이런 만남이 항상 긍정적인 경험이 되게 하라.

바라는 것, 희망하는 것, 열망하는 것, 그리고 목표 달성을 위한 불타는 열망을 갖는 것이 어떻게 다른지 그 차이를 구분하라. 불타는 열망만이 강력한 동기 부여가 되며, 긍정적인 마음가짐만이 이에 불을 지필 수 있다.

특히 험담이나 뒷담화, 다른 사람들의 평판을 깎아내리는 등의 부정적인 대화를 삼가라. 이런 행동들은 당신의 마음을 부정적인 사고방식에 물들게 만든다.

운명이 당신이 선택한 인생의 목표를 향해 가도록 마음을 다스려라. 보상이 적힌 봉투에 든 모든 이익을 취해 자기 것으로 만들어라.

항상 진실되게, 당신답게 행동하라. 당신을 포함한 그 누구도 가짜를 믿지는 않는다.

긍정적인 마음가짐을 나타내지 않는 말은 하지 마라.

무한 지성의 존재를 믿어라. 그것은 당신의 마음을 온전히 다스리는 데 필요한 모든 힘을 끌어내고, 당신이 어떠한 선택을 하든 당신의 마음을 그리로 향할 수 있게 해줄 것이다.

자유롭게 자신의 운명을 결정할 수 있음을 믿고 그러한 믿음을 실천함으로써 현실로 만들어라. 지금 당장!

국가는 당신이 명확한 목표를 추구하는 데 필요한 자유와 기본적 권리를 보장해준다는 것을 믿어라. 필요한 경우 이와 같은 자유를 수호하기 위해 적극적으로 노력해야 한다.

나와 어울리는 사람들을 믿어라. 믿을 수 없는 사람이라면 잘못된 인연이라는 것을 알아차려야 한다.

마지막으로 6개월간 일주일에 한 번씩 이 장의 내용을 읽어라. 이런 습관들과 마음을 다스리는 훈련들이 마음 깊이 자리 잡으면, 당신의 마음은 항상 긍정적인 상태를 유지할 수 있을 것이다.

성공하는 2퍼센트

절대다수의 사람들이 '바람'과 '믿음'의 차이를 전혀 인식하지 못한다. 이들은 열망하는 것을 성취하기 위해 자신의 마음을 활용하는 데 도움이 될 만한 6개의 단계를 실천조차 하지 않는다. 이 6개의 단계를 아래에 간략히 소개한다. 내가 평생에 걸쳐 연구한 내용을 바탕으로, 각 단계에 도달하는 사람들의 비율에 대해 관찰한 바를 함께 제시했다.

1. 대부분의 사람들은 단순히 **바라는 데서 그친다.** 이러한 바람은 바람처럼 스쳐 지나갈 뿐, 어떤 것도 만들어낼 힘이 없다. 여기서 멈추는 사람들의 비율은 70퍼센트쯤 된다.

2. 그보다 훨씬 더 적은 수의 사람들이 바람을 열망으로 만든다. 이들은 끊임없이 같은 것을 원하지만 그러한 열의는 거기서 끝난다. 이런 사람들은 10퍼센트 정도다.

3. 여전히 더 적은 수의 사람들이 자신의 바람과 열망을 희망으로 만들어간다. 이들은 때때로 자신이 구하는 것을 얻을지도 모른다는 대담한 상상을 한다. 대략 8퍼센트쯤 될 것으로 추정한다.

4. 이보다 훨씬 적은 수의 사람들이 희망을 믿음으로 바꾸어간다. 이들은 자신이 원하는 일이 실제로 일어날 것이라 생각한다. 이런 사람들의 비율은 6퍼센트다.

5. 더 적은 수의 사람들이 바람과 열망, 희망을 믿음으로 구체화한 다음 이를 다시 불타는 열망으로, 그리고 마침내 믿음으로 승화시킨다. 이들은 4퍼센트의 비율을 차지한다.

6. 마지막으로 아주 극소수의 사람들만이 마지막 두 단계를 거쳐 원하는 바를 얻고 이를 실행하기 위한 계획을 짠다. 이들은 긍정적인 마음가짐으로 믿음을 실행한다. 이런 사람들은 전체의 2퍼센트밖에 안 된다.

사회의 각 방면에서 두각을 나타내는 뛰어난 리더들은 마지막 여섯 번째에 속하는 사람들이다. 이들은 자신이 지닌 마음의 힘을 알고 있어서, 그 힘을 꽉 붙들고 이를 자신이 선택한 방향으로 끌고 간다. 이 단계에서 불가능이라는 말은 아무런 의미가 없다. 모든 것이 가능하고 어떻게든 원하는 바를 얻고야 만다.

2퍼센트 클럽에 들어가라

성공에 다다르는 2퍼센트 클럽에 들어가기 위한 요건을 소개한다. 아래에 제시된 요건의 충족 여부는 오직 자신만이 판단할 수 있다.

1. 다른 사람들과 평화롭게 잘 어울려 지낼 수 있도록 그들의 마음 상태와 특성을 감안해 행동하라. 개가 얼마나 빨리 주인의 기분에 맞춰 행동하는지 보라. 이처럼 자기 통제 기술을 익혀라.
2. 대인 관계에 있어 사소한 문제는 무시하고, 그것이 갈등으로 번지게 두지 마라. 위대한 인물들은 대수롭지 않은 무례쯤은 가볍게 넘긴다.
3. 긍정적인 마음가짐을 갖게 해주는 기술을 사용해 매일 하루를 시작할 때 마음을 다잡아라. 그리고 그런 태도를 하루 종일 유지하라.
4. 직접적으로 나서기보다는 설득과 예시를 통해 간접적으

로 상대를 납득시키는 기술을 익혀라.

5. 호탕한 웃음으로 화를 풀어라.

6. 모든 실패의 경험을 분석하고 그 원인을 밝혀라. 그리고 각 상황마다 그와 동일한 이익의 씨앗을 발견하라.

7. 눈앞에 놓인 과제에서 자신이 할 수 있는 부분에 정신을 집중하라. 할 수 없는 부분에 대해서는 미리 걱정하지 마라. 그것과 정면으로 맞설 때 걱정해도 늦지 않다. 할 수 있는 부분이 성공의 가능성을 드러낼 때까지는 말이다.

8. 모든 불쾌한 상황을 긍정적인 행동을 위한 기회로 삼아라. 이런 행동이 자동으로 나오도록 습관화하면 몇 배의 성공이 되어 돌아올 것이다.

9. 그 어떤 누구도 항상 이길 수만은 없음을 기억하자. 꼭 원하던 것을 얻지 못했을 때는 스스로를 더 잘 이해하는 기회로 삼아 이익을 최대화하라.

10. 삶을 지속적인 배움의 과정이라 인식하라. 아무리 나쁜 경험도 좋은 경험이 될 것이다.

11. 내가 하는 모든 생각은 그 효과가 몇 배가 되어 돌아온다는 것을 기억하라. 자신의 생각을 되짚어보고, 그 생각이 바람직한 결실을 맺을 것이라 판단되는 경우에만 남들에게 내보이자.

12. 부정적인 마음가짐을 지닌 동료는 피하라. 이들의 태

도는 나에게 그대로 전염되어 내가 쏟는 모든 노력에 악영향을 줄 것이다.

13. 자기 성격의 이중적인 속성을 알고 있어야 한다. 당신은 믿음을 키울 수 있는 긍정적인 면과 불신을 키울 수 있는 부정적인 면을 동시에 지니고 있다. 긍정적인 면의 힘을 키우면 부정적인 면은 점차 그 힘을 잃을 것이다.

14. 간절히 바라는 것을 가진 자신의 모습을 떠올릴 수 있을 만큼 믿음이 충만할 때 비로소 기도가 최선의 결과를 가져다준다는 것을 인식하라. 그러기 위해서는 최고로 긍정적인 마음가짐이 필요하다.

이제 긍정적인 마음가짐이 개인적 성취에 중요한 원칙들을 어떻게 활성화하고 강화하는지 알게 되었을 것이다. 다음에 이어질 두 개의 장에서는 이 같은 마음가짐을 지탱해주는 더 많은 원칙에 대해 알아볼 것이다. 성공을 일구는 것은 복잡하고 유기적인 과정이다. 하나의 원칙을 실천하며 전진할 때마다 다른 원칙들 또한 실천하며 나아가는 셈이라고 할 수 있다.

8

열정을 절제하라

...

차량 엔진에 넣는 휘발유처럼, 열정은 긍정적인 마음가짐과 성공을 향한 노력에 기름을 붓는 역할을 한다. 추진력을 만드는 연료인 것이다.

긍정적인 마음가짐을 갖고 있으면 감정을 절제하는 법 또한 배울 수 있다. 당신의 열정도 이와 같은 방법으로 절제하면서 그것을 정신적 엔진의 실린더에 계속 주입할 수 있다. 그러다 보면 명확한 목표라는 불꽃에 의해 불이 붙어 폭발하면서 열정이 실행하는 믿음과 자기 주도성의 피스톤을 밀어 올릴 것이다.

열정은 힘이다. 열정은 믿음과 함께 역경과 실패, 일시적인 좌절을 행동으로 바꿀 수 있다. 이와 같은 변화는 생각을 조절하는 데 달려 있다. 긍정적인 생각만큼 부정적인 생각도 쉽게 표출될 수 있기 때문이다. 그러나 열정을 절제함으로써 부정적인 생각의 표출과 경험을 긍정적인 것으로 바꿀 수도 있다. 이러한 능력은 다음 장에서 다룰 자기 훈련에 관한 내용을 통해 한층 강화시킬 수 있다.

절제된 열정의 장점

절제된 열정은 다양한 긍정적 효과를 가져다준다. 구체적으로 다음과 같은 장점을 얻게 된다.

1. 생각과 상상의 강도 증가
2. 유쾌하고 설득력 있는 어조 획득
3. 지겹고 고된 일의 감소
4. 더욱 매력적인 성격 형성
5. 자신감 확보
6. 정신적, 육체적 건강 강화
7. 자기 주도성 개발
8. 보다 쉽게 육체적, 정신적 피로 극복
9. 다른 사람들에게 열정 전파

열정은 긍정적인 마음가짐과 거의 같은 방식으로 잠재의식을 자극한다. 당신의 의식을 열정으로 가득 채움으로써 불타오르는 집념과 목표 달성 계획은 반드시 이루어진다는 것을 잠재의식에 새기는 것이다. 의식적인 열정이 희미해지면 성공의 이미지로 가득한 잠재의식이 열정의 불을 다시 한 번 지펴줄 것이다.

절제되지 않은 열정의 위험

열정은 이미 말했듯이 휘발유와 같은 것이다. 따라서 제대로 활용하면 놀라운 일들을 해낼 수 있지만, 무분별하게 흘러버리면 파국을 불러일으킬 위험이 있다.

그중 한 가지 위험은, 열정에 지나치게 휩쓸려버리면 대화를 독점하게 될 수 있다는 것이다. 자기 얘기만 하려 들면 다른 사람들은 당신의 말을 듣지 않거나 당신이 하는 어떤 중요한 말도 다잊어버리고, 결국 당신이 필요로 하는 순간에 어떤 도움이나 조언도 건네지 않으려 할 것이다. 과연 지겹도록 말이 많은 사람을 얼마나 참아줄 수 있겠는가?

또한 열정이 판단력을 흐리지 않도록 주의해야 한다. 제대로 된 계획일수록 경쟁자들에게 그것을 밝히면 안 된다. 내가 그 가치를 알아보는 만큼 남들도 알아볼 수 있기 때문이다. 명확한 목표를 위한 계획에 재원이나 형편이 여의치 않다고 해서 결코 서두르지 말자.

그리고 열정이 카지노의 룰렛이나 경마처럼 그릇된 방향으로 표출되어서도 안 된다. 느긋하게 낚시를 즐기거나 독서를 하는 등 다른 장점을 가져다주는 오락거리를 즐기는 것도 좋다. 그러나 이런 것들에 열정을 다 쏟아버리면 곧 오락거리를 위한 재원도 바닥나고 말 것이다.

절제된 열정을 기르는 법

먼저 열정을 키우기 위한 몇 가지 단계를 소개한다.

1. 명확한 주요 목표를 수립하라.
2. 그 목표와 실행 계획을 글로 명료하게 기록하라. 목표를 실현하는 대가로 무엇을 포기할 수 있는지도 써라.
3. 불타오르는 열망으로 목표를 떠받쳐라. 그러한 열망을 부채질하고 부추겨 생각이 열망으로 가득 차게 만들어라.
4. 즉시 계획 실행에 착수하라.
5. 정확하고 악착같이 계획을 수행하라.
6. 좌절감에 사로잡힐 때에는 계획을 다시금 면밀히 검토

하고, 필요한 경우에는 바꿔라. 단, 단순히 좌절됐다는 이유만으로 계획을 바꿔선 안 된다.

7. 나에게 필요한 도움을 주는 사람들과 연대하라.

8. 찬물을 끼얹는 사람들과 비관주의자들을 멀리하고, 낙관주의자들과 어울려라.

9. **하루도 빼놓지 말고 계획을 추진하는 일에 약간의 시간이라도 투자하라.** 열정을 습관화하라. 열정이 습관으로 자리 잡기 위해서는 노력이 필요하다.

10. 성공의 순간이 얼마나 멀리 있든 목표를 달성할 것이라는 생각에 계속 집중하라. 자기 암시는 열정을 키우는 강력한 힘이다.

11. 항상 긍정적인 마음을 유지하라. 열정은 두려움과 시기, 탐욕, 질투, 의심, 복수심, 편협함, 미루는 습관이 뿌리내린 곳에서는 자라지 못한다. 열정에는 긍정적인 생각과 행동이 필요하다.

당신은 여기 나열된 행동들을 이미 실천하고 있는가? 그렇다면 제대로 하고 있는 것이다. 열정은 성공하기 위한 모든 노력을 통해 자연스럽게 나온다. 중요한 것은 제대로 된 움직임 하나하나가 열정을 만들어간다는 사실이다. 당신이 하는 각각의 움직임에 열정이 담겨 있는지 살펴보라. 열정이 어떻게 도움이 되었는지 알고 나면, 필요할 때 이러한 도구를 더 의식적으로 잘 활용할 수 있다.

열정 부스터

열정이 부족하다는 생각이 들거나 다른 원칙만큼 진전을 보지 못했다 싶으면 아래의 몇 가지 간단한 연습을 통해 열정을 자극할 수 있다.

열정적인 사람이 되려면 열정적으로 행동하라

뻔한 얘기처럼 들리는가? 그렇지 않다. 열정이 낮은 상태로 회의에 들어가더라도 그렇지 않은 척하라. 자신 있게 악수하고 질문에는 분명하게 답하라. 당신의 생각과 제안이 가치 있음을 강력히 내세우라. 이런 행동이 열정을 통해 자연스럽게 나온다면 더할 나위 없겠지만, 열정이 낮은 상태에서 의식적으로라도 이와 같이 행동한다면 긍정적인 결과를 곧 확인할 수 있을 것이다. 열정적인 행동은 마음속 열정에 불을 지핀다.

열정을 기록하라

열정이 충만한 상태일 때 이를 노트에 기록하라. 자신에게 영감을 준 상황과 그 열정의 발현에 대해 적어두는 것이다. 열정이 자극제가 되었는가? 문제를 해결했는가? 누군가를 납득시켰는가? 명확한 목표와 그 실행 계획을 노트 안쪽에 써서 갖고 다녀라. 그런 다음 열정이 사그라질 때마다 그 귀중한 노트를 펼쳐라. 그것은 당신이 열정을 품어야 할 이유를 상기시켜 줄 뿐만 아니라 그러한 열정이 가져다줄 이익을 되새기게 해줄 것이다. 열정은 마치 소용돌이 같아서, 안으로 파고들거나 밖으로 퍼져나가면서 올라가거나 내려가는 특징이 있다. 열정을 올바른 방향으로 밀어붙이려면 열정의 소용돌이가 힘을 잃어갈 때마다 노트를 펼쳐야 한다.

할 수 있는 일을 완수하라

할 수 있는 일이란 어떤 면에서는 목발과 같다. 그러나 만일 당신이 제대로 움직일 수 없을 때 이 목발을 사용하지 않는다면 아무런 도움도 되지 않을 것이다. 당신이 빨리 그리고 제대로 마칠 수 있는 이런 일들은, 당신의 목표도 어떤 식으로든 연관되어 있어서 열정을 올바른 방향으로 유도하고 절제하는 데 도움이 된다.

예를 들어 당신이 철물점을 운영하고 있다고 가정해보자. 당신이 할 일은 수시로 매장에 나가는 게 아니라 사무실에서 업무를 보는 것이다. 그러나 매장에서 얼마나 즐겁게 일했었는지를 기억하라. 매장으로 돌아가 물건을 팔면서 처음 열정을 갖게 된 계기를 떠올리다 보면 새롭게 열정을 불러일으킬 수 있을 것이다.

한 가지 주의할 점은 열정 부스터에 자주 의지하고 있다면 뭔가 잘못되었다는 것이다. 이는 당신이 추구하던 명확한 목표로부터 멀어진 것이라고 생각하라. 이때는 우선 실행 계획을 자세히 살펴보고 야망에 한 발짝 더 가까워지도록 조정하는 방안을 고려해야 한다.

열정과 마스터 마인드 연합

열정이 본격적으로 빛을 발하는 가장 중요한 곳 중 하나가 바로 마스터 마인드 연합이다. 만일 당신의 열정을 연합의 다른 구성원들과 나눌 수 있다면, 그들의 열정을 키워줄 수 있다. 그리고 마찬가지로 이들 또한 당신의 열정에 연료를 공급해줄 것이다.

때로 그룹의 모든 구성원이 이 과정을 통해 똑같은 혜택을 보기도 한다. 그러나 리더가 가장 많은 혜택을 볼 가능성이 높다. 수확 체중의 법칙은 자신의 출자금이나 다른 구성원에게 지급된 배당금을 훨씬 뛰어넘는 방식으로 나에게서 비롯된 최초의 열정을 보상한다.

마스터 마인드 연합에 대한 열정이 높아지면 믿음도 커진다. 또 믿음이 더해지면 무한 지성을 더 잘 이해할 수 있고, 따라서 창의력도 향상시킬 수 있다. 당신의 창의성과 마스터 마인드 연합의 창의성을 높이는 다른 방법은 14장에서 다룰 예정이다.

열정을 꺾지 않고 비판하는 법

때로는 마스터 마인드 연합의 구성원이나 또는 당신이 고용한 사람들이 자신의 몫을 다하지 않는 데 대한 비판이 필요할 수 있다. 비판의 과정을 신중하게 생각한 뒤 진행한다면 이들의 열정을 꺾지 않고도 올바른 비판을 할 수 있을 것이다. 즉, 조직의 말썽꾼이 스스로의 잘못을 인정하도록 이끌어야 한다.

앤드루 카네기로부터 배운 올바른 비판 과정의 예를 여기에 소개한다.

내 개인 비서는 나를 몇 년간 보좌해온 한 젊은이였네. 그는 유능하고 믿음직했으며 유쾌한 성격을 갖고 있었지. 그러다 그는 한 무리의 사람들과 어울리게 됐는데, 이들은 위스키를 마시고 객기를 부리는 나쁜 습관을 가진 사람들이었다네. 처음으로 나는 그가 월요일 아침마다 지각하는 모습을 보기 시작했어. 그는 날이 갈수록 짜증이 늘어갔고, 결국 나는 그를 위하는 좋은 마음으로 객관적인 얘기를 해줄 때가 왔다는 걸 알았지. 얼마 후 나는 그를 저녁 식사에 초대해 집으로 불렀네.

식사를 하는 동안은 내가 하고 싶었던 얘기는 잠시 제쳐두고 온갖 주제에 대해 즐겁게 얘기를 나눴지. 식사가 끝난 후 우리는 서재로 가서 함께 시가에 불을 붙였어. 분위기가 마련되자 나는 그에게 몇 가지 질문을 던지기 시작했네.

처음에 나는 그에게 상습적으로 술을 마시는 사람이 승진 대상이 되는 것이 좋을지 물었다네. 그는 아니라고 대답했지.

이번에는 그가 고용한 사람 중에 술에 중독되어서 정시에 출근하지 못하는 사람이 있다면 어떻게 하겠느냐고 물었어. 그러자 그는 그 직원을 해고할 것이라 대답했네.

이쯤 되자 의자에 기대어 있던 그의 몸이 조금씩 꿈틀대기 시작했고, 나는 그가 진지하게 생각할 시간을 갖도록 잠시 기다려주었지. 그런 다음, 나는 그에게 분별 있는 사람이라면 점차 나쁜 습관을 고쳐 스스로를 파멸에서 구원할 수 있을 것이라 믿느냐고 물었어.

그는 몇 분간 뜸을 들이더니 자세를 고쳐 앉고는 내 눈을 똑바로 보고 말했다네.

"더 말씀 안 하셔도 됩니다. 저는 언젠가 이런 때가 오리라는 것을 알고 있었습니다. 그리고 저를 배려해 이렇게 편안한 자리를 만들어주셔서 정말 감사드립니다. 제가 정말 어리석었다는 것밖에는 드릴 말씀이 없지만, 저는 바뀔 수 있습니다. 저를 믿고 충분히 기다려주신다면 반드시 변화된 모습을 보여드리겠습니다."

그리고 그는 얼마 안 있어 절제력을 찾았다네. 그 스스로의 힘으로 말이지. 그는 다시금 열정적으로 업무에 임했고 승진에 승진을 거듭하더니, 결국 우리 회사 최대의 제철소 중 한 곳에 관리자로 발탁됐다네.

올바른 비판 과정이 얼마나 소중하고도 중요한지 알 수 있는 일화다. 만일 카네기가 그 직원에게 화를 내며 대응했다면 그는 너무 부끄러운 나머지 자신의 모든 문제를 부인했을 것이다. 그 결과 카네기는 귀중한 직원을 잃고, 그 직원은 더욱 자기 파괴적인 행동에 빠져들었을지도 모른다. 하지만 두 사람은 위와 같은 방식을 통해 서로에게 좋은 결과를 이끌어냈다.

타인의 열정을 존중하고 길러주어라. 그러면 심각한 문제에 직면하더라도 이를 극복할 수 있고, 그런 문제로부터 생각지도 못했던 이익을 얻을 것이다.

열정은 삶을 바꾼다

내가 원하던 성공을 이룰 수 있었던 것은 또 다른 사람의 열정이 있었기에 가능했다. 그 사람은 바로 나의 새어머니였다.

새어머니가 처음 우리 집에 왔을 때 나는 아홉 살이었다. 우리는 버지니아주의 한 시골 마을에서 줄곧 가난하게 살아왔지만, 형편이 나은 집에서 나고 자란 새어머니는 지금 우리의 상황을 어떻게든 바꿔놓으려 했다.

아버지는 나를 새어머니에게 소개하며 이렇게 말했다. "이 동네에서 아주 고약하기로 이름난 녀석을 소개하리다. 이 녀석은 틀림없이 내일 아침이 되기도 전에 당신에게 돌을 던질 거요."

새어머니는 내 쪽으로 다가오더니 고개를 들게 하고는 내 눈을 똑바로 쳐다봤다. 그러더니 아버지를 보고 이렇게 말했다. "당신이 잘못 보셨어요. 이 아이는 동네에서 가장 고약한 소년이 아니라, 열정을 분출할 곳을 아직 찾지 못한 가장 똑똑한 아이인걸요."

그 말은 새어머니와 나 사이에 우정이 싹트고, 이후 성공의 17가지 원칙이 세상에 나와 전 세계적인 영향력을 미치는 계기가 되었다. 그때까지 나에게 똑똑하다고 말한 사람은 아무도 없었다. 가족과 이웃들의 낙인에 나는 스스로를 나쁜 아이라고 생각하게 됐고, 그렇게 아무것도 하지 않음으로써 주변 사람들을 실망시켰다. 하지만 그날 새어머니의 짧고도 강렬한 말은 나의 모든 것을 바꿔놓았다.

새어머니는 그 외에도 많은 것을 바꾸었는데 아버지가 치과대학에 입학하도록 설득하신 결과, 결국 아버지는 우등생으로 학교를 졸업하셨다. 이후 새어머니는 우리 가족을 이끌고 주의 행정 소재지로 이사를 했으며, 그곳에서 아버지는 치과의사로 개업해 많은 돈을 벌었고 나와 형제들은 더 나은 교육을 받을 수 있었다. 아버지는 처음에 이런 노력을 못마땅해했으나, 새어머니의 열정에 항상 설득당했다.

내가 열네 살이 됐을 무렵, 새어머니는 나에게 중고 타자기를 사주면서 내가 작가가 될 거라 믿는다고 말했다. 나는 새어머니의 열정을 이미 알고 있었고 이를 대단히 좋아했으며 그 열정 덕분에 어떻게 우리 삶이 나아졌는지도 다 느끼고 있었다. 나는 새어머니의 믿음대로 지역 신문사에 글을 기고하기 시작했고, 앤드루 카네기와 면담을 한 그 운명의 날에도 신문에 실릴 글을 쓰고 있었다. 그날은 내 필생의 업이 된 과제를 맡게 된 날이었다. 결국 나는 새어머니의 열정 덕분에 그런 기회를 잡을 수 있었을 뿐만 아니라, 나도 성공할 수 있다는 자신감과 열정을 갖게 되었다.

새어머니의 열정으로 완전히 다른 인생을 살게 된 것은 나뿐만이 아니었다. 아버지는 우리 동네에서 가장 성공한 사람이 되었고, 나의 형제들과 의붓형제들은 각각 의사, 치과 의사, 변호사, 대학 총장이 되었다.

과연 열정이 가진 힘이란! 열정의 힘으로 명확한 목표를 끌어올리고 믿음을 통해 열정을 끊임없이 채워나갈 때, 그것은 가난이나 일시적인 좌절로는 결코 꺾을 수 없는 압도적인 힘으로써 작용한다.

당신 또한 당신의 열정을 그러한 힘이 필요한 모든 이들에게 나눠줄 수 있다. 아마도 이것이 열정을 통해 할 수 있는 가장 위대한 일일 것이다. 다른 이들의 상상을 자극하라. 이들의 창의적인 비전에 영감을 불어넣어라. 이들이 무한 지성과 소통할 수 있도록 도와라.

열정을 키우고, 이를 내보이고 공유하는 것은 성공학의 기반인 도덕적 원칙을 완벽히 표현하는 일이다. 열정적으로 일한다는 건 이미 한층 더 노력하고 있다는 것이다. 자신에 대한 성공 의식이 생기면 다른 사람들을 긍정적으로 변화시킬 수밖에 없다. 세상을 향해 더 많은 열정을 쏟아낼수록 정확히 자신이 원하는 바를 얻기 위해 더욱 제대로 된 각오를 다질 수 있을 것이다.

9

자기 훈련을 실천하라

...

앞부분에서는 자신의 마음을 절제하는 것이 얼마나 중요한지에 대해 다뤘다. 이러한 절제력은 자기 주도성과 긍정적인 마음가짐, 절제된 열정의 근간이다. 자기 훈련이란 스스로를 위해 이 모든 노력들을 한데 묶는 과정이다.

다른 원칙에서 얼마간의 성과를 보지 못하면, 자기 훈련 단계에서 성취를 이루기란 불가능하다. 자기 훈련은 자기 인식과 더불어 자신의 현재 능력에 대한 정확한 평가를 요구한다. 마찬가지로 다른 원칙들 또한 자기 훈련 없이는 행동으로 옮길 수가 없다. 자기 훈련은 성공을 위한 개인의 능력이 발휘되기 위한 일종의 통로인 것이다.

마음이란 잠재력을 저장하는 저수지와도 같다. 이제 그러한 힘을 정확한 양만큼 특정 방향으로 흘려보내는 법을 익힐 것이다. 바로 이것이 자기 훈련의 본질이다.

감정 조절하기

사람들은 대부분 행동부터 하고 그 결과는 나중에 생각한다. 그러나 당신은 자기 훈련을 통해 행동하기 전에 먼저 생각하는 법을 익힐 것이다. 이런 목표를 달성하려면 무엇보다도 감정을 조절할 줄 알아야 한다. 복습을 위해 먼저 아래에 제시된 14가지 주요 감정을 살펴보자.

긍정적인 감정	부정적인 감정
1. 사랑	1. 두려움
2. 섹스	2. 질투
3. 희망	3. 증오
4. 믿음	4. 복수심
5. 열정	5. 탐욕
6. 의리	6. 분노
7. 열망	7. 미신

이러한 감정들은 모두 마음의 상태를 나타내며 따라서 조절의 대상이다. 부정적인 감정들을 제대로 다스리지 않으면 얼마나 위험해질 수 있는지는 바로 알 수 있다. 그러나 긍정적인 감정 또한 의식적으로 조절하면서 정리하고 분출하지 않으면 해로운 영향을 끼칠 수 있다.

이런 감정에는 폭발력이 내재되어 있다. 따라서 그 힘을 제대로 조절하면 높은 수준의 성취를 이룰 수 있지만, 제멋대로 날뛰게 내버려두면 실패의 나락으로 떨어져 자칫 인생이 산산조각 날 수 있다.

앞 장에서 강력한 동기에 의해 활성화된 명확한 목표는, 모든 가치 있는 성취의 시작이라는 내용을 살펴보았다. 목표 달성을 위해 모든 생각과 노력을 집중시켜야 할 만큼 이러한 동기는 강력해야 한다. 그러나 자신의 욕구와 감정은 현명한 판단을 따라야 하며 열망이 판단력을 흐리지 않도록 해야 한다. 다시 말해, 자기 훈련을 통해 항상 욕구를 조절하고 올바른 방향으로 흘러가게 해야 한다는 것이다.

자기 훈련을 위해서는 이성과 감정이 균형을 이루어야 한다. 이 말은 의사 결정을 내리기 전에 감정과 이성을 모두 살펴야 한다는 뜻이다. 때로는 감정을 뒤로하고 이성만을 따라야 할 때가 있는가 하면, 어느 정도 이성적인 판단을 고려하되 감정을 우선해야 하는 경우도 있다. 중요한 것은 중용이다.

예를 들어 깊이 사랑에 빠져서 자신이 사랑하는 사람을 위해서라면 무슨 일이든 할 수 있는 사람들이 있다고 해보자. 이들의 인생에는 그들 자신과 관련해서는 아무런 목표가 없다. 따라서 무언가를 성취하는 경우가 거의 없기 때문에 다른 사람들에게 쉽게 휘둘리고 만다.

이런 위험을 감수하느니 차라리 이성에만 기대어 모든 의사 결정에서 감정을 배제하고 절제된 인생을 사는 편이 훨씬 안전하고 현명하다고 생각할지도 모른다. 그러나 절대로 그렇지 않다.

감정은 강력한 힘을 지니고 있는데, 이것은 결정을 행동으로 활성화시키는 힘이다. 희망과 믿음이 없는데 무엇을 위해 살아갈 것인가? 열정과 의리, 열망이 죽어버렸는데 이성만 남아 있다면 이게 다 무슨 소용인가? 방향을 제시할 수는 있겠지만, 가리킬 대상이 없지 않은가?

감정은 절제하고 관리해야지 없애버려서는 안 된다. 게다가 없애버릴 수도 없다. 감정은 마치 강과 같아서 잘 막아두었다가 절제하고 관리하면서 그 힘을 방출할 수는 있지만 영원히 가두어둘 수는 없다. 감정이라는 강을 막고 있던 둑이 터지면 걷잡을 수 없는 파국으로 치달을 것이다.

부정적인 감정도 절제하고 관리할 수 있다. 긍정적인 마음가짐과 자기 훈련을 통해 부정적인 감정의 폐해를 없애고, 건설적인 목표에 도움이 되도록 할 수 있다. 때로는 두려움과 분노가 격렬한 행동을 유발하기도 하지만, 부정적인 감정과 긍정적인 감정을 분출하기 전에는 항상 이성의 판단을 거쳐야 한다. 이성이 없는 감정은 무서운 적일뿐이다.

감정과 이성 간의 균형을 유지하는 결정적인 능력은 무엇일까? 바로 의지력, 즉 자아다. 이 주제는 아래에서 좀 더 자세히 다룰 것이다. 자기 훈련은 이성 혹은 감정에서 비롯된 의지력을 발휘하고, 그것이 표출되는 강도를 증폭시키는 법을 가르쳐준다.

마음과 생각은 이를 다스리는 주인이 있어야 하며, 그 주인은 자아에서 찾을 수 있다. 그러나 당신의 자아는 자기 훈련을 통해서만 이런 역할을 다할 것이다. 자기 훈련이 되어 있지 않으면 생각과 마음은 제멋대로 굴기 마련이다. 이 과정에서 내적 충돌을 자주 겪는 사람은 큰 상처를 입게 될 것이다.

4대 영역

자기 훈련은 감정을 절제하고 이성이 균형을 잡도록 해줄 뿐만 아니라 매우 중요한 다음의 4가지 영역에서도 상당히 유용하다.

식욕

지나치게 많은 음식과 술과 약물 같은 외부 요인들은 수명을 단축

시키고 심신을 쇠약하게 만들 뿐만 아니라 당면한 문제에 집중하지 못하게 만든다. 이에 대해 더 이상 설교할 필요는 없을 것이다. 무절제한 식욕의 결과는 경험으로 알고 있을 테니. 식욕 역시 자기 훈련의 대상이다.

긍정적인 마음가짐

긍정적인 마음가짐은 명확한 목표를 세울 수 있는 유일한 마음의 상태다. 이를 통해 다른 사람들로 하여금 당신과 협력하도록 유도함으로써 당신에게 도움을 줄 수 있다. 또한 믿음을 실행함으로써 무한 지성의 힘을 끌어당길 수도 있다. 자기 훈련은 마음가짐을 통해 원하는 것은 끌어당기고 위협이 되는 것은 물리칠 수 있게 해준다.

시간

'시간 낭비는 죄'라는 옛말이 있다. 대부분의 사람들은 자신이 선망하는 사람들처럼 호화로운 삶을 살기 위해 노력하는 데 충분한 시간을 쓰지 않고 그 시간을 그저 뒷담화하는 데 낭비하고 만다. 시간은 가장 귀중한 자산으로, 제대로 사용하면 은행에 넣어둔 돈과 같다. 따라서 엄격한 자기 훈련을 통해 시간을 관리해야 한다. 이를 위한 가장 쉬운 방법 중 하나는 우선 하루, 즉 24시간을 어떻게 쓸지에 대한 사용 계획을 세우고 그 계획을 지키는 것이다. 한 번 그렇게 하기 시작하면 다음부터는 쉽게 실행할 수 있다.

러시아 작가 알렉산드르 솔제니친Aleksandr Solzhenitsyn은 자기 훈련을 통해 엄청난 영향력을 갖게 된 또 다른 예다. 그는 구소련의 굴라그(강제 노동 수용소로, 주로 정치범이나 반체제 인사들이 수감됨-옮긴이)에서 살아남았을 뿐만 아니라 용감하게도 그에 관한 글을 썼는데 미국으로 추방된 뒤에도 엄격한 집필 일정을 세워 이를 지켜나갔다. 국제적인 유명 인사가 된 그는 남은 삶 동안 유명세를 누리며 살 수 있었음에도 고독을 찾아 버몬트의 작은 마을로 이주했다.

그는 러시아로 돌아가 개혁에 참여할 때까지 늘 아침 6시에 일어났고, 아침을 조금 먹은 후 글쓰기를 시작했다. 또 간단히 점심을 먹기 위해 글쓰기를 잠시 멈췄다가 다시 쓰곤 했으며, 때로는 저녁 늦게까지 혹은 동이 틀 때까지 글쓰기에 몰두하곤 했다. 그는 자신의 일에 방해가 될까 봐 집에 전화기도 놓지 않았고, 집 밖으로 잘 나가지도 않았다. 그 결과 《붉은 수레바퀴The Red Wheel》라는 대하소설이 세상에 나올 수 있었는데, 이 소설은 역사적으로도 매우 중요한 작품으로 평가받고 있다.

구소련의 압제자들이 결국 역사 속으로 사라졌음에도 솔제니친은 작품의 집필을 끝내야 한다는 일념 하나로 서둘러 모스크바로 돌아가고 싶은 마음을 억눌렀다. 그는 집필에 방해가 된다는 이유로 수많은 뉴스 프로그램에 출연할 수 있는 기회도 거절했다. 만일 그가 언론을 이용해 자신의 책을 홍보했다면 아마 더 많은 돈을 벌었을 것이다. 하지만 그는 굴라그에서 수년간 자기 훈련을 실천한 덕분에 시작한 일을 계획대로 마칠 수 있었고, 마침내 소련 제국이 무너졌을 때 유력 인사가 되었다.

명확한 목표

이쯤 되면 명확한 목표가 얼마나 중요한지 확실히 깨달았을 것이라 믿는다. 독자 여러분은 이제 강력하고 설득력 있는 동기가 모든 성취의 시작점임을 잘 알고 있을 것이다. 아직 명확한 목표를 정하지 못했다면 이 책의 1장으로 돌아가 인생의 주요 목표와 그 실행 계획을 또박또박 써라. 이것이 바로 자기 훈련의 첫 단계다. 명확한 목표를 정하지 못했다면 제아무리 무한 지성이라 해도 목표 달성을 도울 수 없다.

홍수가 나서 자신의 교회 지붕 위에 발이 묶인 한 목사에 관한 케케묵은 유머가 있다. 물이 지붕까지 차오르자 그는 구해달라며 신에게 열렬히 기도했다. "주님은 응답하실 것이다" 그는 중얼거렸다.

곧 작은 배 한 척이 떠내려왔다. 배에 탄 사람들은 목사에게 헤엄쳐 오라고 외쳤다. "제 걱정은 하지 마세요. 주님이 곧 응답하실 겁니다" 목사가 이렇게 외치자 배에 탄 사람들은 잠시 주저하다 떠났다.

물은 점점 더 높이 차오르더니 목사의 무릎까지 올라와 찰랑거렸다. 교회 지붕에서 얼마 떨어지지 않은 곳에서 또 다른 배가 나타났다. 구조대는 목사를 불렀으나 그는 또 이렇게 대답했다. "주님이 응답하실 겁니다!" 배는 떠났고 목사는 더욱 열렬히 기도했다.

마침내 물이 목사의 턱까지 차올랐을 때 세 번째 배가 나타났다. 이 배는 아주 가까이 다가와서 바로 배 안으로 뛰어들 수 있을 정도였다. 그러나 겁에 질린 목사는 교회 첨탑을 꼭 쥐고는 외쳤다. "다른 사람을 구하시오. 주님이 저를 보살피실 겁니다" 결국 세 번째 배도 떠났다.

몇 분 후 물이 목사의 머리 꼭대기까지 차올라 결국 그는 익사했다. 천국의 문 앞에 다다른 그는 즉시 주님을 뵙기를 요청했다. 신이 나타나자 목사는 몸을 낮추며 물었다. "하늘에 계신 아버지시여, 지상에서의 제 일이 아직 끝나지 않았나이다. 어찌하여 저를 구하지 않으셨습니까?"

"맙소사" 신의 대답이 들려왔다. "나는 자네가 여기 오고 싶어 하는 줄 알았지. 배를 세 척이나 보냈는데도 그냥 돌려보내지 않았는가?"

자기 훈련이란, 배가 지나갈 때 자기 자신을 배 위로 뛰어오르게 하는 힘이다.

자기 훈련의 힘

힘에 대한 이야기가 나오면 보통은 록펠러나 트럼프처럼 돈이나 재산이 있는 사람을 떠올린다. 그러나 역사상 가장 큰 힘을 가졌던 사람 중에는 그런 부류와는 완전히 거리가 먼 사람도 있었다. 마하트마 간디는 집도 돈도 없었지만, 그의 영향력은 20세기의 그 어느 누구보다도 강력했다.

간디의 힘의 원천을 찾아 분석해보면 사실 그리 놀라운 일도 아니다. 아주 오랫동안 차근차근 대영 제국을 물리친 그는, 영국 정부가 이해하지 못한 힘을 사용해 영국으로부터 인도의 독립을 쟁취했다. 그의 힘에는 5가지의 원천이 있었다.

명확한 목표. 간디의 목표는 인도인의 해방이었다. 그는 자신이 원하는 것이 무엇인지, 자기 인생의 주요 목표가 무엇인지 정확히 알았으며, 그 어떤 것도 그의 결의를 꺾을 수 없었다.

한층 더 노력하기. 간디에게 인도의 독립을 위해 일생을 바치라고 한 사람은 아무도 없었다. 돈을 주고 시킨 사람도 없었다. 그에게는 이기적인 목표가 없었다. 개인적인 보상을 바라지도 않았다. 그는 한층 더 노력한 정도가 아니라 몇 백만 층 더 노력했다. 4억 인도인을 위해 하는 일이었기 때문이다. 그것만으로도 그가 힘을 가질 수 있었던 이유는 충분하다.

실행하는 믿음. 간디는 인도 국민을 위해 결국 자신이 염원하는 자유를 쟁취할 것이라는 데 대한 모든 의심과 부정적인 생각들을 마음속에서 몰아냈다. 그는 명확한 주요 목표에 마음을 단단히 붙들어 맸다. 그리고 이처럼 확고한 목표와 독립을 쟁취하기 위한 끈질긴 행동 끝에 그는 무한 지성의 힘에 마음을 열었다.

마스터 마인드. 간디가 결성한 마스터 마인드 연합은 아마도 인류 역사상 가장 위대했으리라. 그의 연합은 수억 명의 마음이 모여 결성된 것이었기 때문이다. 그들 중 대부분이 정규 교육을 받지 못했지만, 간디가 주도하던 독립 운동을 이룰 수 있다는 확고한 믿음과 그에 대한 염원을 갖고 있었다. 전 세계의 어떤 권력도 그처럼 강력한 마스터 마인드 연합을 굴복시킬 수는 없었을 것이다. 그보다 더 큰 마스터 마인드가 있다면 모를까.

자기 훈련. 간디는 어떻게 그 오랜 세월 동안 하나의 명확한 목표에만 마음을 집중할 수 있었을까? 그에게는 자신의 상황을 이용하거나 자신의 힘을 개인적 이득을 취하는 데 쓸 기회가 엄청나게 많았을 것이다. 간디와 같은 힘을 가진 사람이라면 그런 기회에 마음이 혹했을 수도 있다. 그러나 그는 자기 훈련을 통해 소박한 삶을 살면서 결국 나라의 독립을 이루어내고야 말았다.

마음의 구조

마음은 의식의 통제를 받는 6개의 영역으로 나뉜다. 이러한 영역들을 이해하면 자기 훈련의 원리를 이해하는 데 도움이 된다.

뒤의 183쪽과 184쪽에는 사고 과정을 다이어그램으로 표현한 두 개의 도표가 있다. 첫 번째 도표는 자신이 통제할 수 있는 6개의 영역을, 두 번째 도표는 이 영역이 작동하는 메커니즘을 보여준다. 6개의 영역은 다음과 같다.

1. **자아.** 의지력의 원천. 자아는 다른 모든 영역이 하는 일 전체를 뒤집고, 수정하고, 변경하고, 제거하는 힘을 가진 대법원과 같은 역할을 한다.

2. **감정.** 생각과 계획, 목적을 행동으로 옮기는 추진력이 생성되는 영역이다.

3. **이성.** 자신의 상상과 감정의 산물을 제대로 비교·검토하고, 제거하고, 평가하는 영역이다.

4. **상상.** 생각, 계획, 원하는 목표 달성 방법을 떠올리는 영역이다.

5. **양심.** 자신의 생각과 계획, 목표의 도덕적 정당성을 시험하는 영역이다.

6. **기억.** 모든 경험에 대한 기록을 보관하는 곳이자, 무한

지성의 모든 감각 인식 및 영감을 저장하는 곳이다.

자아

의지력의 원천이라 할 수 있는 자아는 당신의 신체가 가진 가장 값진 것이다. 그 외의 나머지는 화학 물질의 집합체일 뿐이라서 시중에서 팔아봤자 근사한 레스토랑의 저녁 식사값도 되지 않을 것이다. 당신은 이처럼 자신의 귀중한 부분을 절제하고 단련할 줄 알아야 한다. 그것은 가난과 질병에서부터 높은 이상에 이르기까지 당신이 소중히 여기는 모든 것을 의미할 수 있다.

나약하고 용기가 부족한 자아도 있는가 하면, 자의식 과잉인 경우도 있다. 둘 다 대단함과는 거리가 멀지만, 대부분의 사람들은 나약한 자아와 씨름한다.

나약한 자아 때문에 머뭇거리는 일은 없어야 한다. 내가 아는 한 부유한 남성은 사업 실패를 겪고 택시 기사로 일하며 일주일에 몇 백 달러를 벌었다. 택시 운전이 잘못된 건 아니지만, 분명 억대 연봉자였던 사람이 만족할 만한 일은 아니었다. 그 남자는 다시 성공을 향해 달려갈 수 있도록 강인한 자아를 되찾아야 했다.

또 내가 아는 한 여성은 손에 엄청나게 큰 다이아몬드 반지를 끼고 다녔다. 그 반지는 허영이나 과시가 아닌 성공의 상징이었다. 한때 몹시도 가난했던 시절을 겪었으나 그녀는 손가락에 낀 반지를 보면서 자기 자신에게 가난은 그저 과거일 뿐이라는 사실을 끊임없이 떠올렸던 것이다. 그녀는 자아를 강하게 만드는 이미지를 스스로에게 주입했다. 당신도 이와 똑같이 강인하게 자아를 단련해야 한다. 다이아몬드 반지처럼 꼭 눈에 보이는 비싼 것이 아니라도 좋다. 다만 지속성이 있는 것이어야 한다.

자기 훈련을 위해 알아야 할 마음의 6가지 영역

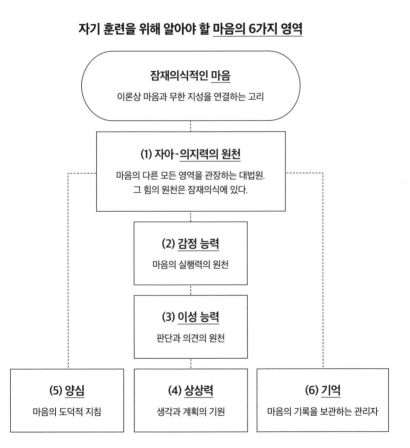

잠재의식적인 마음

이론상 마음과 무한 지성을 연결하는 고리

(1) 자아-의지력의 원천

마음의 다른 모든 영역을 관장하는 대법원.
그 힘의 원천은 잠재의식에 있다.

(2) 감정 능력

마음의 실행력의 원천

(3) 이성 능력

판단과 의견의 원천

(5) 양심

마음의 도덕적 지침

(4) 상상력

생각과 계획의 기원

(6) 기억

마음의 기록을 보관하는 관리자

생각의 메커니즘을 구성하는 10가지 요인

잠재의식은 마음의 모든 영역을 볼 수 있다. 하지만 어떤 것의 통제도 받지 않는다.

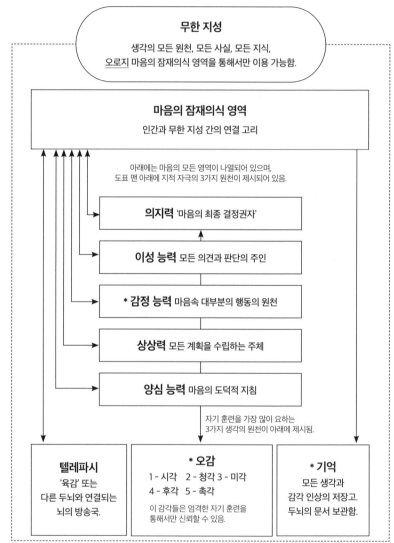

무한 지성

생각의 모든 원천, 모든 사실, 모든 지식,
<u>오로지</u> 마음의 잠재의식 영역을 통해서만 이용 가능함.

마음의 잠재의식 영역

인간과 무한 지성 간의 연결 고리

아래에는 마음의 모든 영역이 나열되어 있으며,
도표 맨 아래에 지적 자극의 3가지 원천이 제시되어 있음.

의지력 '마음의 최종 결정권자'

이성 능력 모든 의견과 판단의 주인

* 감정 능력 마음속 대부분의 행동의 원천

상상력 모든 계획을 수립하는 주체

양심 능력 마음의 도덕적 지침

자기 훈련을 가장 많이 요하는
3가지 생각의 원천이 아래에 제시됨.

텔레파시

'육감' 또는
다른 두뇌와 연결되는
뇌의 방송국.

* 오감

1 - 시각   2 - 청각 3 - 미각
4 - 후각   5 - 촉각

이 감각들은 엄격한 자기 훈련을
통해서만 신뢰할 수 있음.

* 기억

모든 생각과
감각 인상의 저장고.
두뇌의 문서 보관함.

* 는 항상 믿을 수 있는 것은 아님. 언제나 엄격한 자제력을 발휘해야 함.

자아를 언제나 가장 귀중한 재산인 것처럼 대하고 다이아몬드인 듯 보호하라. 당신의 다이아몬드를 아무나 집어 가도록 방치하면 안 된다. 그러나 대다수의 사람들은 아무나 들어올 수 있도록 자신의 자아를 활짝 열어둔 채, 그들이 두려움과 걱정에 대한 생각으로 머릿속을 어지럽히게 내버려둔다. 다른 사람에게 결코 자신의 비밀스러운 생각을 알리지 말고, 남들의 부담을 대신 지지도 마라. 남의 짐을 대신 져주기는커녕 자기 자신의 걱정만으로도 버겁다. 내면의 자아를 부정적인 생각의 해로운 영향으로부터 보호하는 기술을 습득해야 한다.

자아는 세 개의 벽으로 둘러싸여 있다. 가장 바깥의 벽은 매우 높아서 굳이 안으로 들어올 이유가 없는데도 당신의 시간을 잡아먹기 위해 들어오려는 사람들을 막는다. 또한 이 벽에는 여러 개의 문이 있는데, 누군가가 당신의 시간을 차지할 만한 가치가 있는 그럴 듯한 이유를 대면 그 사람은 안으로 들여보낸다. 단, 그 사람이 그럴 권리가 있는지부터 확인해야 한다.

중간에 있는 벽은 가장 바깥의 벽보다 더 높고 하나의 문만 있기 때문에 유심히 지켜봐야 한다. 이곳은 소수의 사람만 들여보내는데, 이들은 당신이 원하는 것을 가지고 있거나 서로에게 도움이 될 만한 공통점이 있음을 입증한 사람들이어야 한다.

가장 안쪽에 있는 세 번째 벽은 세 개의 벽 중 가장 높아서 아무도 들어오려 하지 않을 것이다. 게다가 이 벽에는 문이 없다. 이

벽은 자아를 지키는 벽이기 때문에 벽 안쪽으로 아무도 들여보내서는 안 된다. 아무나 그 안으로 헤집고 들어오게 놔두면, 그들은 걱정과 근심만 남긴 채 당신이 소중히 여기는 것들을 가지고 밖으로 나가버릴 것이다. 그러니 당신의 자아 주위에는 반드시 이와 같은 벽을 쌓아서 혼자 조용히 쉬면서 무한 지성과 소통할 수 있는 곳으로 만들어라.

감정

이 장의 앞부분에서 이성 능력과 감정 사이에 균형이 필요하다는 것에 대해 이야기했다. 여기서는 감정의 다른 면을 살펴볼 텐데, 과거에 경험했던 실망스러운 일과 실패에 대한 감정이 반복해서 떠오를 때 마음속에서 일어날 수 있는 심각한 문제들을 잠시 생각해보려고 한다.

자기 훈련은 그와 같은 문제에 대한 유일한 현실적 해법이다. 자기 훈련의 출발점은 세상에는 해결할 수 있는 문제와 해결할 수 없는 문제, 단 두 종류만 존재한다는 인식이다.

해결할 수 있는 문제는 가장 실질적인 수단을 동원해 즉시 처리해야 한다. 앞 장에서 과거에 저지른 실수가 있다면 바로잡아야 한다고 말했던 이유도 바로 이 때문이다. 해결할 수 없는 문제는 마음속에서 떨쳐버리고 잊어야 한다.

잊어버린다는 것은 그 어떤 것도 자신의 감정의 평정을 깨뜨리지 못하도록 문을 닫아버리는 것과 같다. 문 앞에 서서 돌이킬 수 없는 일을 아쉬워하며 뒤돌아보는 과오를 저지르는 대신, 자기 훈련을 통해 이러한 문을 안전하게 닫아걸 수 있다.

해결할 수 없는 문제를 잊어버리기 위한 한 가지 방법은, 그 문제를 기호로 표현해 이를 우주 깊은 곳을 떠다니는 모습으로 시각화하는 것이다. 그런 다음 커다란 봉투의 입구가 그 기호 옆에서 열리면 기호가 부드럽게 봉투 안으로 미끄러져 들어간다고 상상한다. 그 봉투는 입구가 닫힌 채 더 깊고 먼 우주 속으로 떠내려가도록 둔다.

문을 닫든 봉투를 떠나보내든 그에 맞는 유용한 기술을 활용하면 된다. 여기에는 굳센 의지가 필요하며, 의지를 강하게 하기 위해서는 이 과정을 반복적으로 연습해야 한다.

문을 닫는다고 해서 매정하거나 차갑거나 감정 없는 사람이 되는 것은 아니다. 그저 단호한 것 뿐이다. 자기 훈련은 잠재된 기억을 용납하지 않으며 해결할 수 없는 문제를 걱정하느라 시간을 낭비할 여유가 없다. 그렇지 않으면 창의력을 죽이고 결단력을 저해하고 이성 능력을 방해해, 마음의 모든 영역을 혼란스럽게 만든다.

두려움과 걱정의 문을 닫으면 희망과 믿음의 문을 열 수 있다.

이성

자아가 대법원의 역할을 한다면 이성은 고등 법원의 역할을 하면서 보다 일상적인 판단 기능을 수행한다. 상상의 산물을 평가하고 감정 표현을 수정하며 양심이 내린 의사 결정을 승인한다. 이성 능력은 관찰과 연구, 사실 분석을 통해 훈련할 수 있다.

상상력

상상력은 모든 창의적인 활동을 담당한다. 새로운 아이디어가 모이는 영역으로써 이때 상상력의 활동은 이성을 통해 조절되어야 한다. 상상력이 복권 당첨과 같은 허황된 일이 아닌, 명확한 목표와 관련된 일들에 집중하게 하라. 상상력은 세상의 모든 새로운 것들을 창조하는 일을 하기 때문에 성공에 도달하기까지 얼마나 남았는지를 알 수 있는 매우 유용한 도구이자 재능이다.

양심

양심은 모든 생각과 행동의 도덕적 정당성을 따진다. 어떤 일이든 항상 양심에 물어보고 그 충고에 주의를 기울이면 다른 이들의 존경과 존중을 받는 식으로 보상이 주어질 것이다. 양심의 충고를 무시하면 마스터 마인드 연합 구성원들과 소원해지고, 무한 지성의 힘으로부터 벗어나게 되며, 무수한 두려움에 시달릴 수도 있다. 최악의 경우에는 사회가 양심에 불복하는 이들을 위한 특별한 방을 많이 만들어냈다는 것을 알게 될 것이다. 그런 방에서 바라보는 바깥 풍경은 대개 쇠창살에 가려져 있다.

기억

이 영역은 의식과 잠재의식의 모든 인상이 저장되는 곳이다. 불쾌한 기억에서 교훈을 얻은 후에는 자기 훈련을 통해 이러한 기억을 보이지 않는 곳에 넣어둘 수 있다. 긍정적인 경험도 기억에 저장될 수 있는데, 자기 훈련으로 강화한 의지력이 요구할 때는 언제든지 불러 나올 수 있다.

자기 훈련은 마음의 이러한 영역들을 조율하고 각 영역을 통제하는 데 사용하는 절차다. 그 가장 즉각적인 효과는, 성공에 모든 노력을 집중시키는 데 필요한 조화로운 정신 상태라고 할 수 있다.

자기 훈련이 불가능한 대상

정신 작용에 필요한 또 다른 4가지 요소가 있는데 이는 통제가 불가능하다. 그러니 이를 이해하고 각각의 방식에 맞출 줄 알아야 한다.

무한 지성

실행하는 믿음을 다룬 장에서는 무한 지성의 힘과 그 중요성에 대해 설명했다. 무한 지성은 자신이 통제할 수 없으므로, 그보다는 스스로를 단련해 언제든 무한 지성을 받아들일 준비를 하고 그 지혜를 따라야 한다.

잠재의식

잠재의식을 직접 통제할 수는 없다. 그 명칭이 암시하는 것보다 훨씬 큰 영역이기 때문이다. 잠재의식은 당신의 감정으로부터 발생한 자극에 대응할 때만 작용하는데, 이는 자기 훈련을 통해 통제할 수 있다. 긍정적인 감정이 목표를 향해 있을 때 잠재의식은 강력한 영향을 받으며, 부정적인 감정에도 그만큼 빨리 반응한다. 잠재의식은 긍정적인 감정과 부정적인 감정을 구별하지 못하기 때문이다. 따라서 당신의 감정도 자기 훈련의 대상이 되어야 한다. 그래야 잠재의식이 당신에게 불리하게 작용하지 않고 도움이 될 수 있도록 할 수 있다.

텔레파시

텔레파시는 당신의 마음가짐과 생각을 다른 이들에게 방송하듯이 널리 알리는 것이다. 이는 당신이 영화를 보러 나간 사이 아이들을 언제 재워야 할지 베이비시터에게 알려주는 것과 같은 그런 일상적인 경우를 말하는 것이 아니다. 당신과 비슷한 목표를 위해 노력하는 다른 사람들과의 사이에서 생기는 정신적 소통을 말하는 것이다. 마스터 마인드 연합은 이런 힘을 보여주는 최고의 예다. 연합이 커갈수록 각 구성원은 다른 사람들의 아이디어를 예측하고 이들의 강렬한 열정 및 영감과 즉시 교감할 줄 알게 된다. 이 과정을 의식적으로 통제할 수는 없지만, 자기 훈련을 통해 텔레파시 능력을 발휘하게 만드는 긍정적인 자질을 키울 수 있다.

감각

시각, 청각, 미각, 후각, 촉각은 모두 당신을 속일 수 있다. 이러한 감각은 확실한 것만을 인식한다. 그러나 이 세계에서 일어나는 일들의 많은 부분이 불확실하며 오감은 쉽게 왜곡된다. 오감은 어느 정도 훈련하면 더 유용하긴 하겠지만, 이를 통해 받아들인 정보는 항상 이성적으로 평가해야 한다.

　무한 지성, 잠재의식, 텔레파시, 감각이라는 4가지 요소는 모두 정신 작용에 포함되어야 한다. 자기 훈련을 하는 것만으로 이에 직접적인 영향을 줄 수는 없겠지만, 결국 자기 훈련을 통해서만이 이 4가지 요소의 작용을 더 잘 의식할 수 있으며 또 그렇게 되어야 한다.

의지력

자기 훈련의 효과가 가장 뚜렷하게 나타나도록 하기 위해서는 강인한 의지가 필요하다. 앞서 지적했듯이 의지는 마음의 대법원에 해당한다. 따라서 이론상으로는 모든 정신 작용에 명령을 내릴 권한을 가질 수도 있지만, 그러한 권한은 지속적이고 일관된 윤리적 실천에 달려 있다.

　자기 훈련을 통해 단련한 의지는 압도적인 힘이다. 이 힘의 한계는 자기 훈련을 제한하거나 무시함으로써 스스로 정할 때 생기는 것이다.

　역사적으로 살펴보면 강인한 의지로 죽음이나 엄청난 역경을 극복한 사람들의 이야기를 종종 볼 수 있다. 나약한 의지에 갇혀 평범한 삶을 벗어나지 못한 사람들을 누가 기억하겠는가?

10

정확히 사고하라

• • •

마음을 땅덩어리라고 생각해보자. 계획에 따라 근면하게 일하면 그 땅을 아름답고 비옥한 정원으로 가꿀 수 있다. 그러나 그렇지 못하면 그 땅에는 아무것도 자라지 못한 채 그저 지나가는 새와 바람에 실려 온 씨앗만이 싹을 틔우면서 온통 잡초로 뒤덮여버릴 것이다.

마음의 풍요로움을 위해서는 정원을 가꾸는 주체인 당신 스스로가 세심하게 노력하고 준비해야 한다. 그러기 위해선 정확한 사고가 필요하다.

모든 계획, 목표, 성취는 생각을 통해 나온다. 이미 알고 있다시피 당신이 완벽히 통제할 수 있는 것은 오직 당신의 생각뿐이다. 현명한 생각이든 어리석은 생각이든 생각에는 힘이 있다.

사고의 원초적인 힘

사고의 강력한 힘을 보여준 어느 무명의 도배사가 있다. 그는 감방에 우울하게 앉아서, 자신이 이곳에 갇혀 있는 동안 어떤 이들은 권력과 부를 누리고 있다는 사실을 곱씹고 있었다. 그리고 그런 생각에 골몰하는 행위 자체가 그의 인생을 바꾸어놓았다.

그 후 그는 한 권의 책을 써냈고, 곧 그의 이름이 세상에 알려지기 시작했다. 그는 그 책을 통해 자신의 의도를 솔직히 밝히면서 동시에 구체적인 인생 목표를 세상에 고한 셈이었다. 그 책을 읽고 너그러운 웃음을 짓는 사람도 있었고 미치광이의 헛소리라고 생각해 아예 신경조차 쓰지 않는 사람들도 있었다.

그로부터 10여 년이 지난 후 이 미치광이는 유럽의 절반을 자신의 발아래 두게 되었고, 나머지 절반은 두려움에 떨면서 필사적으로 그에 맞서 싸우게 만들었다. 그의 행동은 전 세계를 전쟁의 불구덩이 속으로 몰아넣었으나, 미국인들은 안일한 태도로 일관하며 별로 신경 쓰지 않았다. 이러다 불씨가 잦아들겠거니 생각했던 것이다.

아돌프 히틀러Adolf Hitler는 세계를 파괴하는 데 자신의 힘을 이용할 기회를 찾아냈다. 이는 다른 수많은 이들이 스스로의 힘을 건설적으로 사용하지 못했기 때문이었다. 히틀러의 사고방식은 보통 사람이 이해할 수 있을 정도의 정확한 사고 수준은 아니었으나,

무고한 수백만 명의 목숨을 앗아가고 고통을 주기에 충분한 힘을 갖고 있었다. 그의 생각은 혐오스러웠지만 분명 힘이 있었다.

정확한 실천적 사고는 성공하고자 하는 열망에 매우 중요하게 작용하지만 그러한 사고방식을 실행하는 것은 전 세계인을 위한 도덕적인 의무이기도 하다는 점을 인식해야 할 것이다.

정확한 사고의 집중된 힘

이 책에 소개된 성공한 사람들의 이야기는 모두 정확한 사고를 가치 있는 목표에 활용한 경우의 개인적, 사회적 이점을 보여준다.

조너스 소크Jonas Salk의 엄밀한 사고방식은 소아마비 백신의 발견으로 이어졌다. 히틀러의 비인간적인 잔학 행위의 상흔을 뒤로하고, 유럽은 조지 C. 마셜George C. Marshall의 신중한 계획을 통해 경제 부흥을 이룰 수 있었으며, 조지 부시George Bush는 사막의 폭풍 작전에 동맹군을 조직적으로 집결시켜 노먼 슈워츠코프Norman Schwarzkopf와 콜린 파월Colin Powell 같은 장군들의 세부 계획을 이용해 독재자 사담 후세인Saddam Hussein의 야망에 종지부를 찍었다. 또한 마더 클라라 헤일Mother Clara Hale은 뉴욕 할렘에 헤일 하우스Hale House를 짓기 위해 묵묵히 노력하여 약물에 중독되었거나 에이즈에 감염된 부모로부터 버려진 아이들에게 따뜻한 보금자리를 마련해주었다.

이런 위대한 일들은 정확한 사고 없이는 불가능한 일이었다. 정확하게 사고할 줄 모르면 그 어떤 위대한 일도 절대로 성취할 수 없다.

사고 과정

정확한 사고는 두 종류의 추론을 바탕으로 한다.

1. 귀납법. 이는 부분에서 전체로, 개별적인 것에서 보편적인 것으로 나아가는 추론 행위를 말하는 것으로, 경험과 실험을 바탕으로 결론을 이끌어내는 방식이다.
2. 연역법. 이 추론 방식에서는 일반적인 논리적 가정을 바탕으로 구체적인 결론을 이끌어낸다.

위의 두 추론은 서로 너무나 다르지만 함께 사용할 수 있다. 예를 들어 창문에 돌을 던질 때마다 창문은 깨지지만 돌은 변화가 없다고 해보자. 반복된 행동의 결과로 미루어, 유리는 깨지기 쉽지만 돌은 그렇지 않다고 귀납적으로 추론할 수 있다.

이러한 귀납적 추론으로부터 연역적 추론을 이끌어낼 수 있다. 특히 잘 파손되지 않는 다른 물체(예를 들어 야구공)도 유리를 깰 수 있다거나, 돌은 종이와 같이 파손되기 쉬운 다른 물체도 뚫을 수 있다는 사실을 연상할 수 있는 것이다.

물론 이 경우에는 많은 변수를 고려하지 않았으므로 추론이 제한적이다. 파손되기 쉬운 물체도 유리창을 깰 수 있으며(당연히 유리병도 가능하다), 또 천과 같이 파손되기 쉬운 물체에 돌을 던지면 깨지기보다는 접힐 수 있다. 이 밖에도 이런 경우에 해당될 만한 상황들이 많이 떠오를 것이다.

이 예는 잘못된 결론을 내리기가 얼마나 쉬운지, 그리고 정확한 사고가 왜 중요하며 추론의 과정이 왜 엄격해야 하는지를 보여준다. 따라서 늘 추론의 결과를 꾸준히 검토해 결함이 있는지를 자세히 살펴야 한다. 타인에 대해서도 마찬가지로 이 과정을 엄격히 적용해야 한다. 정확한 사고를 하려면 다음의 두 가지 중요한 단계를 거쳐야 한다.

1. 사실로부터 의견, 허구, 검증되지 않은 가정, 전해 들은 말을 구분하기
2. 사실을 중요한 것과 중요하지 않은 것의 두 가지 범주로 구분하기

정확한 사고를 하지 않으면 의견만 넘쳐날 뿐이며 이는 대부분 쓸

모없다. 확실하지 않은 의견은 위험하며 해롭기까지 한데, 특히 자기 주도성이 동반될 경우에 더욱 그렇다.

사실이나 사실에 관한 믿을 만한 가설이 바탕이 되지 않는 한 의견을 무조건 수용해서는 안 된다. 마찬가지로 근거가 없는 의견을 제시해서도 안 된다. 정확한 사고를 하는 사람들은 자유롭게 제시된 의견들에 대해 그들 스스로가 아주 철저히 조사하지 않는 한 그것을 절대 무작정 따르지 않는다. 이들은 직접 생각하고 판단한다. 다른 사람들로부터 사실과 정보, 조언을 얻지만, 전체로든 부분으로든 이를 수용하거나 거절할 권리가 있는 것이다.

신문, 험담, 소문 등은 사실 확보를 위한 믿을 만한 출처가 못된다. 이들이 다루는 사건이 너무 자주 바뀌는 데다가, 대부분 제대로 된 검증을 거치지 않은 경우가 많기 때문이다. '듀이가 트루먼을 이겼다(1948년 미 대선에서 대형 오보를 낸 〈시카고 트리뷴〉의 머리기사. 최종적으로 트루먼이 승리했다-옮긴이)'라는 유명한 머리기사를 떠올려보자.

우리는 널리 퍼져 있는 사실을 믿을 때가 많다. 사람들은 흔히 자신이 바라는 것들을 사실로 받아들이기 때문이다. 그러나 이런 종류의 사실은 대가 없이 주어지는 것이다. 확실한 사실은 대개 가격표가 붙는다는 것을 기억해야 한다. 그것은 바로 정확성을 확인하는 데 드는 수고로움의 대가인 것이다.

한동안 펩시 캔 안에서 피하 주사 바늘이 발견되고 있다는 소문이 전국을 사로잡았다. 20개가 넘는 주에서 관련 사건이 보고되었다. 이러한 '사실'을 바탕으로 펩시 주가가 대폭 하락하자 회사 경영진이 직접 나서서 이 소문은 실제일 가능성이 매우 낮다고 밝히며 국민들을 안심시키려 했다. 그러나 많은 투자자들이 상당한 손해를 감수하며 펩시코Pepsico의 주식을 팔았다.

그러나 정확한 사고를 하는 사람들은 그처럼 널리 퍼진 조작설의 신빙성이 낮다는 것을 알고 오히려 펩시 주식을 사들였다. 얼마 후, FDA와 FBI에서는 펩시와 관련된 모든 사건 보고서가 거짓이라고 발표했다.

그렇다면 누가 이득을 얻었을까? 견실한 기업의 주식을 고점에 샀다가 너무 일찍 팔아버린 당황한 매도자들일까, 아니면 거짓된 정보로 주가가 폭락한 회사의 주식을 싼 가격에 산 정확히 사고하는 사람들일까?

평가 기법

당신이 정확한 사고를 하는 사람이라면 정보를 접할 때마다 그것들을 하나하나 면밀히 조사해야 한다. 어떤 사실들은 의도적으로 또는 부주의로 인해 윤색되거나 수정 또는 과장이 된다는 것을 알아야 한다. 이런 점을 아주 상세히 보여주는 예가 바로 선거 운동이다. 당신에게 주어진 정보에 몇 가지 테스트를 해보라. 예를 들어 책을 읽는 경우라면 이런 질문들을 해봐야 한다.

1. 작가가 해당 주제에 대해 권위를 인정받은 사람인가?
2. 작가가 정확한 정보를 전달하는 것 외에 책을 쓴 다른 동기가 있는가? 그렇다면 그 동기는 무엇인가?
3. 작가가 해당 주제를 다룸으로써 경제적 이득을 얻는가?
4. 작가가 올바른 판단력이 있는 사람인가, 아니면 광신자인가?
5. 작가가 한 말을 확인하고 검증하기 위해 쉽게 확인할 수 있는 출처가 있는가?
6. 작가가 한 말이 일반적인 상식이나 경험과 일치하는가?

누군가가 한 말을 무조건 사실로 받아들이기 전에 그러한 진술의 동기를 찾아봐야 한다. 동기가 아주 훌륭하더라도 그것이 격앙된 감정을 드러내는 습관을 갖고 과도한 열정을 보이는 사람들이 한 말이라면 주의해서 받아들여야 한다. 훌륭하다고 해서 반드시 정확성이 보장되는 것은 아니다.

당신은 스스로의 판단력을 믿어야 하고, 당신에게 영향력을 행사하려는 사람이 있다면 그가 누구든 주의해야 한다. 어떤 진술이 합리적이라고 생각되지 않거나 당신의 경험과 모순된다면 나중에

추가로 더 살펴보라.

다른 사람들에게 사실이나 판단을 요청할 때는 자신이 기대하는 답이나 질문의 동기를 밝히지 않는 것이 좋다. 사람들은 듣는 사람의 기대에 부합하도록 자신의 조언을 바꾸는 경우가 많기 때문이다. 이 과정은 무해할 수도 있고 이중적일 수도 있지만, 되도록 피하는 것이 좋다. "토성에 사람을 보낼 가능성이 있을까?"라고 묻거나 "내가 토성에 어떻게 사람을 보낼 수 있을까?"라고 묻는 대신, "토성에 사람을 보낼 가능성에 대해 당신이 알고 있는 것은 무엇인가?"나 "우주여행에 대해 어떻게 생각하는가?" 하고 묻는 것이 훨씬 낫다. 이러한 예는 다소 터무니없게 들릴 수 있지만, 토성 대신 달을 넣은 문장을 떠올려 보면 정확한 사고의 힘이 무엇인지 확실히 알 수 있을 것이다.

사고 습관의 원천

초기의 사고 습관은 두 가지 원천에서 비롯되는데, 둘 다 유전적인 요인이다.

1. 신체적 유전. 앞선 세대의 유전적 형질은 당신의 사고 습관에 어느 정도 영향을 미친다. 사람은 엄격하거나 자

유로운 사고방식을 갖고 태어날 수 있는데, 오늘날 많은 과학자들이 이를 좌뇌형 또는 우뇌형으로 분류한다. 좌뇌형은 디테일한 부분에 강하지만, 우뇌형은 전체적인 그림을 보는 성향이 강하다. 각각 우세한 자질은 다르지만 누구나 양쪽의 특성을 모두 가지고 있기 때문에 정확한 사고는 두 자질을 수정하고 강화해 올바른 방향으로 이끌 수 있다.

2. 사회적 유전. 환경의 영향, 교육, 경험 등 모든 것이 사회적 자극이다. 사고는 이런 것들로부터 가장 많은 영향을 받는데, 이는 사고의 많은 부분이 타인의 영향을 받는다는 의미이므로 위험하다. 그러나 당신의 의지로 이러한 영향을 충분히 조절하고 선택할 수 있다. 이 책을 읽는 것도 그런 의지적 행동에 해당한다.

대다수의 사람들은 어떤 주제에 대해 제대로 생각해보지도 않은 채 친지와 지인 등 주변 사람들의 영향을 받아 종교를 갖거나 정당에 동조하고, 심지어 차를 고르기까지 한다.

정확한 사고를 하려면 그 출처에 상관없이 정치적, 종교적, 또는 어떤 결정에 있어서든 누군가의 생각이나 의견을 수용하기 전에는 반드시 이를 신중히 분석해야 한다. 그런 다음 당신의 자유의지로 이를 받아들일지 말지를 정하면 훨씬 도움이 된다.

한때 테네시 주지사를 지냈던 로버트 테일러Robert Taylor는 한 청년에게 왜 민주당을 강력히 지지하는지에 대해 물었다. "왜냐하면 저는 테네시주에 살고, 제 아버지와 할아버지가 민주당이니까요. 그래서죠!"라고 그 청년은 외쳤다.

"글쎄, 그럼 자네 아버지와 할아버지가 도둑이기라도 했다면 자네는 아주 큰일 날 뻔했군" 주지사가 말했다.

당신이 어떤 정당을 택하든 상관없지만, 다른 것과 마찬가지로 정치적 선택 또한 타인의 습관이 아닌 당신 스스로의 정확한 사고가 기반이 되어야 한다.

두 가지 큰 실수

정반대의 특성을 지닌 두 가지 자질은 매우 흔히 볼 수 있는 인간의 본성이지만, 각각은 정확한 사고의 주요 방해물이다.

증거가 거의 없는데도 무턱대고 믿는 습관은 정확한 사고에 아주 치명적인 인간의 주요한 결함 중 하나다. 히틀러는 자국민과 전 세계인이 지닌 이러한 결함 덕분에 그처럼 끔찍하리만치 자신의 영향력을 뻗어갈 수 있었다. 정확한 사고를 하는 사람들의 마음에는 영원한 물음표가 찍혀 있다. 즉, 생각에 영향을 주는 모든 사람과 모든 것에 의문을 제기해야 한다는 것이다.

그렇다고 해서 믿음이 부족하다는 뜻은 아니다. 사실 생각은 자기 스스로 통제할 수 있는 유일한 대상이며, 바로 이러한 점 때문에 훨씬 더 나은 삶을 살아갈 수 있는 것이다.

　정확한 사고는 명확한 목표, 자기 훈련, 신속한 의사 결정, 긍정적인 마음가짐과 같은 몇 가지 성공 원칙에 꽤 큰 영향을 받는다. 또한 이것은 다음에 소개할 원칙인, 목표를 위해 더욱 집중할 수 있게 해주는 통제된 집중력에서도 중요한 역할을 한다.

11

집중력을 통제하라

...

명확한 목표를 수립했다면 통제된 집중력을 발휘할 대상을 고른 것이라고 할 수 있다. "달걀을 한 바구니에 담지 말라"는 옛말은 잊어버려라. 달걀을 모두 한 바구니에 넣고, 그 바구니를 보호하는 데 온 정신을 집중하면서 이를 시장에 가져가야 한다.

통제된 집중력은 마음의 모든 능력을 조율하고 그렇게 합쳐진 힘을 주어진 목표를 향해 안내하는 행위다. 이는 다른 많은 성공 원칙의 결과물이자 이들 원칙에 도움이 되는 중요한 요소이기도 하다.

통제된 집중력의 힘

하나의 생각에 집중하는 능력은 수많은 사람과 조직에게 있어 성공을 보증하는 특징처럼 여겨졌다.

컴퓨터 칩 제조사 인텔Intel은 보다 나은 칩을 만드는 데 역량을 집중함으로써 5년도 채 안 되어 컴퓨터 프로세서의 정보 처리 속도를 4배 이상 높였다. 이들이 더 빠른 칩을 설계하고 출시하는 속도는 매년 빨라지고 있다. 이는 인텔이 마이크로프로세서에 역량을 집중하고 소프트웨어나 모뎀과 같은 다른 분야는 우선순위에서 미뤄두었기에 가능한 일이었다.

도나 카란Donna Karan은 여성 정장을 만드는 명품 패션 디자이너다. 여성 임원들 중에는 다른 브랜드에 비해 도나 카란의 옷을 입은 사람들이 월등히 많다. 도나 카란은 명품 청바지나 수영복 라인을 출시하는 데 시간을 투자하지 않았기에 통제된 집중력을 통해 수익성이 높은 시장을 장악할 수 있었던 것이다.

헨리 롱Henry Long의 페인트 제조사인 킬러 앤 롱Keeler & Long은 산업용 페인트 생산에 집중한다. 아마도 킬러 앤 롱이라는 이름이 낯선 소비자가 많을 텐데, 이는 그들이 가정용 페인트 부문에는 진출하지 않는다는 원칙을 고수하고 있기 때문이다. 그 대신 원자로의 노심 용해Maltdown를 견디거나 변압기용으로 수년간 쓸 수 있는 페인트를 만드는 데 집중하고 있는 이 회사는, 동종 제품의 제조사들 중 최고의 페인트 제조사로 꼽히고 있다. 심지어 백악관에서도 킬러 앤 롱 제품으로 페인트칠을 새로 했을 정도다.

마르셀 프루스트Marcel Proust는 그의 대작《잃어버린 시간을 찾아서 Remembrance of Things Past》를 집필하는 데만 집중한 결과, 20세기의 주요 소설가 중 한 명으로 명성을 굳힐 수 있었다.

마더 테레사Mother Teresa는 인도의 빈민 구호에 집중했다. 이 하나의 사명을 가지고 활동을 시작한 그녀는 전 세계 200곳이 넘는 지역으로 빈민 구호 활동을 확대했고, 이후 노벨 평화상을 받았다. 마더 테레사의 구호 활동은 그 범위가 확장되었으나 집중력이 흐트러진 적은 단 한 번도 없었다.

어떤 사업이든 주요 목표에 집중하는 것이 핵심이다. 집중력은 당신의 의식에 목표에 대한 선명한 그림을 투영하고, 잠재의식이 이를 넘겨받아 실천에 옮길 때까지 의식에 고정시켜 준다.

통제된 집중력과 성공의 다른 원칙들

이른바 '조화로운 끌어당김의 법칙'은 서로의 욕구에 맞는 힘과 대상들이 자연스럽게 어울리는 경향을 뜻한다.

당신이 성공의 원칙을 마스터하고 이를 적용하다 보면 '조화로운 끌어당김의 법칙'을 활용하고 있음을 스스로 알게 될 것이다.

이때는 마음을 훈련해서 원하는 것만을 끌어당길 수 있도록 해야 한다. 마음속에서 공포, 시기, 탐욕, 증오, 질투, 의심과 같은 집중력과 상반되는 모든 감정을 몰아내면, 그러한 부정적 감정이 끌어당길 수 있는 것들에 마음이 이끌리지 않도록 할 수 있다. 따라서 이것은 집중력을 더 잘 통제하는 데 도움이 된다.

다음은 서로 다른 원칙들이 어떻게 통제된 집중력을 강화하고 이를 활용하는지에 대한 방법이다.

명확한 목표

원하는 것을 정하고 이를 얻기 위한 계획을 수립, 실행하려면 그러한 목표 달성에 생각과 노력의 대부분을 집중해야 한다. 그러기 위해서는 주의를 집중할 대상이 있어야 하는데, 일단 대상을 선택하고 나면 그 대상에 집중할수록 더 가까이 다가갈 수 있게 될 것이다.

마스터 마인드 연합

마스터 마인드 연합을 결성하는 것은 신중함을 필요로 하는 일이기 때문에 통제된 집중력이 가장 먼저 가져다주는 효과 중 하나라고 할 수 있다. 결국 믿음, 자립심, 상상력, 창의적 비전, 자기 주도성, 열정, 승부 근성을 강화하는 집단 심리로 인해 당신의 집중력은 더욱 강화될 것이다. 도움, 용기를 주는 사람들과 있을 때는 명확한 목표를 향해 계속 나아가게 되지만, 혼자 일할 때는 속도가 더뎌지면서 의욕이 점차 사라지고 결국 그만두는 경우도 많다.

실행하는 믿음

명확한 목표를 수립하고 마스터 마인드 그룹과 함께하면 지속적인 노력을 통한 자신의 목표 달성 능력을 증명할 수 있다. 통제된 집중력은 믿음이 뿌리내리고 자라날 공간을 마련해준다. 마찬가지로 발생 가능성이 낮은 사건에 집중하기보다는, 일어날 것이라 믿는 일에 주의를 집중하는 것이 훨씬 쉽다. 이와 같이 믿음의 힘은 통제된 집중력이 가져온 결과와 만나 엄청난 힘을 준다.

긍정적인 마음가짐

앞의 기본 단계를 밟아왔다면 당신의 마음은 이미 대부분 긍정적이 되었을 것이다. 또한 당신이 무엇을 성취할 수 있는지 분명히 확인했을 것이므로 두려움, 의심, 좌절 등 스스로 정한 한계도 사라졌을 것이다. 당신의 마음속에는 더 이상 실패에 대한 생각은 들어갈 자리가 없을뿐더러 주요 목표를 실행하느라 매우 바쁠 것이기 때문에 주저하거나 꾸물거릴 시간도, 그리고 싶은 마음도 없을 것이다.

한층 더 노력하기

'한층 더 노력하기'라는 원칙을 일상에 적용하기 위해서는 꾸준한 행동이 필요하다. 이때 통제된 집중력이 이러한 노력을 가속화하며, 마스터 마인드 구성원뿐만 아니라 나와 마주치는 다른 사람들의 믿음과 열정 또한 이끌어낼 것이다. 결국 긍정적인 마음가짐이 강할수록 집중력을 통제하기가 훨씬 수월하다.

자기 주도성

자기 주도성을 실천해 목표 달성 계획을 세운 다음에는 마스터 마인드 구성원들의 도움으로 그 계획이 타당한지를 테스트한다. 한층 더 노력하기 원칙과 마찬가지로 주도성의 결과에 집중하는 것 또한 매우 중요하며, 그러한 주도성에 따른 모든 긍정적인 결과는 의지와 집중력을 한층 더 강화해줄 것이다.

자기 훈련

자기 훈련을 통해 긍정적인 감정과 부정적인 감정을 모두 활용하고 통제할 수 있으므로, 부정적인 감정을 표출한다거나 긍정적인 감정을 드러내지 않는 등의 에너지 낭비를 막을 수 있다. 즉, 감정을 활용해 집중력을 통제할 수 있는 것이다.

이 단계에 다다르면 당신의 마음은 불필요한 움직임이나 에너지가 낭비되는 일 없이 잘 만들어진 기계처럼 움직이기 시작한다.

목표 달성을 위해 감정을 강력한 추진력으로 변환하는 기술을 습득한 것이다.

또한 당신은 의지력을 통제할 수 있는 힘을 얻는다. 의지력은 마음의 모든 영역을 완벽히 통제해 당신으로 하여금 목표 달성을 위해 움직이게 만든다.

이제 당신은 통제된 집중력의 효율이 정점에 다다른 것을 느낄 것이다.

창의적인 비전

상상력은 이미 이전 단계에서 상당히 자극을 받은 상태일 것이다. 명확한 목표 대상이 각인된 잠재의식은 스스로 행동에 돌입해 아이디어와 계획, 직감을 끌어낸다. 당신은 그 명료함과 다양한 응용 가능성에 놀랄 수밖에 없다.

이제 당신의 눈앞에는 목표 달성을 위한 새로운 기회가 열릴 것이다. 또한 다른 사람들이 우호적인 협력의 손길을 내밀 것이다. 당신이 마주치는 모든 것들이 성공을 앞당기는 유용한 도구가 되어주는 동시에, 평균과 운의 법칙도 당신에게 유리하게 흘러갈 것이다.

그러나 이때 꼭 알아둘 것이 있다. 이처럼 당신에게 행운이 찾아오는 이유는 그 뒤에 당신 자신이 스스로 만들어낸 명확한 원인, 즉 통제된 집중력이 있기 때문이라는 것이다.

정확한 사고

정확히 사고하는 법을 적극적으로 익히는 단계에 이르기 훨씬 전에, 당신은 이미 막연히 추측하는 습관을 버리고 알려진 사실과 타당한 가설을 바탕으로 계획을 세우게 됐을 것이다. 계획을 실행하는 단계에서 정확한 사고는 필수 요소다. 통제된 집중력은 사고를 예리하게 다듬는 일에 쓰이고, 정확한 사고는 필요할 때만 집중력을 발휘하는 데 쓰인다.

좌절을 통한 배움

난관에 부딪혀 좌절감을 느낄 때 통제된 집중력을 이용하면 모든 불운과 함께 찾아오는 그와 동일한 크기의 이익의 씨앗을 찾아낼 수 있을뿐더러 이를 키울 수도 있다. 좌절이란 당신이 더 적극적으로 많이 노력해야 한다는 신호일 뿐이며, 실패는 의지력의 불길을 더 세차게 일으키기 위한 연료가 될 것이다.

당신은 명확한 목표를 선택하기 전에 겪었던 좌절의 원인을 자세히 알아보기 위해 기억을 샅샅이 살펴보는 법을 익힐 것이다. 통제된 집중력은 인생의 매 순간을 가치 있게 만든다.

열정

열정은 당신이 하는 일을 단조로운 업무에서 좋아서 하는 일로 바꿔준다. 어떤 것에 열정이 생기면 그에 대해 자동적으로 주의를 집중하게 되며, 이는 잠재의식에 당신의 주된 생각을 각인시킨다.

통제된 집중력은 목표를 향한 열정을 불러오고 그곳에 가까이 다가갈수록 그 열정은 더욱 커진다.

매력적인 성품

매력적인 성품을 만들면 타인에게 반감을 살 확률이 줄어들며, 마스터 마인드 그룹 외에도 나를 지지하는 이들의 협력을 얻어낼 수 있다. 통제된 집중력은 자제력이 필요한 성격적 요소들을 개선하는 데 도움이 되고 나쁜 습관을 없애기 위한 의지를 다지게 해준다. 그 결과 매력적인 성격은 이렇게 강해진 영향력과 기회를 통해 통제된 집중력을 활용할 수 있는 더 많은 기회를 제공할 것이다.

지금까지 소개한 이 12가지 원칙을 마스터하는 것은 통제된 집중력을 키우고 당신 마음의 주인이 되기 위한 중요한 단계라고 할 수 있다. 이 단계를 마스터하면 최대의 적이자 최고의 친구인 자기 자신을 더 잘 이해할 수 있을 것이다.

통제된 집중력과 자기 암시

자기 훈련에 관한 내용을 다룬 장에서는 성공을 위해 노력하는 데 있어 일상의 환경이 얼마나 중요한지를 강조하고 있다. 그리고 이러한 환경이 자신에게 도움이 되게 하는 가장 효과적인 방법 중 하나는 바로 자기 암시다.

자기 암시는 의식과 잠재의식의 두 차원에서 모두 일어난다. 당신의 생각과 말 한마디 한마디는 긍정적이든 부정적이든 기억 속에 기록된다.

의식적으로 주의를 집중하는 대상은 당신이 속한 환경에서 지배적인 영향력을 갖는다. 만일 당신이 지금의 가난이나, 가난이 오리라는 생각에 사로잡혀 있다면 이러한 영향은 자기 암시에 의해 잠재의식으로 전이될 것이다.

가난에 대해 계속 생각하다 보면 마음이 그것을 더 이상 피할 수 없는 상황으로 받아들이게 되어 결국 그것을 의식에 새기게 될 것이다. 수백만 명의 사람들이 이처럼 스스로를 가난한 삶으로 몰아넣고 있다.

자기 암시의 원칙은 당신의 주된 생각이 통제된 집중력을 통해 성공과 안전에 대한 생각으로 고정될 때와 같은 방식으로 작용한다. 또한 이런 습관은 성공 의식의 발달로 이어진다.

긍정적이고 명확한 목표에 자발적으로 집중하면서 일상의 사고 습관을 통해 당신의 마음이 해당 주제에 골몰할 때, 그러한 목표를 실행하도록 잠재의식을 훈련하는 셈이다.

명확한 목표 대상에 집중할 때에는 통제된 집중력이 자기 암시의 원칙을 적극적으로 활용하는 매개 수단이 된다. 그 외에 다른 방법은 없다.

통제된 집중력과 통제되지 않은 집중력의 차이는 상당하다. 열망하는 바를 이룰 것이라는 생각을 마음에 계속 주입할 수도 있고, 아니면 마음을 방치한 채 원치 않은 결과가 나올 것이라는 생각이 머릿속에 스며들도록 내버려둘 수도 있다.

마음은 한시도 가만히 있지 않으며 당신이 잠들어 있을 때조차 활발히 움직이고 있다. 또한 외부 영향에 대해서도 항상 반응한다. 통제된 집중력의 목적은, 여러분이 열망하는 목표를 달성하는 데 도움이 될 생각을 끊임없이 하게 만드는 것이다. 집중력을 통제하지 않으면 마음은 부정적인 영향에 사로잡힐 수밖에 없다.

통제된 집중력의 효과

화학은 개별 요소들이 합쳐져 새로운 화합물을 만들어내며, 이 물질은 각각의 구성 요소와 전혀 다른 성질을 띤다는 사실을 가르쳐준다. 간단한 예로, 물을 들 수 있다. 산소와 수소는 둘 다 기체지만 두 개의 수소 원자가 하나의 산소 원자와 만나 액체가 생성된다. 그것도 아주 유용한 액체가 말이다. 나트륨과 염소는 휘발성이 있으며 순수한 상태로는 위험한 물질이지만, 각각의 원자가 하나씩 합쳐지면 평범한 소금이 된다.

생각도 이와 마찬가지다. 한 가지 속성을 가진 생각은 다른 종류의 생각과 결합할 수 있으며, 통제된 집중력은 그 과정을 결정하는 수단이다. 함께 길을 걷다가 자신의 아이를 향해 다가오는 차가 있다면, 아이가 다칠지도 모른다는 두려움과 사랑이 합쳐져 아이를 길 안쪽으로 잡아당기는 행동을 하게 된다. 처음 각각의 두 생각도 강력하지만 그 둘이 합쳐졌을 때 강력하고 효과적인 생각으로 발전하여 실제의 위험을 막는 것이다. 나는 수많은 관찰과 경험을 통해 다음의 성공 원칙들을 서로 묶으면 기적에 가까운 힘이 나올 수 있다는 사실을 깨달았다.

1. 명확한 목표
2. 감정 조절을 통한 자기 훈련
3. 목표 달성에 자기 암시 활용
4. 목표를 향해 적극적으로 움직이는 의지력
5. 통제된 집중력
6. 자기 주도성
7. 창의적인 비전
8. 실행하는 믿음

예를 들어 당신이 아주 흔하게 일어나는 한 가지 문제에 부딪쳤다고 가정해보자. 얼마간의 돈이 특정 날짜까지 필요한 상황이다.

이 문제를 대하는 두 가지 방식이 있다. 걱정은 되지만 돈을 마련하기 위한 아무런 노력도 하지 않거나, 위의 원칙들을 결합해 적극적으로 그 문제를 해결하는 방법이다.

필요한 액수를 파악하고 그 돈을 제때 마련하기로 마음먹는다면 명확한 목표가 있는 셈이다. 돈을 마련하기 위해 계획을 세우고 이를 실행하기로 결심한 후 그 외의 다른 생각을 모두 털어버린다면, 자기 주도성을 통해 통제된 집중력을 발휘하는 것이다.

이제 마음속의 모든 두려움과 의심은 걷혔다. 이러한 힘들을 결합하면 상상력을 자극해 돈을 조달할 만한 수단을 만들 수 있다. 물론 이런 일이 발생했을 때 당면한 계획을 최선을 다해 실행에 옮기는 것은 여전히 당신 자신의 몫이다.

위에 주요 원칙들을 언급했지만, 사실 이 책의 17개 원칙 중 어떤 것을 활용해 결합해도 좋다. 단, 어떤 식으로 결합하든 통제된 집중력과 명확한 목표 이 두 가지는 반드시 포함시켜야 한다.

이와 관련하여 토머스 에디슨은 다음과 같은 글을 쓴 적이 있다.

발명의 가장 중요한 요소는 몇 마디로 설명할 수 있다. 우선 성취하고자 하는 목표에 대한 확실한 지식이 있다[명확한 목표, 창의적인 비전……] 그 목표에 끈질기게 마음을 집중하고 자신이 추구하는 바를 찾아 해당 주제와 관련한 다른 모든 축적된 지식을 활용해야 한다[마스터 마인드 그룹, 통제된 집중력]. 몇 번을 실망하든 계속해서 탐색해야 한다[의지력]. 누군가가 자신과 똑같은 아이디어를 시도했다가 실패했을지도 모른다는 사실에 흔들리면 안 된다[자기 관리, 실행하는 믿음]. 문제의 해법이 어딘가에 반드시 존재하며, 이를 찾아낼 거라는 굳은 믿음을 가져야 한다[자기 암시].

어떤 문제를 해결할 것이라 마음먹었을 때, 처음에는 저항에 부딪힐 수도 있다. 하지만 계속해서 탐색해나가다 보면 어떤 해법을 찾게 될 것이 분명하다. 대부분의 사람들이 가진 가장 큰 문제는 시작도 하기 전에 그만둔다는 것이다. 내가 지금까지 경험한 바로는, 내 일과 관련된 어떤 문제에 대해서도 첫 시도에서 바로 해답을 찾은 경우는 한 번도 없었다. 게다가 놀라운 것 중 하나는 내가 찾아 헤매던 답을 겨우 발견했을 때 알고 보니 그것은 항상 나와 가까운 곳에 있었다는 사실이다. 만일 고집스럽게 해내고야 말겠다는 의지가 없었더라면 나는 그 사실을 끝까지 알지 못했을 것이다.

통제된 집중력의 힘이란 바로 이런 것이다. 다른 수많은 원칙들을 활용해 그 힘을 끌어올리고 나면 저절로 힘이 강해진다. 이제 눈앞의 문제에 집중할 준비가 되었는가?

12

팀워크를 다져라

...

협력은 사랑과 우정처럼 내가 먼저 상대에게 주어야 받을 수 있는 것이다. 많은 사람들이 성공으로 가는 길을 찾아 헤맨다. 이 과정에서 당신이 다른 이들의 협력을 필요로 하듯 다른 이들도 당신의 협력을 필요로 할 것이다.

그리고 우리 다음 세대들도 있다. 삶에서 이들이 얼마나 누리고 살 수 있는가는 대부분 우리 세대가 이들에게 물려주는 몫에 달려 있다. 따라서 우리 모두는 현세대뿐만 아니라 아직 태어나지 않은 다음 세대를 위한 가교 역할을 해야만 한다.

이타적인 팀워크 정신은 당신 자신과 우리 세대에 큰 도움이 될 뿐만 아니라 후대에도 큰 도움을 줄 것이다. 자녀에게 더 나은 세상을 만들어주기 위해 당신은 우호적인 협력을 통해 더 나은 삶을 만들어갈 준비를 해야 한다.

팀워크 정신에서 영감을 받아 모든 사람들이 하나됨과 인류애를 인식할 수 있을 때 비로소 협력의 원칙을 통해 진정한 이익을 취할 수 있다. 탐욕과 이기심은 이런 정신에 어울리지 않는다.

이 장에서는 협력이 실제로 어떤 힘을 발휘하는지 예를 통해 살펴보고 동료들에게 그러한 힘을 불어넣는 법을 배울 것이다.

팀워크란 무엇인가?

마스터 마인드 연합에서는 하나의 목표에 집중하는 소수의 사람들과 그룹을 만든다. 다들 불타오르는 집념을 갖고 있어서 이로 인해 열정과 상상력, 지식이 늘어나면 모두에게 그 혜택이 돌아간다. 이들 사이에는 노동에 대한 보상을 나누는 것과 관련한 합의가 존재한다. 팀워크 역시 이와 거의 비슷한 관계지만 당신만큼의 집념이 없는 사람들과 일하게 될 수도 있기 때문에, 당신이 기대하는 만큼 다른 사람들 역시 일에 몰두하고 그들 스스로의 열망을 발견할 수 있게 하려면 당신이 더 많이 노력해야 한다.

경영 전문가인 피터 드러커Peter Drucker는 모든 직원들이 '자기 스스로를 경영진이라고 생각해야' 운영의 측면에서 전체를 바라보고 자신의 일을 가늠할 수 있다고 말한다. 관리자들은 자신의 업무를 최우선으로 여겨야 하고, 부하 직원을 희생시켜 가면서까지 승진에 연연하지 않는 법을 배워가야 한다. 드러커는 맥아더^{Douglas} MacArthur 장군이 참모 회의 때마다 가장 말단 장교부터 발표를 시켰던 일화를 예로 들었다. 맥아더는 이들이 발표하는 중간에 아무도 끼어들지 못하게 했는데, 그렇게 하는 것이 장교들의 자신감을 높여주는 데 도움이 된다는 것을 알았기 때문이다. 그가 그들에게 원하고 필요로 했던 건 바로 그런 자신감이었다.

당신의 한층 더 노력하는 습관은 동료에게까지 확장되어야 한다. 당신이 노력으로 인해 높은 수당과 연봉을 받는다고 해도 사람들은 이를 그저 당연하게 여길 수도 있다. 따라서 동료들이 인식하기도 전에 먼저 그들의 필요를 예측하고 행동해야 한다.

때로는 어쩔 수 없이 함께 일하게 된 사람들 사이에서도 팀워크가 나타나지만, 이는 믿을 수 없을뿐더러 오래 지속되지도 않는다. 미국과 구소련은 히틀러에 맞서 동맹을 맺었으나 그 동맹은 히틀러가 패배하자마자 깨져버렸다.

진정한 팀워크는 다른 이들과 관계를 맺는 방식에 달려 있다. 그들이 기꺼이 당신과 일하고 싶은 마음이 들도록 해야 하는 것이다. 그러한 자발성에 동기를 부여하고 그들에게 아주 조금이라도 변화가 있으면 이를 예민하게 알아채야 하는 것 또한 당신의 몫이다. 팀워크는 결코 끝나지 않는 과정이며, 모든 사람이 관련되어 있지만 그 책임은 누구도 아닌 당신에게 있다.

팀워크는 회사의 운명을 좌우한다

전미금전등록기회사National Cash Register는 창립 초기에 큰 재정난을 겪었다. 영업 사원들 사이에 부정적인 태도가 만연해 매출이 떨어졌기 때문이었다. 회사의 영업 부장이었던 휴 차머스Hugh Chalmers는 이 문제를 해결하기 위해 영업 사원들을 한데 불러 모았다.

차머스는 영업 사원들이 회사의 최대 자산인 만큼 팀워크를 최대로 끌어올려야 이들의 이탈을 막을 수 있다고 생각했다.

영업 사원들이 모이자 차머스가 이들 앞에 나서서 말했다. "경쟁사 중에 우리 회사가 재정난이 극심해서 곧 망할 거라고 유언비어를 퍼뜨리는 곳들이 있습니다. 소문에 따르면 영업 인력을 감축하고 여러분 중 다수를 해고할 거라고 하는데 이는 전혀 사실이 아닙니다.

여러분 중에는 이런 소문에 귀가 솔깃해져서 아주 심각한 수준의 판매량을 기록한 사람도 있는 것 같더군요. 내가 여러분을 이 자리에 부른 것은 자신의 입장을 밝힐 기회를 주기 위해서입니다. 어떤 생각을 갖고 있든 솔직히 말해주면 좋겠습니다.

이제 자유롭게 말씀하시면 됩니다. 무슨 일 때문에 판매량이 급격히 줄었는지, 그리고 거짓 소문이 돌기 전처럼 팀의 사기를 높이려면 어떻게 하는 것이 좋을지 한 분씩 말씀해주실 수 있나요?"

그러자 한 영업 사원이 일어나 말했다. "제 판매량이 떨어진 건 극심한 가뭄으로 큰 피해를 입은 지역을 맡았기 때문입니다. 장사가 안 되니 아무도 금전 등록기를 사지 않습니다. 게다가 경쟁사들은 가격을 내리고 특가 판매를 진행하고 있어서 경쟁 자체가 불가능합니다."

그 직원은 계속 말을 이었다. "게다가 올해는 대선을 앞두고 있어서 제 구역 담당자들은 다들 대선 결과를 두고 걱정하고 있습니다. 내년에 누가 대통령이 될지 알기 전까지는 아무도 물건을 사는데 관심이 없어 보이거든요."

또 다른 직원이 일어섰다. 그의 이야기는 첫 번째 직원의 이야기보다 더 암울했다. 고민으로 가득한 그의 사연을 들으니 회사가 망하는 것은 당연한 수순 같았다. 그는 다른 일자리를 알아보고 있다는 사실도 거침없이 밝혔다.

그가 말을 채 마치기도 전에 차머스가 벌떡 일어서더니 모두에게 조용히 하라는 표시로 손을 내밀며 소리쳤다. "15분간 휴식 시간을 갖겠습니다. 그동안 저는 구두를 좀 닦아야겠군요. 잠시 자리에 앉아서 기다려주십시오."

그러더니 차머스는 당시로써는 흔한 서비스였던 직원들의 구두를 닦아주는 일을 하는 회사 공장의 어린 구두닦이 소년을 불렀고 이에 영업부 직원들은 적잖이 당황했다. 회의장에 모인 직원들은 안중에도 없이 차머스가 소년과 잡담을 나누기 시작했던 것이다.

대화 끝에 차머스는 소년에게 10센트를 쥐어주면서 회의장에 있던 영업 사원들에게 소년이 곧 연설을 할 것이라고 알렸다.

그때 누구보다도 놀란 것은 바로 그 구두닦이 소년이었다. "저는 연설 같은 건 할 줄 몰라요" 소년은 차머스를 향해 항의하듯 말했다.

"아니, 너는 알고 있단다" 차머스가 대답했다. "게다가 아까 일어서서 발언한 그 두 사람보다도 훨씬 잘할 거야. 내가 도와주마."

"넌 몇 살이지?" 차머스가 물었다.

"열한 살이요" 소년이 답했다.

"이 공장에서 구두를 닦은 지는 얼마나 됐니?"

"여섯 달이요"

"좋아! 구두닦이로 얼마를 버니?"

"5센트요" 소년이 답했다. "그렇지만 가끔 팁을 받기도 해요. 선생님이 저한테 주신 것처럼요."

"네가 오기 전엔 누가 그 일을 했었지?"

"테드라는 소년이요."

"그 애는 몇 살이었니?" 차머스가 물었다.

"열일곱이요."

"그 애가 왜 그만뒀는지 알아?"

"생활비를 벌기가 힘들어서 그만둔 것 같다고 들었어요."

"한 번 구두 닦는 데 5센트를 받아서 생활비를 벌 수 있다고 생각하니?" 차머스가 물었다.

"네, 그럼요. 저는 어머니께 매주 금요일마다 10달러를 드리고 5달러는 은행에 넣어요. 그리고 나머지 2달러는 제가 쓰고요. 물론 그보다 많이 벌 때도 있긴 해요. 저는 자전거를 사려고 따로 돈을 모으고 있는데, 어머니는 그 사실을 전혀 모르세요."

"고맙구나." 차머스가 답했다. "아주 좋은 연설이었다."

차머스는 직원들을 바라보며 말했다. "다들 이 소년의 얘기를 들으셨죠? 이제 이 소년에게 연설을 하게 한 의미에 대해 말씀드리겠습니다.

우선, 저는 이 소년이 자신보다 여섯 살이나 많은 다른 사람이 하던 일을 똑같이 하면서 그와 똑같은 돈을 받고 이 공장에서 일하는 똑같은 사람들에게 서비스를 제공한다는 사실에 여러분이 주목하셨으면 합니다.

나이 많은 소년은 이 일을 관뒀습니다. 그걸로 생활비를 벌기가 힘들다는 이유에서였죠. 하지만 이 소년은 자신의 생활과 꿈을 위해 돈을 모을 뿐만 아니라, 자기 가족을 부양하는 데도 돈을 보태고 있습니다. 전에 그만둔 소년이 일했던 곳과 같은 구역에서 같은 일을 하고 있지만 마음가짐만은 다릅니다.

이 소년은 협력할 줄 알고 일할 때 얼굴에 미소를 띕니다. 성공을 바라고 그것을 찾아가고 있지요. 하지만 전에 일하던 나이 많은 소년은 다른 사람에게 무관심하고 늘 기분이 나빠 보였으며, 손님이 5센트를 건넬 때도 감사 인사를 하는 법이 없었습니다. 그래서 5센트를 받는 게 전부였죠. 팁은 꿈도 못 꾸었고 다시 소년을 찾는 사람도 많지 않았습니다. 당연히 생활비를 벌기가 어려웠겠죠. 게다가……."

바로 그때 한 직원이 차머스의 이야기를 가로막았다. "무슨 말씀인지 알겠습니다! 현장에서 기대에 못 미치는 판매 실적을 낸 사람들은 금전 등록기를 팔 생각은 안 하고 다른 사람들의 신세타령에만 귀를 기울였습니다. 네, 저 역시도 그래왔지요. 부정적인 마음으로 일을 하니 판매량도 떨어질 수밖에요. 다른 사람들은 어떻게 생각할지 모르겠지만, 저는 제 구역으로 돌아가서 예전과는 완전히 다른 마음으로 일을 시작할 겁니다. 앞으로는 신세타령을 하는 대신 금전 등록기 주문서를 보여드릴 겁니다."

그러자 다른 직원이 벌떡 일어서더니 소리쳤다. "저도 그렇게 하겠습니다!" 이어서 또 다른 직원이 일어섰다. 그렇게 모든 사람이 한꺼번에 말하면서 회의장은 순식간에 아수라장이 되었다. 그날 밤 회의는 만찬과 함께 끝이 났고, 그 자리에 있던 모든 영업 사원은 회사에 대한 믿음을 갖고 새로운 마음으로 현장으로 복귀하겠다고 약속했다.

그다음 해는 NCR 역사상 가장 높은 판매 수익을 기록한 해가 되었다. 대체 무슨 일이 일어난 것일까? 리더는 당시 직원들에게 필요한 것이 무엇인지 정확히 알고 있었다. 이 경우에는, 성공은 다른 사람들이 나에게서 빼앗는 것이 아니라 내가 스스로 만들어 가는 것임을 보여주는 호된 가르침이었다. 차머스는 성공을 위해 전념하는 사람은 누구든지 그것을 이룰 수 있다는 생생한 예를 보여줌으로써 직원들이 최선을 다하도록 그들의 열정에 다시금 불을 지핀 것이다.

그는 처음에 직원들이 괴로워한 이유에 대해 강한 의심을 품었으나 현명하게도 일단 그들에게 자신의 입장을 전달할 기회를 주었다. 차머스는 직원들과 솔직한 관계를 맺는 것이 중요하다는 사실을 알았던 것이다. 그는 자신의 의견을 용감하게 발언한 이들에게 불이익을 주지 않았다. 불만을 얘기했든 하지 않았든 모든 직원들에게 같은 것을 제안했다. 그것은 바로 무엇을 성취할 수 있는가에 대한 비전이었다. 그리고 그는 회사가 그들을 지원해줄 거라는 확신을 담아 발언을 시작했다.

차머스는 영업 사원들과의 관계에서 긍정적인 마음가짐을 유지함으로써 직원들도 자신과 마찬가지의 방식으로 고객에게 응하도록 영향을 주었다.

팀워크는 시간과 노력에 대한 비용은 절약하면서도 엄청난 이익을 안겨준다. 왜 수많은 사람들이 이를 깨닫지 못하고 자기 자신과 다른 사람들의 삶을 굳이 힘들게 만드는지 의아할 뿐이다.

비즈니스 모델로써의 팀워크

로버트 리텔Robert Littell은 수년 전 〈리더스 다이제스트Reader's Digest〉에 기고한 글을 통해 볼티모어의 '매코믹McCormick'이라는 향신료 회사의 경영 관리 시스템을 묘사한 적이 있다. 이 시스템은 당시로써는 혁명적이었으나, 지금은 수많은 회사들이 이와 비슷한 시스템을 도입하고 있다. 매코믹이 '다각 경영 계획'이라 명명한 이것은 결국 팀워크의 또 다른 이름이었다.

찰스 P. 매코믹Charles P. McCormick은 삼촌의 뒤를 이어 회사 대표 자리에 오르면서 경영 수업을 받을 수 있을 만한 사람들과 책임을 분담하기로 했다. 그는 본사에서 17명의 젊은 직원들을 뽑은 뒤 이들을 청년 이사회에 앉혔다. 이들은 회사에서 일어나는 모든 의사 결정을 검토하고 논의해, 그 조사 결과를 정식 이사회에 제출하는 업무를 맡았다. 단, 의사를 결정할 때는 만장일치 방식을 채택했다.

리텔은 이에 대해 다음과 같이 썼다. "그들에게서 에너지와 새로운 아이디어가 넘쳐났다. 스스로를 단순히 직함만 번드르르한 직장인이라고 느꼈던 이들은 이를 통해 책임감을 맛본 후 더 많은 아이디어를 내놓았다. 그리하여 처음 일 년 반 동안 청년 이사회에서 회사에 제안한 거의 모든 권고가 채택됐다."

이와 동일한 정책이 생산 라인에도 적용되면서, 청년 이사회와 같은 기능을 하는 공장 위원회가 구성되었다. 이렇게 세 개의 이사회는 매주 화합하는 분위기에서 만남을 가지며 함께 비즈니스 및 효율성을 개선해 매코믹이 한 단계 더 도약하기 위한 여러 방안을 논의했다.

매코믹의 인사 정책은 그야말로 진보적이었다. 어떤 직원을 해고하려면 그 직원을 해고하는 데 동의하는 상관 네 명의 서명이 필요했으며, 해고 통보를 받은 사람은 누구나 자신의 입장을 변호할 수 있었다. 이와 관련하여 리텔은 또한 이렇게 언급했다. "매코믹 앤 컴퍼니는 해고당하는 직원으로 하여금 자신이 그런 처우를 받는 것이 정당하고 피할 수 없는 일임을 이해시키지 않고 해고하면 회사가 그에 관한 모든 책임을 떠안는다."

다각 경영 계획이 매코믹 앤 컴퍼니에 효과적으로 작용할 수 있었던 것은 인간에 대한 이해와 개별 직원들의 팀워크 정신 덕분이었다. 이러한 정신은 경영진에서 시작해 일반 직원들까지도 손쉽게 수용할 수 있었다. 또한 이해와 팀워크의 정신은 회사를 건전하게 경영하는 데 도움이 되었는데, 이는 가장 말단 직원에 대해서도 그 능력을 인정하고 적절한 보상을 하는 동시에 조직에 맞지 않고 적대적인 직원은 내보낼 수 있었기 때문이다.

개인으로 인정받고 합당한 칭찬을 듣는 경우, 사람들은 돈만 보고 일할 때보다 더 열심히 일하려 한다. 조직 속의 하찮은 톱니바퀴가 되고 싶어 하는 사람은 없다. 리더로서 당신이 해야 할 일은 집단 혹은 조직에 포함된 모두가 각자의 역할을 하면서 그 역할의 중요성을 스스로 인정하도록 하는 것이다.

매코믹은 다각 경영 계획을 통해 회사에 다시금 활력을 불어넣었다. 모든 직원은 긍정적인 마음가짐으로 한층 더 노력하고자 하는 진정한 열망과 가치 있는 동기를 얻었다. 팀워크의 본질은 바로 이런 것이다.

역사에 다른 사람들과 협력하지 않고 문명에 위대한 기여를 한 사람에 대한 기록은 없다. 미켈란젤로와 같은 위대한 예술가들 조차도 조수와 장인, 후원자들의 도움으로 꾸준한 작품 활동을 할 수 있었다.

사람들로 하여금 서로 동질감을 느끼게 하고, 신뢰 관계를 형성하고, 다른 이들과 우호적인 팀워크를 형성할 수 있도록 끌어당기는 힘을 주는 마음의 상태가 있다. 바로 열정이다. 열정은 전염된다. 다른 이들을 당신의 열정으로 물들이면 팀워크는 당연한 결과로써 자연스레 따라올 것이다.

13

역경과 좌절을 통해 배워라

...

나는 이 책의 전반에 걸쳐 당신에게 좌절을 경험할 때는 그와 동일한 크기의 이익의 씨앗을 찾으라고 말했다. 물론 막상 좌절을 겪고 나면 그러기 쉽지만은 않겠지만, 개인의 성취학과 관련하여 이는 매우 중요한 부분이다. 이러한 기술은 지금 당장 익혀야 한다. 상처를 핥는 데 허비할 시간이 없다.

실패와 고통은 하나의 언어다. 자연은 이 언어로 모든 생명체에게 메시지를 전하고 실수를 지적한다. 동물들은 이에 겁먹은 나머지 위협적인 상황이 다시 발생하면 피할지도 모른다. 인간은 이럴 때 겸손해짐으로써 지혜와 지식을 얻을 수 있다. 우리가 성공과 마주하게 되는 터닝 포인트는 대개 좌절이나 실패의 모습으로 나타난다는 것을 알아야 한다. 이를 깨닫고 나면 당신은 좌절을 겪더라도 그것을 더 이상 실패로 받아들일 필요가 없으며, 전화위복이 될 일시적인 사건이라 여기게 될 것이다.

누구나 좌절한다

성공을 거둔 사람들 가운데 어떤 형태로든 자신이 이룬 성공과 맞먹을 정도의 실패를 겪지 않은 사람은 없었다. 에디슨은 전구를 만들기까지 1만 번도 넘게 실패하다가 결국 제대로 된 공식을 도출해냈다. 조너스 소크는 소아마비 바이러스를 배양하기 위해 수없이 많은 '배지culture medium'를 시도하다가 마침내 원숭이의 뇌 조직이 그에 적합하다는 사실을 발견했다.

잘 알려진 제과 브랜드 '미세스 필즈 쿠키Mrs. Fields Cookies' 체인을 설립한 데비 필즈Debbie Fields는 매장 하나로 시작해서 회사 규모를 전 세계로 빠르게 확대했다. 하지만 너무 빨리 확장시킨 나머지 거기에 든 어마어마한 비용이 회사를 어렵게 만들었고 결국 필즈는 엄청난 채무에 시달려야 했다. 그녀는 모든 매장을 직영으로 운영하는 일은 사실상 버겁다는 것을 알게 됐다. 이제 필즈는 매장을 직접 운영하는 대신 영업권을 판매하고 있으며, 이를 통해 회사는 다시 한 번 수익을 내며 성장하고 있다.

좌절은 자기 생각의 본질을 파악하고 명확한 주요 목표와 어떤 관계인지를 알 수 있게 해주는 일종의 테스트 정도로 받아들여야 한다. 이를 깨닫고 나면 역경에 대처하는 방식이 달라지며 목표를 향해 꾸준히 노력할 수 있다. 좌절은 그것을 실패로 받아들이기 전까지는 절대 실패가 아니다. 에머슨은 이렇게 말한다.

우리의 강인함은 나약함에서 자라난다. 찔리고 쏘이고 심하게 총을 맞고 나서야 비로소 비밀 병기로 무장한 분노가 깨어난다. 위대한 사람도 얼마든지 하찮은 존재가 될 수 있다. 혜택이 주는 편안함에 안주하면 잠이 들지만, 떠밀리고 고통받고 좌절할 때 비로소 배움의 기회를 얻을 수 있다. 분별력을 기르고 어른이 되어가면서 그는 많은 사실을 알게 됐다. 자신의 무지에서 배우고 자만의 광기를 치유하면서 절제와 진정한 능력을 얻은 것이다.

그러나 좌절을 겪었다고 해서 반드시 그만큼의 이익을 거둘 수 있다는 보장은 없다. 이익의 씨앗으로부터 얼마간의 이익을 얻을 수 있을 뿐이다. 명확한 목표를 통해 그 씨앗을 인식하고 기르고 가꿔야 한다. 그렇지 않으면 이익의 씨앗은 결코 싹을 틔우지 못할 것이다. 자연은 대가없이 얻으려는 모든 시도를 못마땅하게 바라본다.

만일 당신의 과오가 드러난다면 감사하는 마음을 가져야 한다. 그에 맞서 싸우기 전까지는 진정으로 과오를 이해할 수 없기 때문이다.

역경은 축복이 된다

밀로 C. 존스Milo C. Jones는 위스콘신에서 작은 농장을 운영하고 있었다. 그러던 어느 날 근근이 생활을 이어가기도 힘들 정도로 그에게 엄청난 불행이 닥쳐왔다. 그가 마비성 뇌졸중을 앓게 된 것이다.

그의 친척들은 그가 회복하기 어려울 거라 믿고 그를 침대에 눕혀두었다. 몸을 움직일 수 없었던 존스는 누워 있는 동안 오로지 생각에 집중했다. 그리고 그는 자신의 불운을 상쇄해줄 아이디어를 떠올렸다.

그는 친척들을 모두 불러 모아 농장 전체에 옥수수를 심어줄 것을 부탁했다. 그 옥수수는 돼지 사료용이었는데, 이를 먹고 자란 돼지들은 나중에 소시지의 재료로 쓰일 것이었다.

그로부터 몇 년 후, 존스의 소시지는 전국 마트에서 팔리기 시작했다. 이 소시지는 '존스 팜Jones Farm'이라는 브랜드로 현재도 판매 중이다. 밀로 존스와 그의 가족은 그들이 상상했던 것보다 더 큰 부를 쌓을 수 있었다.

이는 역경을 맞은 존스가 그때까지 한 번도 사용해본 적 없는 자원을 이용했기 때문에 가능했다. 그 자원이란 바로 그의 마음이었다. 그는 명확한 목표와 그것을 실현할 계획을 세운 뒤 가족과 마스터 마인드 연합을 만들었고 실행하는 믿음을 통해 계획을 실천에 옮겼다. 가난한 농부에게 뇌졸중이라는 역경이 가져다준 계획이었다.

좌절이 덮쳐왔을 때 눈앞의 손실을 따지느라 시간을 낭비해선 안 된다. 손실을 이득이자 자산으로 여겨라. 그러면 자신이 겪은 그 어떤 손실보다도 큰 가치로 돌아올 것이다.

여기서 여러분은 밀로 C. 존스가 몸이 마비되고 나서야 마음의 힘을 발견하게 된 것인지 궁금할 수 있다. 혹은 그가 겪은 질환에 대한 보상은 금전적인 보상일 뿐이므로 몸이 마비된 것과 같은 맥락으로 생각해선 안 된다고 말할지도 모른다.

그러나 존스는 마음의 힘과 가족의 힘을 깨달아가면서 정신적인 이점도 얻었다. 물론 그의 성공이 신체적 회복을 가져다준 것은 아니다. 그러나 그는 병을 앓으면서 자기 운명의 진정한 주인이 되었다. 이것이야말로 개인이 이룰 수 있는 최고의 성취가 아닐까. 그는 죽을 때까지 자신과 가족을 걱정하며 일생을 침대에 누워서만 보낼 수도 있었다. 하지만 그는 그러는 대신, 가족에게 상상도 못했을 미래에 대한 보장이라는 크나큰 선물을 안겨주었다.

병이 오래도록 계속되다 보면, 마치 처참한 패배를 맞은 듯 그 자리에 멈춰서 주변을 돌아보게 되는 경우가 많다. 그럴 때는 내면의 작고 고요한 목소리가 우리에게 말을 걸고, 과거 우리를 좌절과 실패로 이끌었던 요인들을 자세히 살펴보게 된다.

이런 문제에 대하여 에머슨은 또 한 번 우리가 어디로 가야 하는지 알려준다.

열병, 신체적 장애, 지독한 실망, 경제적 손실, 친구를 잃는 일 등은 그 당시에는 보상받지 못할 손실이자 회복 불능 상태인 것처럼 보인다. 그러나 시간이 지날수록 그러한 사실의 저변에 깊이 내재되어 있는 힘, 즉 문제 해결의 길이 선명히 드러난다. 친한 친구, 배우자, 형제, 연인의 죽음은 결핍에 지나지 않는 듯 보이지만, 어느 정도 고통이 지난 후에는 안내자 또는 천재의 모습으로 나타난다. 생활 방식에 혁명을 일으키고 뒤늦게나마 유년기 또는 청년기의 막을 내리며 익숙한 직업 또는 가정, 생활 방식을 허물어뜨림으로써 인격적 성장에 한층 더 도움이 되는 새로운 인생을 만들어주기 때문이다.

이러한 결핍은 새로운 인간관계를 형성하고 수년간의 인생을 좌우하게 될 새로운 영향력을 받아들이는 데 있어서 가부를 결정한다. 그리고 뿌리를 내릴 공간도 없을뿐더러 너무 많은 햇빛을 받고 있는 양지바른 정원의 꽃처럼 살아왔을 사람이, 어느 순간 벽이 무너지고 정원사의 관리가 소홀해지면서 점차 숲의 반얀트리(나무의 높은 줄기에서 수염처럼 공기뿌리 또는 받침뿌리가 흘러나온다-옮긴이)가 되어 주변의 넓은 지역에 그늘을 만들고 열매를 나눠준다.

시간은 좌절 속에 숨은 그와 동일한 양의 이익의 씨앗을 끈질기게 보존한다. 또다시 좌절이 찾아왔을 때가 그 씨앗을 찾아봐야 할 최적의 시기다. 그러나 그러한 씨앗은 과거의 사실에서 살펴볼 수도 있다. 사실 그 당시에는 상실이 가져오는 부담감 때문에 이익

의 씨앗을 찾기 어려운 경우도 있지만, 지혜와 경험이 더해진 지금
은 과거의 상실을 떠올리고 살펴 그로부터 가르침을 찾아낼 충분
한 준비가 되어 있을 것이다.

개인적 실패의 주요 원인

상실에 대한 이해를 돕기 위해, 아래에 가장 흔하고도 강력한 실패
의 원인들을 정리해두었다. 물론 여기에 당신에게 방해가 되었던
원인이 있을 수도 있다. 그렇더라도 당신 삶에 그런 원인이 있었던
데 대해 스스로를 질책하는 대신 문제를 해결하고자 하는 의지를
다져야 한다. 그것도 지금 당장!

1. 명확한 목표 없이 인생을 허송세월하는 습관
2. 다른 사람의 일을 궁금해하며 쓸데없는 참견을 하는 것
3. 부적절한 교육
4. 무절제한 식욕과 기회에 대한 무관심으로 표출된 자기
   훈련의 부족
5. 야망의 부족
6. 부정적인 사고와 부실한 식단에서 비롯된 질병
7. 어린 시절의 불운한 경험

8. 끈기가 부족해 끝을 보지 못하는 성향

9. 부정적인 마음가짐

10. 감정 조절력 부족

11. 대가 없이 무언가를 얻고 싶어 하는 마음

12. 의사 결정에 필요한 모든 정보가 주어졌음에도 신속하고 단호한 결정을 내리지 못하는 우유부단함

13. 가난, 비판, 질병, 사랑의 상실, 노년, 자유의 상실, 죽음 등 7가지 기본 두려움 중 하나 이상을 갖고 있음

14. 잘못된 배우자 선택

15. 지나친 신중함 또는 신중함의 결여

16. 잘못된 직업 선택

17. 시간과 돈의 무분별한 사용

18. 조심성 없는 언어 습관

19. 편협함

20. 화합하는 분위기에서 다른 사람들과 협력하지 못함

21. 의리 없음

22. 비전과 상상력 부족

23. 이기주의와 허영

24. 복수심

25. 한층 더 노력하려는 자발성 부족

쾌나 긴 목록이다. 그러나 실패의 원인은 이처럼 매우 다양하며 몰락의 원인은 대개 하나 이상이다.

젊은 시절, 나는 시카고에서 잡지를 창간했는데 독자들에게 성공을 위해 노력하라고 강력히 권하는 내용을 다룬 잡지였다. 그러나 사업을 시작할 자금이 부족했던 나는 인쇄업체와 파트너십을 맺었다. 내 사업은 결국 성공을 거두었고 끝도 없이 오랜 시간 동안 일해야 했지만 행복했다.

그러나 나는 주의를 기울이지 않았다. 나의 성공은 다른 출판사에게 위협이 되었고, 결국 그 출판사는 내가 모르는 사이 인쇄업체를 사들여 내 잡지사를 인수하고 말았다. 나는 직장을 잃었고 너무나 수치스러운 방식으로 내가 좋아서 하던 일에서 손을 떼야 했다.

앞서 언급했던 실패의 수많은 원인들은 나를 좌절하게 만든 원인이기도 하다. 그중 가장 큰 것은 내가 화합하는 분위기에서 파트너와 협력하는 데 소홀했다는 점이다. 나는 출판과 관련한 사소한 세부 사항을 두고 파트너와 자주 언쟁을 벌였다. 그런데 마침 나에게서 자유로워질 기회가 오자, 그리고 그로부터 수익을 낼 기회가 오자 그는 냉큼 그 기회를 잡았다. 나의 이기주의와 허영은 그러한 사태를 초래한 큰 원인이었고 전반적으로 조심성 없이 사업을 진행해가며 파트너에게 독설을 퍼부은 것도 문제였다.

그러나-여기서 '그러나'는 매우 중요한 대목이다-나는 이러한 역경 속에서 나의 사업상 결점을 파악했고, 결국 좌절한 만큼의 이익의 씨앗을 찾아낼 수 있었다. 그 후 나는 시카고를 떠나 뉴욕으로 갔고 그곳에서 또다시 새로운 잡지를 창간했으며, 이번에는 안정적으로 경영권을 유지할 수 있었다. 나는 이 목표를 달성하기 위해 새로운 비즈니스 파트너들로부터 진정한 협력을 얻으려고 노력해야 했다. 이들은 나의 지난 번 파트너가 누렸던 권한 없이 위험을 감수하면서 돈을 투자해야 했다. 또한 그 어느 때보다 나의 자산에 대한 의존도가 높았으므로 더욱 신중하게 사업을 계획해야 했다.

결과적으로 그 잡지는 일 년 만에 첫 번째 잡지보다 두 배는 더 많은 발행 부수를 기록했다. 그리고 그 잡지의 수익을 창출하기 위한 노력의 일환으로, 나는 개인의 성취학을 처음 체계화한 통신 교육 시리즈를 구상했다.

나는 시카고의 잡지 사업에서 실패했을 당시 갈림길에 서 있었다. 그때 나는 모든 것을 포기하고 아내의 가족들이 바란 대로 조용히 변호사 업무로 복귀할 수도 있었다. 그러나 나는 좌절 속에 숨은, 그와 동일한 이익의 씨앗을 찾아냈고 그 씨앗을 상상도 못할 정도로 크게 키워냈다.

좌절이 주는 이득

- 좌절은 나쁜 습관을 찾아내 고치게 해주며, 더 나은 습관을 갖고 새출발을 하는 데 필요한 에너지를 발산시킨다.
- 좌절은 허영과 오만을 겸손으로 바꾸어 보다 조화로운 관계를 위한 길을 열어준다.
- 좌절은 신체적, 정신적인 자산과 부채를 정확히 파악하게 해준다.
- 좌절은 더 큰 노력을 요하는 과제를 제시함으로써 의지력을 강화한다.

보디빌더들은 역기를 들어올리는 것이 전부가 아니라는 것을 안다. 처음 들어올릴 때보다 두 배는 더 천천히 원래 있던 자리에 역기를 내려놓아야 하는 것이다. 이 원칙은 이른바 저항성 운동으로, 역기를 내려놓는 것은 실제로 그것을 들어올리는 화려한 동작보다 더 많은 절제와 노력이 필요하다.

좌절은 저항성 운동이 될 수 있다. 처음 시작한 곳으로 돌아올 때마다 신중하게 그 과정에 집중하면, 훈련을 통해 다음에는 훨씬 강력하고 효과적인 성과를 낸다.

좌절을 대하는 태도

나는 좌절을 대하는 태도가 그것을 극복하는 데 매우 중요하다고 거듭 강조해왔다. 즉, 좌절은 손실로만 볼 수도 있고, 이득의 기회로도 볼 수 있다.

좌절을 대하는 부정적인 태도에 관한 핵심 내용은 셰익스피어의 작품 《줄리어스 시저Julius Caesar》에 아주 효과적으로 묘사되어 있다. 살인자 브루투스는 이렇게 말한다.

사람의 일에는 밀물과 썰물이 있는 것이오.

밀물을 만나면 행운으로 나아갈 수 있지만,

밀물을 놓치면 인생의 항해는 비참함의 수렁 속에 갇히고 말 것이오.

우리는 지금 만조 위에 두둥실 떠 있소.

그리고 우린 그 물살이 들어왔을 때 올라타야만 하오.

아니면 우리의 모든 것을 잃고 말 것이오.

이는 파멸을 앞둔 사람의 말이다. 인생에 기회는 단 한 번만 있는 것이 아니며, 행운으로 나아갈 수 있는 밀물도 단 한 번만 존재하는 것이 아니라는 사실을 모른 채 자신의 운명을 결정지어버렸다. 그러나 긍정적인 태도는 이와는 아주 다르다. 월터 밀론Walter

Malone의 〈기회Opportunity〉라는 시를 보자.

> 내가 더 이상 오지 않는다고 말하지 마라.
> 그때마다 나는 너의 문 앞에서 노크하며 너를 찾았고
> 매일 문밖에 서서 너에게 깨어나 일어서서,
> 싸우고 이기라고 말하고 있었다.

> 이미 지나가 버린 기회 때문에 울지 마라.
> 화려했던 날을 그리워하지 마라.
> 나는 매일 낮 그날의 기록을 태우고 해가 뜰 때 다시 태어난다.

> 지나간 찬란한 순간에 대해 소년처럼 웃어라,
> 사라진 기쁨에는 바보처럼 귀와 눈을 닫아라.
> 나의 심판은 죽은 과거는 죽음으로 봉인하지만,
> 아직 오지 않은 순간은 구속하지 않는다.

모든 좌절에는 그와 동일한 이익의 씨앗이 있다는 것을 알게 된다면, 좌절에 대한 밀론의 비전이 더 마음에 들 것이다. 태양이 뜨고 다시 태어난다는 말을 기억하라.

　두려움, 스스로 정한 한계, 좌절을 최종 결과물로 수용하는 태도 등은 셰익스피어의 말대로 당신을 비참함의 수렁 속에 갇히게

할 것이다. 그러나 실행하는 믿음, 긍정적인 마음가짐, 명확한 목표는 반드시 이를 극복할 수 있는 힘을 준다.

좌절을 새로운 자신감과 결의를 다지고 다시 시도하기 위한 영감으로써 받아들인다면 성공을 이루는 건 시간문제일 뿐이다. 그리고 그 비결은 바로 긍정적인 마음가짐이다.

긍정적인 마음가짐이 성공을 끌어당긴다는 것을 기억하라. 그러한 끌어당김이 가장 필요할 때는 좌절을 감당해야 할 때다. 역경이 닥칠 때는 긍정적인 마음가짐을 더 굳건히 하기 위해 한층 더 노력하라. 그리고 당신 자신과 당신이 세운 목표에 믿음을 갖고 이러한 긍정의 마음가짐을 행동으로 옮겨라. 이는 역경과 좌절이 가르쳐주는 가장 중요한 교훈이다.

14

창의적인 비전을 길러라

...

창의적인 비전을 가지려면 명확한 목표를 향한 상상력을 자극하고, 그 상상력의 결과가 효과를 발휘할 수 있도록 해야 한다.

비판을 두려워하지 않는 사람들이 드러낸 창의적인 비전 덕분에 오늘날 문명의 형태가 나올 수 있었다. 창의적인 비전이 낳은 생각과 과학, 역학의 그 모든 발전은 인류로 하여금 지금과 같은 생활 수준을 누릴 수 있도록 해주었다. 이는 모든 분야의 선구자가 되어 새로운 아이디어를 실험하도록 영감을 불어넣는 동시에, 언제나 더 나은 방식을 찾아 나선다.

창의적인 비전은 한층 더 노력하는 사람들의 것이다. 정시 근무를 인정하지 않으며 금전적 보상과도 관련이 없기 때문이다. 그들의 목표는 불가능한 일을 하는 것이다.

이 장에서는 창의적인 비전의 좋은 예를 살펴보고, 이것이 작용하는 과정을 이해하도록 함으로써 삶에 어떻게 적용할 수 있는지를 제시할 것이다.

종합적인 상상력

추론과 마찬가지로 상상력도 두 가지 종류가 있다. 바로 종합적인 상상력과 창의적인 상상력이다. 각각은 창의적인 비전을 통해 나 자신의 삶과 주변을 더 나은 세상으로 만드는 데 기여할 수 있다.

종합적인 상상력은 과거에 공인된 아이디어와 개념, 계획 또는 사실 등을 새로운 방식으로 결합하거나 새롭게 활용하는 것이다.

종합적인 상상력의 훌륭한 예로는 에디슨의 전구 발명이 있다. 그는 이전에 다른 사람들이 발견한 한 가지 공인된 사실에서 아이디어를 시작했다. 즉, 전선은 전기로 열을 가해 빛을 만들어낼 수 있다는 사실이었다. 그러나 문제는 그렇게 생성된 뜨거운 열은 전선을 빠르게 태워버린다는 것이었고, 따라서 빛이 들어오는 시간은 단 몇 분밖에 되지 않았다.

에디슨은 이 열을 조절하기 위해 1만 번 이상 시도했으나 실패했다. 결국 그가 방법을 찾아낼 수 있었던 것은 다른 사람들이 그

냥 지나쳐버린 또 다른 사실을 적용한 덕분이었다. 그는 나무를 태우고 이를 흙으로 덮어 까맣게 될 때까지 서서히 타게 두면 숯이 만들어진다는 사실을 알았다. 불에 공기가 공급될 정도로만 흙을 덮으면 활활 타지는 않되 꺼지지 않고 계속 타는 것이었다.

에디슨이 이 사실을 깨달았을 때 그의 상상력은 곧바로 전선을 가열한다는 생각과 연결됐다. 그는 전선을 병 안에 넣고 펌프로 적정량의 공기를 빼내 최초의 백열광을 얻었다(사실 에디슨 이전에 백열등을 발명한 사람들은 많았으며, 영국의 조지프 스완Joseph Swan이 먼저 특허를 냈으나 에디슨이 이를 개량해 탄소 필라멘트를 사용함으로써 상용 가능한 백열등을 만들었다-옮긴이). 이 빛은 8시간 반 동안 지속되었다.

에디슨의 창의적인 비전은 몇 가지 중요한 개인의 성취학의 원칙을 토대로 하고 있었다. 그는 당장 보상이 없어도 일했기 때문에 한층 더 노력하는 습관을 실행한 셈이었다. 또한 명확한 목표를 가지고 일했으며, 실행하는 믿음에 영감을 받아 수없이 많은 실패를 겪으면서도 자신의 일을 계속해나갔다. 보통 사람이었다면 이 과정에서 아마 대부분 무너졌을 것이다.

결국 그는 발명품을 완성하기 위해 전문 화학자와 정비공으로 이루어진 팀을 꾸리고, 적합한 전선의 종류와 두께, 전구 안에 남아 있는 적당한 공기의 양, 전구를 만드는 최적의 방법 등을 찾아내는 식으로 마스터 마인드 원칙을 적용했다. 그렇게 그의 발명품은 가장 효율적인 형태를 갖출 수 있었다.

에디슨은 초등 교육을 3개월밖에 받지 못했다. 수년간 전신 기사로 생계를 꾸려갔으며 그가 다녔던 거의 모든 직장에서 해고를 당했다. 또한 일찍부터 청력을 잃기 시작했던 그는, 결국 귀가 거의 들리지 않는 지경에까지 이르렀다. 그러나 명확한 목표와 한층 더 노력하는 습관, 실행하는 믿음을 통해 스스로의 인생을 완전히 바꿔버렸다.

토머스 스템버그Thomas Stemberg는 식료품 판매 분야에서 성공한 경영자였다. 코네티컷 기반의 한 체인과 제휴한 그는 소비자에게 다양한 제품을 낮은 가격에 제공하는 다양한 대규모 메가스토어를 잇달아 열었다.

매장 운영은 매우 성공적이었고 스템버그는 업계에서 화려한 평판을 쌓아나갔다. 그러나 그는 거기서 만족하지 않았다. 소위 잘나가는 대형 식료품 매장을 둘러본 그는 메가스토어의 개념을 다른 곳에도 적용할 수는 없는지 궁금해했다.

그는 현대적인 유통 방식이 제대로 자리 잡지 못한 거대 시장에서, 고객에게 상질의 상품을 제공하는 대규모 사업을 시작하고 싶었다. 결국 대형 식료품 매장을 개척한 레오 칸Leo Kahn과 마스터마인드 연합을 만들어, 1986년에 최초의 대형 사무용품 매장인 '스테이플스Staples'를 열었다.

스템버그의 아이디어는 매우 참신하고 실용적이어서 곧 '오피스 디포Office Depot'와 '오피스맥스OfficeMax'와 같은 경쟁업체들이 생거났고, 결과적으로 이는 사무용품 업계를 혁신적으로 바꾸어놓았다. 다른 업체와의 경쟁에도 불구하고 스테이플스는 스템버그의 야심찬 기대 수준을 훌쩍 뛰어넘어 7년 만에 10조 달러가 넘는 매출을 달성했다.

토머스 스템버그는 메가스토어라는 아이디어를 발명하지는 않았으나 수십 년간 변화 없이 조용했던 시장에 이를 적용시켰다. 그는 목표 달성을 위한 명확한 계획을 마련한 뒤, 그 개념을 가장 잘 아는 칸과 마스터 마인드 연합을 결성했다. 그리고 실행하는 믿음으로 계획을 실천했고, 고객들에게 그 어떤 업체보다 더 다양하고 나은 서비스를 제공함으로써 한층 더 노력했다.

인간은 이러한 종합적인 상상력을 통해 인류의 지식 전체를 자유롭게 활용할 수 있지만, 다른 성공학의 요소와 마찬가지로 이러한 비전을 현실로 만들기 위해서는 무엇보다 개인의 전심전력의 노력이 필요하다.

창의적인 상상력

창의적인 상상력은 잠재의식에 기초하고 있다. 이는 새로운 아이디어와 새롭게 알게 된 사실들을 인식하는 매개체다. 명확한 주요 목표를 잠재의식에 새기기 위한 모든 노력은 창의적인 상상력을 자극한다.

F. W. 울워스F. W. Woolworth는 철물점에서 직원으로 일하고 있었다. 당시 그는 능력 있고 친절한 직원이 되겠다는 생각뿐이었다. 그의 상사가 팔리지 않는 오래된 상품이 산더미처럼 쌓이고 있는 데 대해 고충을 털어놓았던 그날, 울워스의 상상력이 작동했다.

"제가 그 물건들을 팔아보겠습니다" 그는 상사에게 이렇게 말하고는 회사의 허가를 얻어 매장 안에 테이블을 차려놓고, 그 위에 못 쓰는 상품들을 죄다 늘어놓은 다음 각각의 물건에 10센트 가격표를 붙였다. 재고는 순식간에 팔렸고, 이에 점주는 그 테이블에 더 올려놓을 만한 것이 없는지 닥치는 대로 찾기 시작했다. 결국 그 테이블은 매장에서 가장 높은 수익을 내는 자리가 되었다.

울워스는 자신의 새로운 생각을 매장 전체에 확대 적용해도 되겠다는 믿음이 있었으나 그의 상사는 그렇지 않았다. 그리하여 울워스가 독립해서 시작한 초저가 잡화점 체인은 곧 전국으로 퍼졌고, 그는 큰돈을 벌었다. 그의 예전 상사는 이렇게 말한 적이 있다. "과거에 그의 제안을 거절하며 한마디 한마디 할 때마다 나는 1백만 달러씩 손해를 본 셈이었습니다."

울워스는 능력 있는 직원이 되겠다는, 당시로써는 소박한 목표에 전념했다. 그리고 그의 상상력이 강력한 아이디어가 되어 이러한 그의 의지를 뒷받침해주었다. 그는 상사를 위해 한층 더 노력했으나, 상사에게는 울워스가 가진 비전이 없었기 때문에 미래를 상상할 수 없었던 것이다. 결국 울워스는 다른 투자자들과 마스터 마인드 연합을 결성했고 그로부터 큰 이익을 얻게 되었다.

창의적인 비전은 상상력을 뛰어넘는다

창의적인 비전은 물질적인 것에 대한 관심을 넘어 더 나은 미래에 대한 의지를 나타낸다. 종합적인 상상력은 경험과 이성에서 나오지만, 창의적인 상상력은 명확한 목표에 대한 의지에서 나온다. 창의적인 비전은 대부분 창의적인 상상력에 좌우되지만 그 이상의 의미가 있다.

상상력은 한계와 불리한 조건, 반발을 인정한다. 반면 창의적인 비전은 이를 마치 존재하지 않는 듯 뛰어넘어버리는데, 그 바탕에 무한 지성이 있기 때문이다.

내가 아는 창의적인 비전의 가장 극적인 사례는 엘머 게이츠 Elmer Gates 박사의 이야기에서 살펴볼 수 있다. 게이츠는 에디슨과 동시대에 활동했던 발명가이지만, 두 사람의 방식과 배경은 서로 너무나 달랐다. 그는 고등 교육을 받은 과학자였고 그가 낸 특허 수도 에디슨보다 거의 두 배는 많았다.

게이츠는 매우 간단한 과정을 통해 창의적인 비전을 활용했다. 그는 방음 처리가 된 방에 들어가 종이와 연필이 놓인 테이블

앞에 앉아서 불을 끄곤 했다. 그런 다음 특정 문제에 생각을 집중하면서 해결에 필요한 아이디어가 떠오르길 기다렸다.

그럴 때마다 아이디어가 즉시 떠오른 적도 있었고 한 시간 정도 지난 뒤에 떠오를 때도 있었다. 심지어 아무것도 떠오르지 않을 때도 가끔 있었다. 또 어떤 때는 생각지도 못했던 다른 문제의 해결책을 깨닫기도 했다.

게이츠 박사의 창의적인 비전은 상상을 초월했다. 자신이 원할 때마다 불러낼 수 있는 능력으로 발전시켜 나간 덕분이었다. 창의적인 상상력은 변명이 아닌 결과를 만든다.

창의적인 비전이 필요한 건 바로 지금이다

오늘날 창의적인 비전에 대한 요구는 전 세계적으로 거세게 일고 있다.

- 환경을 오염시키거나 고갈시키지 않는 형태의 에너지가 필요하다.
- 젊은 세대의 주의를 환기시켜 더 나은 사람이 되도록 가르치는 학교가 필요하다.
- 전 세계인을 위협하는 끔찍한 질병에 대처하기 위한 치

료제와 백신이 필요하다.

- 급속도로 발전하고 있는 기술을 활용해 수익을 얻는 법을 영세 기업에 알려줄 수 있는 사람이 필요하다.
- 의료 전문가의 인센티브를 훼손하지 않는 선에서 의료비를 통제하고, 성실하게 일하는 모든 근로자가 적정 가격에 의료 서비스를 이용할 수 있도록 하는 계획이 필요하다.

이런 요구 사항에는 보통 해결해야 할 과제와 기회가 동시에 존재하기 마련이다. 이를 통해 여러분이 창의적인 비전이 가진 가능성의 범위에 대해 생각해보았으면 한다.

요즘 시대에는 올바른 마음가짐으로 어떤 형태로든 유용한 서비스를 제공할 수만 있다면 모든 사람에게 기회가 열려 있다. 당신에게 창의적인 비전이 있다면 이를 실행함으로써 그로부터 수익을 얻을 수 있다는 것이다. 기회가 없다고 불평할 일은 결코 없을 것이다.

어느 세대든 미국의 위대한 리더들은 보잘 것 없는 직업으로 사회생활을 시작했다. 앤드루 카네기는 방직 공장의 얼레잡이(실을 감는 도구를 다루는 직공-옮긴이)였고, W. 클레멘트 스톤W. Clement Stone은 신문 배달원이었다. 또 해리 트루먼Harry Truman은 남성복 매장을 운영했으며, 루스 베이더 긴즈버그Ruth Bader Ginsburg는 법대를 졸업하고도 법률 사무 보조원으로 일했다. 당시만 해도 판사들이 여성 서기를 고용하는 것은 상상조차 할 수 없는 일이었기 때문이다. 그러나 긴즈버그는 이후 연방 대법관 자리에까지 올랐다.

출발점이 어디인가는 별로 중요하지 않다. 중요한 것은 목적지가 어디인가를 묻는 것이다. 최선을 다하고자 하는 동기는 어디서 나왔는가? 한층 더 노력할 각오가 되어 있는가? 하루가 끝나기만을 바라며 시계만 쳐다보는 사람인가, 아니면 다른 사람들에게 없어서는 안 될 존재가 되기 위해 기회를 찾아 나서는 사람인가?

스스로에게 이러한 질문을 던져야 한다. 창의적인 비전이 있다면 대답할 수 있다. 목적지를 알고, 원하는 것을 알고, 인생에서 대가 없이 얻을 수 있는 것은 아무것도 없으며, 설령 운 좋게 얻었다 하더라도 결국 얻은 것에 비해 더 많은 비용을 치를 수밖에 없다는 사실을 잊어선 안 된다.

창의적인 비전이 있으면 다른 사람의 성공을 도와야만 성공할 수 있으며 그 과정에서 꼭 누군가가 실패할 필요는 없다는 것을 알게 될 것이다.

창의적인 비전은 신속한 의사 결정을 내리게 해준다. 그리고 실수를 깨닫자마자 그 결정을 바꿀 수 있도록 도와준다. 자신이 공정하고 정직하다는 것을 알고 마음의 평안을 느끼게 되면, 타인에 대한 두려움에서도 자유로울 수 있다.

우리는 보통 성공한 사람들을 부러워하면서도 이들이 이룬 성공에만 주목하고 그 과정에서 그들이 치러야 했던 대가는 무시하곤 한다. 또한 그들이 연줄이나 운, 부정적인 방법을 사용해 성공한 것은 아닌지 의심하는 경우도 많다.

그러나 창의적인 비전은 개인적 성취의 대가를 뚜렷하게 인식하도록 만든다. 다른 누구도 아닌 바로 자신이 그 수고를 잘 알기 때문이다. 창의적인 비전을 가진 사람은 좋은 일이나 경험, 기회를 다른 이들과 나누면 득이 된다는 것을 잘 알고 있다. 즉, 그런 것들을 타인과 나눌 때 비로소 성공이 찾아온다는 것을 아는 것이다.

만약 삶에서 창의적인 비전이 필요하다고 느낀다면 스스로 더욱 떳떳한 사람이 되고, 자립심을 키우고, 명확한 목표를 수립하고, 두려움도 의심도 없이 목표에 전념함으로써 그러한 비전을 만들어갈 수 있을 것이다.

자기 주도성을 가지고 열정적으로 뛰어들지 않으면 인생에 변화란 없다. 창의적인 비전은 바로 이와 같은 자기 주도성을 기르도록 영감을 불러일으키는 힘이다.

15

건강을 유지하라

...

누구나 넘치는 활력을 얻고 신체 능력치를 최대로 끌어올리고 싶어 한다. 이를 가능하게 하려면 다음의 두 가지를 이해해야 한다.

    1. 몸과 마음은 하나다.

    2. 심신은 결국 자연과 하나다.

심신의 건강은 분리될 수 없다. 마음의 건강에 영향을 주는 것은 몸에도 영향을 주며, 몸에 영향을 주는 것은 마음에 닿게 마련이다. 그 때문에 나는 이를 심신으로 묶어서 부른다.

    그러나 나무와 산, 새, 짐승들이 자연 법칙의 영향을 받는 만큼,

당신 또한 당신의 심신을 지배하는 자연 법칙에 따라 환경의 영향을 받는다.

따라서 건강한 심신을 유지하는 법을 이해하는 것은 자연의 원리를 이해하는 데 달려 있다. 자연의 힘에 대항하지 말고 공존하는 법을 익혀야 한다.

삶의 리듬

파도와, 계절의 흐름과, 달이 차고 기우는 모습을 생각해보면 자연은 일정한 리듬에 따라 움직인다는 것을 알 수 있다. 태어나서 어린 시절을 거쳐 청소년기와 완전한 성숙기를 지나 노년에 이르러 마침내 새로운 세대가 나타날 때까지, 인간의 삶에도 리듬이 있다. 빛과 에너지, 물질은 파동으로 이루어져 있으며 이것은 고유의 리듬에 따라 방출되거나 중성자처럼 원자핵의 고정된 지점 주변에 묶여 있다.

삶에서 정지되어 있는 것은 아무것도 없다. 끊임없이 리듬에 따라 움직인다(때로는 그 리듬이 너무 크거나 작아서 즉시 알아채지 못하기도 한다). 우리가 음악을 좋아하는 이유도 이 때문인데, 음악이 우리 경험의 리듬과 파동을 반영하기 때문이다. 삶의 리듬에 맞서 고정된 채로 가만히 서 있지 말고 리듬에 맞춰 구부러지고 흔들리는 법을 배워야 한다. 백사장은 파도의 리듬에 따라 움직이고 변하여 영겁의 시간 동안 지속되지만 그렇지 못한 방파제는 이내 파괴라는 결말을 맞는다.

자신의 삶을 한번 살펴보라. 리듬에 따라 움직이는가? 일한 후에 놀이를, 정신적 노력 후에 신체적 노력을, 식사 후에 단식을, 진지함 후에 유머를, 섹스 후에 이를 창의적인 활동으로 바꾸는 식의 리듬이 존재하는가?

잠재의식은 의식이 쉬고 있을 동안 당신을 위해 최선을 다해 일한다. 잠재의식에 과제가 주어지고 의식은 다른 일을 하느라 바쁠 때, 즉 마음이 놀고 있을 때 비로소 진정한 영감이 찾아오는 경우가 많다.

아르키메데스는 두 물체의 상대 질량을 결정하는 복잡한 문제의 해답을 찾기 위해 씨름하고 있었다. 그러다 긴장을 풀고 편안히 쉴 생각으로 욕조 속으로 미끄러져 들어갔을 때였다. 그의 잠재의식이 욕조에서 흘러넘친 물에 의해 자극을 받았다. 그렇게 그토록 원하던 답을 찾아낸 그는 오늘날에도 잘 알려진 "유레카!"라는 말을 외치며 욕조에서 벌떡 일어났다. 당신도 정신에게 편안하고 느긋하게 쉴 기회를 주고 있는가?

리드미컬한 일상의 패턴에 간섭이 일어나면 많은 문제가 생긴다. 정신에 일과 휴식이라는 리듬을 번갈아 주지 않으면 몸은 지속적으로 자극을 받아 스트레스로 인한 이상이 생길 가능성이 높다.

그리고 변화가 없으면 소중히 여기는 것들이 빛을 잃기 시작한다. 과거의 실패는 성공을 보다 달콤하게 만든다.

당신은 행복이 영원히 지속되길 진정으로 바라지는 않을 것이다. 그런 행복은 따분하게 느껴질 뿐이기 때문이다. 부부 상담의 주된 목표 중 하나는 애초에 끊임없이 사랑하는 상태란 존재하지 않음을 그들에게 이해시키는 것이다. 사랑에 빠진 사람들은 바다 위 파도와 같은 일련의 사랑을 한다. 파도의 골(파도의 가장 낮은 지점)에서는 감정이 흐릿하지만, 골이 있기에 마루(파도의 가장 높은 지점)에서 더욱 세찬 파도를 만들어낼 수 있다. 인생에서와 마찬가지로 모든 파도의 강도가 다 같은 것은 아니다. 당신은 인생에서 그처럼 높이까지 올라가는 경험을 몇 번쯤 겪기도 할 것이다. 상황이 힘들어질 때 불러낼 수 있도록 그 순간의 기억과 흥분을 간직해두길 바란다.

삶의 파도와 리듬을 이해하고 세계와 조화를 이루기 위해서는 그러한 리듬 안에서 사는 법을 배워야 한다.

마음의 영향

자연을 고유의 리듬에 따라 움직이는 복합적 총체로 이해해야 하는 것처럼 우리의 심신 역시 서로 영향을 주고받는 하나의 총체로 이해해야 한다.

인간은 생각을 하는 유일한 존재이다. 이러한 능력을 통해 우리는 세계의 법칙을 이해하고 변화시킬 수 있다.

이는 문명의 흐름을 바꾸어놓은 모든 성공한 사람들의 이야기다. 걷거나 헤엄치던 모든 짐승이 날아다니는 새로 진화하는 데는 자그마치 수십억 년이 걸렸다. 그러나 자신들의 아이디어에 대한 순수한 믿음이 있었던 라이트 형제는 단 20년 만에 인간을 날 수 있는 존재로 만들었다. 이것이 바로 경험을 통해 우리에게 입증하는, 무한 지성과 소통하는 수많은 선지자들의 말에 의해 강화된 마음의 힘이다. 예수 스스로도 "세상이 끝날 때까지 모든 것이 가능하다"고 말했다.

마음은 심신에서 더 고급 기능을 담당한다. 몸은 마음을 데리고 다니는 아주 정교한 기능을 가진 기계로, 넘치는 에너지를 가진 마음의 명령을 수행한다. 따라서 건강한 몸에는 건강한 마음이 필요하다.

신체 기능이 제한된 사람들도 있다. 움직이거나 보거나 말하는 데 있어 어려움이 있거나 전혀 할 수 없는 경우이다. 그럼에도 불구하고 마음의 힘을 통해 충만하고 창의적인 삶을 살아간 사람들이 있다. 헬렌 켈러Helen Keller는 심각한 청각 장애를 겪은 베토벤Beethoven, 에디슨과 마찬가지로 이와 관련한 놀라운 예에 해당한다. 프랭클린 루스벨트는 건강 악화로 혼자 힘으로 서 있을 수조차 없는 상황에서도 수많은 미국인들에게 영감을 주었고, 대공황과 전쟁을 이겨내며 나라를 이끌었던 인물이다. 밥 돌^{Bob Dole} 상원 의원은 제2차 세계대전에서 팔에 영구적인 장애를 입었으나 좌절하지 않았고 역사적으로 가장 영향력 있는 정치 지도자 중 한 명으로 우뚝 섰다.

문명사에는 신체적 한계에 굴하지 않고 건강한 마음으로 위대함을 보여준 개인의 이야기들도 많이 있다. 이들은 명확한 주요 목표, 믿음, 열정, 긍정적인 마음가짐이라는 날개를 달고, 자신의 한계로 인한 절망을 극복하고 마침내 날아올라 빛나는 성취의 저 높은 곳을 향해 날아가곤 한다. 이것이 바로 마음이 가진 힘이다.

성공과 행복의 필수 요소

성공의 필수 원칙들은 대부분 건강한 마음을 위해 꼭 필요한 것들이기도 하다. 명확한 주요 목표와 실행 계획은 당신이 흔들림 없이 노력에 정진할 수 있도록 해줄 것이다. 만약 당신에게 순조롭게 진행 중인 계획이 있다고 생각해보자. 당신은 그러한 상황이 흘러가는 방식에 큰 불만이 없으며 편안하고 여유로운 기분이다. 또한 잘 짜인 계획이 조화롭게 흘러가는 것에 대해 항상 만족감을 느낀다. 그렇다. 불안은 부실한 계획으로부터 나오는 것이다.

통제된 집중력, 자기 훈련, 정확한 사고, 자기 주도성, 좌절에서 배우기, 한층 더 노력하기 등은 모두 계획을 세우고 실행하는 데 사용할 수 있는 마음의 도구들이다. 계획의 각 단계를 완수하여 전반적으로 발전을 이루면 만족감을 얻을 수 있다. 그리고 이 만족감은 건강한 마음에 필요한 중요한 양식이다.

정신 건강을 위한 가장 중요한 특징을 한 가지 꼽으라면 아마도 긍정적인 마음가짐과 그에 따른 모든 결과일 것이다. 마음에 가장 독이 되는 두 가지는 바로 두려움과 그 단짝인 불안이다. 이 둘은 열정을 죽이고, 믿음을 깨뜨리고, 비전을 가리고, 창의적인 노력을 약화시키고, 마음의 조화와 평화를 쫓아버린다. 모두 긍정적인 마음가짐과 정신 건강을 유지하는 데 필요한 특징들이다.

두려움의 힘

두려움과 불안은 마음에 불협화음을 일으켜 우리를 안절부절못하게 하고 초조하게 만든다. 이는 정신적 부적응을 초래하는 동시에 몸에 심각한 질병을 유발하거나 심지어 죽음에까지 이르게 하는 심각한 증상을 만들어낸다. 건강 관련 직종에서는 대다수의 신체적 질병은 정신적 스트레스가 그 원인이거나 혹은 그로 인해 질병이 더 악화되고 있다는 인식이 널리 퍼져 있다.

스트레스로 인한 질병은 알레르기, 천식, 피부병, 고혈압, 심장

병, 관절염, 대장염, 면역 질환 등 그 수가 많고 다양하며 점점 더 늘어나고 있다.

꽃가루 알러지 환자 중에는 꽃병에 있는 꽃을 '보기만' 해도 재채기와 가려움증이 시작되는 경우도 있다. 이때 그것이 조화라고 설명해주면 대부분은 증상이 사라진다. 이는 마음이 몸에 어떻게 부정적인 영향을 미치는지를 보여주는 간단한 예다.

두려움을 자신에 대한 이해와 믿음으로 바꿔야 한다. 이를 위해 먼저 두려움이 신체의 메커니즘에 어떻게 영향을 주는지 살펴보자.

일시적으로 지나가는 두려움은 정상적이면서도 중요한 기능을 한다. 예를 들어 당신을 향해 다가오는 차가 있다면 그것을 피해 물러나게 하거나, 순간적으로 문제에 정신을 집중하게 함으로써 당신이 낭떠러지 근처에 너무 가까이 가지 않도록 해준다. 문제가 사라지면 이런 두려움도 사라진다.

또한 두려움은 신체 기능을 위협에 집중시킨다. 선사시대 동굴에 살던 인류가 밤에 어떤 소리를 듣고 놀라는 과정에 관한 옛날 이야기는 이에 관한 좋은 예다. 우리는 놀란 순간에 즉시 심장이 빠르게 쿵쾅거리기 시작한다. 소화기에 사용되던 혈액이 근육으로 이동한다. 근육을 둘러싼 혈관이 늘어난 혈류량을 처리하기 위해 확장되는 동안 피부 주변의 혈관은 무언가에 베일 경우 출혈을 최소화하기 위해 수축되기 시작한다. 청각은 더 예민해진다. 동공은 더 많은 빛을 받아들이기 위해 확장된다. 싸울 힘을 내기 위해 아드레날린이 솟구쳐 오른다.

이 모든 것은 전투나 추격에서 살아남기 위한 우리 몸의 대비 과정이다. 전투가 벌어지면 아드레날린이 소진되고 다른 신체 기관이 녹초가 되면서 고조된 긴장 상태가 낮아진다. 혈액은 근육에서 빠져나와 소화 기관 및 다른 장기로 돌아간다.

이는 인류를 수백만 년간 살아남게 해준 매우 강력한 반응이다. 그러나 이러한 반응이 지속되는 상태가 되면 신체는 정상적인 기능을 할 수 없다. 그럼에도 불구하고 이런 반응을 어느 정도 또는 지속적으로 활성화시키는 사람들도 있다. 이런 사람들의 특징은 두려움을 자주 느낀다는 것이다. 따라서 두려움의 원인을 없애기 위한 노력이 필요하다.

금전적 손실에 대한 두려움: 자산을 보호하고 늘릴 수 있는 장치를 마련했는가?

질병에 대한 두려움: 귀담아들을 만한 전문가의 조언을 구하고 이를 따랐는가?

사랑의 상실에 대한 두려움: 사업상 중요한 잠재 고객에게 공을 들이는 만큼, 사랑하는 사람의 애정을 얻기 위한 노력을 기울였는가?

죽음에 대한 두려움: 두려움이 믿음으로 바뀔 때까지 도움

과 이해를 구한 적이 있는가?

두려움의 대상은 끝이 없지만 긍정적인 마음가짐으로 이 세상과 조화롭게 살 수 있는 건강한 마음을 가지려면 반드시 두려움과 불안을 극복해야 한다.

같은 문제로 인한 두려움과 불안이 마음속에 끊임없이 밀려들면서 당신의 노력을 물거품으로 만들고 있다면, 실력 있는 상담 전문가의 도움을 구하라. 그런다고 해서 당신 스스로 나약함을 인정하는 것은 아니다. 그저 자신의 건강과 명확한 목표에 대한 의지와 성숙함을 표현하는 것뿐이다. 짧게라도 치료를 받으면 행복한 몇 년을 보낼 수도 있다.

마음속으로 무슨 생각을 하고 믿든지, 반드시 해낼 수 있다는 것을 기억하라. 얼음 위에서 넘어질 것을 두려워하는 사람이 얼음 위에서 넘어지는 법이다. 마음속에서 두려움을 반복해 떠올리면 그 두려움의 대상을 마주칠 가능성이 커질 뿐이다. 두려움이 나를 정복하기 전에 내가 먼저 두려움을 정복해야 한다.

긍정적인 마음가짐의 힘

마음속에서 두려움을 몰아내는 최고의 방법은 그것을 긍정적인 마음가짐으로 바꿔버리는 것이다.

프랑스의 심리학자 에밀 쿠에Émile Coué는 긍정적인 마음가짐을 기르고 건강한 의식을 유지하기 위한 아주 간단하면서도 실용적인 공식을 제시했다. 바로 '나는 날마다 모든 면에서 좋아지고 있다'는 문장을 하루에도 몇 번씩 되뇌는 것이다. 그렇게 하면 잠재의식이 이를 알아채고 받아들여 건강한 형태로 수행하기 시작한다.

이는 간단하지만 매우 놀라운 자기 암시의 형태다. 그 말을 얼마나 믿느냐에 따라 달라지긴 하겠지만, 그러한 믿음을 키우는 최고의 방법은 그 말을 당신의 정신적 환경의 일부로 만드는 것이다. 마음은 정신적 환경의 강한 영향을 받기 때문에 그 환경을 올바른 생각으로 채울 때 비로소 건강한 믿음이 자라날 수 있다.

식습관

음식은 신체를 건강하게 유지하는 데 필요한 영양을 공급하기 위해 먹는 것이다. 식습관은 바로 이 목표가 중심이 되어야 한다.

소화 기관을 공장이라 생각해보자. 공장을 효율적으로 돌리려면 다양한 양의 다양한 원료를 공급해야 한다. 어떤 작업은 원료 배합이 잘못되면 절대 끝낼 수 없고, 또 어떤 작업은 임시방편으로 마련한 원료로 마무리하기도 한다. 어떤 원료는 창고 구석마다 쌓여 있다가 공간이 부족해지면서 보관조차 어려워지는 경우도 생기는데, 이럴 경우 결국 창고는 터지고 천장이 함몰되면서 공장은 망하든가, 아니면 비싼 돈을 들여 대대적으로 수리해야 하는 상황에 직면한다.

몸에 대한 과학적 이해도가 높아지면서 필요한 영양분에 관한 정보도 계속해서 업데이트되고 있다. 새로운 정보가 나오면 그에 관심을 갖되, 무작정 유행에 휩쓸리면 안 된다. 대부분의 경우 아래의 간단한 몇 가지 사항만 지켜도 균형 잡힌 식단을 유지할 수 있다.

1. 식사의 대부분을 신선한 과일과 채소로 구성한다. 과일과 채소는 다양한 비타민과 미량의 원소를 공급하는데, 우리의 신체는 이를 손쉽게 이용할 수 있도록 만들어졌다.

2. 그 다음으로 빵, 곡물, 감자와 같은 복합 탄수화물을 많이 먹어야 한다.

3. 살코기, 생선, 유제품 형태의 단백질 또한 중요하지만, 이것이 식사에서 주가 되어서는 안 된다. 매 끼니마다 스테이크를 게걸스레 먹기보다는 맛있게 먹을 수 있는 소량의 음식을 선택하라.

4. 지방을 피하라. 버터와 오일 섭취량을 제한하고 튀긴 음식을 멀리하라. 영양소는 거의 없이 열량만 있는 사탕과 콜라 같은 당분을 피하라.

또한 식단을 다양하게 구성해야 한다. 몸에서 필요로 하는 영양분은 매우 다양하므로 군이 전문가처럼 연구하지 않아도 필수 영양소를 채우는 최고의 방법은 가지각색의 음식을 먹는 것이다. "저렇게는 못 먹어" 같은 말은 관둬라. 그 말의 진짜 의미는 '저렇게 먹기는 싫다'이기 때문이다. 또한 맛없어 보이거나 낯선 음식은 정말 못 먹는다고 스스로를 설득하기 위한 그럴 듯한 정신 승리일 뿐이다. 왜 성공을 위한 당신의 모든 노력이 편식으로 인해 나빠진 건강으로 물거품이 되어야 하는가?

화나거나 무섭거나 걱정이 될 때는 절대 먹지 마라. 몸이 방어 태세일 때는 음식 또한 섭취하여 활용할 수 없는 상태다. 게다가 스트레스 때문에 먹는 습관을 들이면 과체중이 될 수 있다.

음식과 알코올 섭취를 절제하는 것은 매우 중요하다. 둘 중 어느 쪽이든 과하면 몸이 피폐해질 수 있으며, 무절제는 신속히 해결해야 할 중요한 문제를 회피하는 수단이 될 수도 있기 때문이다. 어느 쪽도 절제가 불가능하다 싶으면 전문가나 믿을 수 있는 단체의 도움을 구하라.

여유 속의 리듬

일상의 여유를 만끽하다 보면 고민과 문제를 완전히 잊어버리기도 한다. 바람직한 얘기긴 하지만 의외로 많은 이들이 여유를 제대로 즐기지 못한다.

의식은 집중할 대상을 고른다. 집중한다는 것은 다른 생각은 배제한다는 뜻이다. 당신은 아무 때고 의자에 털썩 앉아서 "나는 쉬고 있어"라고 말할 수 없을 것이다. 마음은 늘 관심의 대상을 선택하기 때문인데, 그 대상이란 대부분 당신이 잠시라도 잊고 싶어하는 바로 그것이다. 따라서 당신은 마음을 쏟을 만한 '여유의 대상'을 고를 필요가 있다. 연날리기나 정원 가꾸기, 소설 읽기, 그 외에 몰입할 수 있는 것이라면 그 어떤 것이든 가능하다.

단, 텔레비전과 음주는 해당되지 않는다. 마음을 새로운 곳에 둘 수 있게 해주는 다양한 관심사를 길러라. 명상 수련을 하면 정신을 절제하는 힘을 키우는 데 매우 효과가 있을 것이다. 또한 신체 활동은 몰입에 큰 도움이 된다. 이를 통해 마음의 여유를 찾게 될 뿐만 아니라 체력을 강화할 수도 있다.

하루 중 잠깐이라도 여유를 갖는다면 긴장이 풀리면서 잠재의식이 제대로 작동할 수 있다. 잡지를 읽거나 어학 강의를 청취하라. 마음을 최상의 상태로 유지하려면 적당한 여유가 필요하다.

수면

몸은 다음 날을 위해 반드시 회복과 재충전의 시간이 필요하다. 자는 시간을 줄여서 생산성을 높이려는 것은 아주 어리석은 생각이다. 성인은 하루에 보통 6~8시간 정도는 자야 한다. 당신이 자는 동안 잠재의식이 일을 한다는 것을 잊지 말자.

불면증은 잠들기 전 긴장을 풀지 못해 생기는 경우가 많다. 지쳐 쓰러질 때까지 일하지 말라. 대신 하루를 마무리할 때 지나친 자극보다는 즐거운 활동을 통해 긴장을 풀어라. (이런 이유로 자기 직전 운동은 좋지 않다.) 배우자와 조용히 잡담을 나누는 것으로 충분할지도 모른다. 아니면 늘 해왔듯이 양치를 하든가, 몇 분간 스트레칭을 하든가, 침대를 정리하는 것도 좋다. 몸에게 잠잘 시간이라고 알려주는 습관은 상당한 도움을 준다.

운동

가장 좋은 것은 여가 시간에 운동을 포함하는 것이다. 여유를 즐기며 노는 행위는 마음에도 중요한 영향을 미치는데, 대체로 신체 건강에 좋은 운동은 정신 건강에도 꽤 도움이 되기 때문이다.

심폐 기능을 강화하기 위해서는 일주일에 3번 이상 20분간 유산소 운동이 필요하다. 운동 속도는 나이와 신체 건강에 따라 결정해야 한다. 동네 체육관이나 스포츠 센터의 트레이너들은 이런 점을 설명해주고 간단한 운동 프로그램을 짜는 데 도움을 줄 수 있다. 둘 다 비싼 금액이 들지도 않고 시간도 많이 걸리지 않는다. (TV 보는 데는 얼마만큼의 시간을 들이는지 생각해보라.) 운동 프로그램을 시작하기 전에는 의사와 먼저 상의하는 것이 좋다.

운동은 게으름을 없애주며 정신적으로나 신체적으로나 엄청난 자극을 줄 수 있다. 끈기와 집중력도 기를 수 있다. 이와 관련하여 선수 트레이닝은 인간의 잠재력을 이해하는 중요한 분야가 되었으며, 성공을 향한 노력에 적용할 수 있는 수많은 기술과 방법들을 탄생시켰다.

빌 바우어만Bill Bowerman은 오리건 대학에서 수년간 최고의 육상 코치로 활동했다. 그가 더 나은 러닝화에 대한 아이디어를 구상할 당시, 그동안 자기 자신과 다른 사람들을 훈련시키면서 알게 된 사실들이 미국의 1등 신발 제조사인 나이키를 만드는 데 중요한 역할을 했다.

섹스와 승화

섹스는 가장 귀중하고도 건설적인 욕망이지만 쉽사리 비하당하기도 한다. 섹스는 인류의 운명을 개척해나간 모든 창의적인 힘의 원천이다. 섹스는 성당을 지었고, 대학을 지었으며, 나라를 건설했다. 왜? 섹스에 대한 욕망이 다른 이를 기쁘게 만들기 위한 노력을 창출하고, 그러한 노력으로부터 타인에 대한 친절함과 이해가 샘솟기 때문이다.

섹스는 아주 자연스러운 욕망이다. 그러므로 이를 두려워하거나 거부하지 마라. 다만 그 자체가 목적이 되는 대신, 다른 모든 욕망과 마찬가지로 명확한 목표를 향해 섹스에 대한 욕망을 이끌어가야 한다. 섹스에만 탐닉하면 스스로에 대한 믿음과 명확한 목표, 도덕적 규범은 잊은 채 이를 위해 무슨 일이든 하려 할 것이다.

섹스를 원할 때는 대가 없이 얻는 것은 아무것도 없다는 사실을 기억하라. 섹스로부터 기대할 수 있는 친밀감은 진지한 관계로 발전하기 위한 건설적인 노력을 행할 때 얻어지는 것이다. 섹스에 대한 욕망을 진지한 관계를 맺기 위한 에너지로 전환하면 마음이 원하는 것을 얻게 될 뿐만 아니라 높은 수준의 성취에 도달할 수 있을 것이다.

스스로에게 가장 도움이 되도록 하려면 일과 놀이가 그렇듯이 섹스와 승화 또한 규칙적인 패턴으로 서로 번갈아 일어나야 한다.

효과적인 심신의 자극제

어느 때든 심신에 활력이 필요할 때가 있다. 최고의 활력 부스터는 대부분 이미 우리가 하고 있는 것들이다. 따라서 그 효과를 의식하고 찾아내기만 하면 된다.

- 성적인 표현 또는 승화된 성적 욕구는 마음을 북돋워주기 때문에 이를 통해 진정한 영감을 얻음으로써 머리 회전이 빨라진다.
- 성적 욕망의 최종 목표인 사랑은 그 목적이 비슷할 때 도움이 된다. 즉, 두 사람이 한마음이 되면 무적이 된다.
- 강한 자극제는 불타오르는 집념을 부채질한다.
- 일은 창의적인 표현을 위한 더없이 좋은 기회다. 전화를 하거나 감사 편지를 쓰는 등 작지만 명확하고 만족스러운 일을 하라.
- 집중적인 운동은 억눌려 있던 에너지를 방출하는 동시에 욕구 불만을 몰아내고 혈류량과 산소 공급을 늘려 뇌를 자극한다.
- 소소한 놀이는 잠재의식을 끌어낸다.
- 음악은 리듬과 박자, 파동으로 가득 차 있다. 열정을 북돋워주거나 마음을 가라앉혀줄 음악을 골라 들어라.

- 우정은 훌륭한 자극제다. 다른 이들에게 당신의 문제에 대해 말하고 이야기를 나누고 함께 웃어라.
- 자녀도 당신에게 좋은 영감을 줄 수 있다. 자녀와 돈독한 관계를 맺고 가능한 한 많은 시간을 보내라. 아이들의 이야기를 듣고 믿음을 새롭게 다져라.
- 마스터 마인드 연합은 강력한 자극제다. 활력이 필요할 때는 다른 사람들에게서 열정과 경험을 찾아내라. 사람들은 서로 같은 고통을 겪을 때 마음의 힘을 모아 그 고통을 덜어낸다.
- 자기 암시는 마음속으로 원하는 아이디어를 주입하는 것이다. 필요할 때마다 자기 암시를 활용하라.
- 믿음과 종교는 가장 고귀한 자극제다. 믿음과 종교가 주는 확신을 발판으로 목적의식을 새롭게 다져라.

정신적 건강과 신체적 건강은 불가분의 관계다. 한쪽이 강해지면 다른 한쪽도 긍정적인 효과를 얻게 마련이다. 마음과 몸은 당신을 성공으로 이끄는 항해사이자 배다. 따라서 마음과 몸을 관리하고 보호하고 지키기 위해 할 수 있는 모든 일을 해야 한다.

16

시간과 돈을 계획적으로
사용하라

◆◆◆

당신에게 주어진 시간과 돈을 어떻게 쓰는지 나에게 말해보라. 그러면 10년 후 당신이 어디서 무엇을 하고 있을지 알려주겠다.

시간과 돈은 귀중한 자원이며, 성공을 위해 노력하는 사람들 중에 시간이나 돈이 남아돈다고 생각하는 사람은 거의 없다. 시간과 돈을 쓰는 방식은 그 사람이 어느 정도의 성과를 거두었는지 평가하고, 어떤 방해 요소를 가지고 있는지 분석하기 위한 중요한 지표로 활용할 수 있다.

이 장에서는 시간의 역할을 특히 중점적으로 살펴보면서 목표가 얼마나 진행됐는지 상세히 파악하는 법에 대해 알아볼 것이다. 시간 활용을 개선하는 법을 알고 나면 돈을 관리하는 데 더 많은 시간을 할애할 수 있다. 그리고 현재 방식을 전반적으로 되짚어보는 것은 언제나 도움이 될 것이다.

개인의 역량 진단

당신에 관한 아래의 질문에 답해보라. 칭찬받기 위해서가 아니라 개선이 필요한 부분을 파악하기 위함이므로 솔직히 답해야 한다. 거짓말로 자아를 부풀려봤자 자신을 정확히 파악하지 못하고 시간만 낭비하게 될 뿐이며, 이는 결국 자신감을 떨어뜨리고 말 것이다.

1. 명확한 주요 목표가 있는가? 어떤 실행 계획이 있는가? 매일 그 계획에 얼마만큼의 시간을 할애하고 있는가? 얼마나 자주 계획을 다듬는가? 그런 생각이 떠오를 때뿐인가, 아니면 TV 광고가 나오는 단 몇 분 동안뿐인가?

2. 명확한 주요 목표가 집념으로 불타오르는가? 언제 얼마나 자주 그 불길에 부채질을 하는가?

3. 명확한 주요 목표를 실현하는 대가로 어떤 것을 내어줄지 생각했는가? 아직인가? 그렇다면 언제 시작할 것인가?

4. 마스터 마인드 연합을 결성하기 위해 어떤 단계를 밟았는가? 얼마나 자주 연합의 구성원들과 연락하는가? 그중 얼마나 많은 사람과 매달, 매주, 매일 대화하는가?

5. 일시적인 좌절을 더 큰 노력을 위한 시험대로 받아들이는 습관을 들였는가? (그런 좌절이 일어나지 않는다면 좋겠지만, 어떻게든 일어나게 되어 있다.) 역경이 닥쳤을 때 얼마나 빨리 그와 동일한 크기의 이익의 씨앗을 찾아내는가?

6. 계획을 실행하는 것과 눈앞의 장애물에 대해 걱정하는 것 중 어느 쪽에 더 시간을 쓰는가?

7. 보다 많은 시간을 계획에 쏟기 위해 얼마나 자주 개인적인 즐거움을 포기하는가? 또 그 반대의 경우는 얼마나 자주 있는가?

8. 모든 순간이 마지막인 것처럼 시간을 최대한 활용하는가?

9. 과거에 보낸 시간의 결과가 인생이라 생각하는가? 지금까지의 삶에 만족하는가? 다르게 시간을 보냈길 바라는가? 지나가는 매 순간이 더 나은 삶을 만들어줄 기회라고 보는가?

10. 마음가짐이 항상 긍정적인가? 대부분 긍정적인가, 아니면 가끔 긍정적인가? 지금은 긍정적인 상태인가? 다음 순간 곧바로 긍정적인 마음가짐으로 만들 수 있는

가? 그다음에는 어떤가?

11. 긍정적인 생각을 행동으로 실천하는 자기 주도성을 얼마나 자주 보이는가?

12. 운이나 뜻밖의 횡재로 성공할 것이라 생각하는가? 이런 일들은 언제 일어나는가? 스스로 노력한 끝에 성공할 것이라 생각하는가? 언제 이런 노력을 할 것인가?

13. 자기 주도성의 귀감이 되는 사람을 알고 있는가? 얼마나 자주 그러한 사람을 찾아내는가? 얼마나 자주 그 사람의 행동을 실제 본보기로 삼는가?

14. 언제 한층 더 노력하는가? 매일 그러한가, 아니면 누군가가 지켜보고 있을 때만 그러한가? 그럴 때 좋은 태도를 유지하는가, 아니면 일거리가 늘어난 것에 대해 못마땅해하는가?

15. 얼마나 매력적인 성격을 갖고 있는가? 매일 아침 거울을 보면서 미소와 표정 짓는 연습을 하는가, 아니면 중요한 회의 전에만 잠깐 연습하고 마는가?

16. 믿음을 어떻게 실행하는가? 언제 무한 지성으로부터 영감을 받아 행동하는가? 얼마나 자주 무한 지성을 무시하는가?

17. 자기 훈련을 실천하고 있는가? 무절제한 감정으로 인해 곧 후회할 일을 저지르는 행위는 얼마나 자주 일어

나는가?

18. 두려움을 극복했는가? 얼마나 자주 두려움을 겉으로 표현하는가? 언제 두려움을 야망으로 바꾸는가?

19. 얼마나 자주 타인의 의견을 사실인 양 받아들이는가? 타인의 의견을 접할 때마다 의문을 갖는가? 정확한 사고를 통해 문제의 해법을 찾는 경우는 얼마나 자주 있는가?

20. 먼저 도움을 줌으로써 협력을 이끌어내는 행동을 자주 실행하는가? 집에서는 어떠한가? 사무실에서는? 마스터 마인드 연합에서는?

21. 상상력을 발휘할 기회는 어떻게 제공되는가? 언제 창의적인 비전으로 문제에 몰두하는가? 이런 식으로 해결해야 할 딜레마에는 어떤 것이 있는가?

22. 여유를 갖고 운동하면서 건강에 신경을 쓰고 있는가? 새해 결심으로 운동을 시작할 것인가? 왜 지금 당장 시작할 수 없는가?

당신은 이러한 역량 진단을 통해 스스로를 점검해볼 수 있다. 시간을 쓰는 방식을 보면 개인적 성취의 원칙이 생활에 어느 정도로 스며들었는지를 알 수 있다. 이런 질문에 대해 아직 원하는 수준의 답을 내놓을 수 없다고 해서 낙담할 필요는 없다. 나는 수백만 명에게 책을 팔았고, 수천 명을 대상으로 강연을 했다. 그들 중 많은 수가 나중에 큰 성공을 거뒀으나 그것은 하루아침에 이루어지지 않았다. 일단 성공을 이루고 나면 매우 빠르게 이익을 얻을 수 있지만, 진정한 성공을 거둔 사람들은 자신이 원하는 것을 얻기 위해 일생을 바쳐 노력한 경우가 대부분이다. 그들은 평생을 보람 있게 산 것이다.

행동하는 자와 방황하는 자

삶에 대한 태도는 곧 시간에 대한 태도를 결정한다. 그리고 이러한 주제의 경우, 사람들은 대부분 두 부류로 나뉜다.

행동하는 자

- 명확한 주요 목표가 있다.
- 상황과 자원을 관리한다.
- 아이디어를 접할 때마다 이를 수용하거나 무시하기 전에 면밀히 검토한다.
- 위험을 감수하고 책임을 진다.
- 실수에서 교훈을 얻는다.
- 한층 더 노력한다.

- 습관을 통제한다.

- 긍정적인 마음가짐을 갖고 있다.

- 자신의 성공에 대한 믿음을 실천한다.

- 마스터 마인드 연합을 결성해 지식과 경험을 확장한다.

- 자신의 약점을 인식하고 이를 바로잡기 위해 노력한다.

방황하는 자

- 인생에 목표가 없다.

- 상황과 자원 부족에 휘둘린다.

- 이번 주 유행이나 지난밤 TV에서 본 내용에 따라 인생관이 휙휙 변한다.

- 기회를 회피하고 자신의 운명에 대해 남을 탓한다.

- 같은 실수를 반복한다.

- 쉽게 얻을 수 있는 것만 한다.

- 습관에 휘둘린다.

- 부정적인 마음가짐을 갖고 있다.

- 자신의 상황을 개선하기 위해 아무것도 하지 않는다.

- TV를 통해 알고 싶은 모든 정보를 얻는다.

- 약점 때문에 괴로워도 그것에 대해 제대로 알려고 하지 않는다.

행동하는 사람은 어떻게 시간을 쓰는가

짐작컨대 여기까지 읽은 독자들은 행동하는 사람(이후 '행동가'로 지칭)이 되기로 결심했을 터다. 좋다! 이제부터 시간을 현명하게 사용하는 행동가가 자기 삶의 어떤 영역에서 얼마나 대단한 변화를 만들어낼 수 있는지 살펴보자.

직업

행동가는 일을 모든 기회의 원천이자, 독립과 안정에 이르는 길이자, 주변 환경을 개선하기 위한 수단으로 본다. 행동가는 자신의 교육 수준과 기질에 맞는 일을 선택한다. 그리고 자신이 좋아하는 일에 뛰어든다.

행동가는 일하는 데 걸리는 시간으로 그 일을 평가하지 않는다. 한층 더 노력함으로써 자신이 얼만큼 유용한 서비스를 제공할 수 있는가의 관점에서 그 일을 바라본다. 이들에게 시간은 목적이 아닌 도구다. 퇴근 1초 전에 문을 박차고 나온다는 사실보다 자신의 성취에 자부심을 느낀다. 따라서 오랜 시간 일하는 데 대해 불평하지 않는다. 오히려 자신이 원하는 것을 성취하는 데 시간이 충분하지 않음을 아쉬워한다.

그 결과 행동가는 두 배로 많은 돈을 번다. 급여뿐만 아니라, 더 나은 일자리와 더 많은 급여를 받을 권리도 함께 얻는 것이다.

마음의 습관

행동가는 자기 훈련을 통해 마음을 다스린다. 이들은 계획하고 실행한다. 자신이 원하는 대상에 마음을 두고, 그 대상에 몰두한다. 행동가는 원치 않는 일을 생각하느라 시간을 낭비하지 않는다.

행동가는 긍정적인 마음을 자주 재충전한다. 이들의 생산성은 목표 달성의 정도를 보여주는 구체적인 지표를 제시한다. 행동가는 이러한 지표를 언젠간 자신이 이루고야 말 성취에 대한 표식으로 삼는다.

관계

행동가는 자신이 먼저 도움을 줌으로써 타인의 협력을 이끌어낸다. 행동가는 말다툼을 하거나 트집을 잡거나 뒷담화를 하는 데 시간을 쓰지 않는다. 그리고 그런 행동을 하는 이들을 멀리한다.

행동가는 방황하는 사람(이후 '방랑자'로 지칭)과 함께 시간을 낭비하는 법이 없다. 이들은 패배주의적인 태도가 전염되기 쉽다는 것을 잘 알고 있기 때문에 영향을 받을 만한 행동을 하지 않는 것이다. **행동가는 이기적이지 않으며 단지 까다로울 뿐이다.**

그 대신 행동가는 자신과 함께 일하고 싶어 하는 사람들과 어울린다. 행동가는 모두에게 그렇듯 이런 사람들에게 특별히 더 노력함으로써 기대 이상의 서비스를 제공하고 그 대신 상대로부터 열정과 지지를 얻는다.

행동가는 방랑자에 대해 연민을 느낀다. 명확한 목표를 알려주는 것도 마다 않고 변변찮은 성취를 거둔 이들에게 언제든 도움의 손길을 내민다. 그러나 스스로 일어설 각오가 되지 않은 사람에게는 도움을 주지 않는다.

또한 행동가는 일을 넘겨야 할 때를 안다. 즉, 자신이 할 때보다 남에게 맡겼을 때 더 좋은 결과를 낼 수 있는 일은 절대 직접 하지 않는다.

이들은 함께 일하는 사람들에게도 시간을 내주어야 한다는 것을 알기 때문에 그들이 자신을 필요로 할 때는 항상 만나서 이야기 나눈다.

건강

행동가는 정신적, 신체적 건강에 신경 쓴다. 이들은 여유를 갖고, 운동하고, 바른 식생활을 유지하고, 몸이 아프면 병원에 간다.

행동가는 질병을 예방하는 데 쓰는 시간이, 질병을 치료하는 데 쓰는 시간보다 훨씬 짧다는 것을 알고 있다. 따라서 건강한 마음과 신체를 위해 들이는 비용을 아까워하지 않는다.

종교

행동가는 믿음을 적극 실천하는 사람들이다. 이들은 도덕적이고 올바른 삶을 살려는 의지를 갖고 두려움과 오만을 몰아낸다. 모든 시간을 건설적인 노력에만 쏟아붓기 때문에 양심이 이들을 타박할 일도 없다.

뿐만 아니라 이들은 모든 종교를 아우른다. 어떤 신념을 갖고 있든 최대한 그 신념에 따라 산다. 문제를 마주칠 때마다 자신이 가진 신념을 기반으로 의사 결정을 내린다. 의심 때문에 머뭇거리는 법이 없으며, 즉시 행동할 줄 안다.

여가 시간

행동가는 업무 외 시간을 유익한 일에 쓴다. 이들은 배우자에게 사랑을 속삭이며, 자녀와 함께 웃고, 혼자 여유를 즐기며, 친구들과 운동하고, 스스로 공부한다. 또한 훌륭한 정치 후보자를 지지하는 캠페인을 벌이거나 목표 달성을 위한 계획을 세운다.

행동가는 일 중독자가 아니다. 이들은 눈앞의 성공 외에도 인생에 또 다른 가치 있는 것들이 있음을 안다. 그런 것들을 소중히 여기지 않으면 성공도 무의미하다는 것을 깨달았기 때문이다.

그러나 행동가는 성과가 없는 일에는 뛰어들지 않는다. 이들이 밤에 4시간 동안 TV 앞에 앉아 있는 경우는 거의 없다. 따라서 집에 홈바를 갖춰놓는 사람도 당연히 많지 않다.

행동가가 하는 모든 일은 결국 목표 실현을 앞당겨주기 때문에 이들은 방랑자보다 더 인생을 즐길 수 있다. 또한 매 순간을 자신에게 이롭게 만든다. 행동가는 영화를 보고 책을 읽고 농구를 하고 하늘을 올려다보며 지나가는 구름을 본다. **그러나 방랑자와 달리 이들은 자신이 왜 그런 행동을 하는지 알고 있다.** 이것이 바로 행동가와 방랑자의 결정적인 차이이며 성공과 실패를 가르는 경계다.

행동가의 대표적인 예

윌리엄 시드니 포터William Sydney Porter는 교도소 감방에 앉아서, 어리석게도 횡령을 저질러 감옥살이를 하게 된 자신의 처지를 곰곰이 생각해보았다. 그가 판단하기에 자신이 얻은 유일한 것은 남아도는 시간이었다. 형기를 채우기까지는 아직 몇 년이 더 남아 있었기 때문에 그 기간 동안 딱히 할 수 있는 게 없다고 생각했다.

그러나 그의 예상과는 다르게 할 수 있는 일은 많았다. 그는 글을 쓰기 시작했고 나중에는 아주 많은 양의 소설을 완성하기에 이르렀다. 그는 오 헨리O. Henry라는 필명으로 잡지사에 그 단편들을 팔았는데, 출소할 때쯤에는 이미 국내에서 가장 유명한 작가가 되어 있었다. 감옥 안에서 성공을 거머쥔 채 세상 밖으로 나온 것이다.

워런 에이비스Warren Avis는 행동가였다. 공군 장교였던 그는 비행기로 전국을 끊임없이 돌아다니면서 공항에서 곧바로 차를 렌

트할 수 있다면 참 편할 것 같다는 생각을 했다. 그가 저축한 1만 달러라는 금액은 직접 사업을 시작하기엔 부족한 돈이었음에도, 그는 패기 있게 사업 계획을 준비하고는 은행 대출을 받았다. 그리 하여 8년 만에 미국 전역의 공항에 렌터카 카운터를 세웠으며 이후 약 800만 달러에 회사를 매각했다. 이처럼 에이비스가 800퍼 센트의 투자 수익률을 얻을 수 있었던 것은 기회를 성공시키기 위한 강한 의지 덕분이었다.

한 사람은 감옥에서 복역 중이던 자유롭지 못한 몸이었고, 다른 한 사람은 공군으로서 병역의 의무를 수행하고 있었다. 그러나 두 사람 다 인생에서 무언가를 이루기 위해서는 자신에게 주어진 시간을 잘 관리하고 행동가가 되어야 한다는 것을 알고 있었다.

하루의 시간 배분

누구에게나 관리해야 할 24시간이 존재한다. 그 시간은 간단히 3등분할 수 있다.

1. 8시간의 수면
2. 8시간의 노동
3. 8시간의 여가

첫 번째, 8시간의 수면 시간은 딱히 손을 댈 수가 없다. 잘못 관리했다간 건강을 해칠 수 있기 때문이다. 어쩌다 한두 시간 정도는 잠을 덜 잘 수도 있겠지만 사실 이는 나쁜 습관이다. 나쁜 습관을 만들어선 안 된다.

8시간의 노동은 아마도 생산성과 가장 직결되는 부분일 것이다. 그렇다면 목표와 한층 더 노력하는 습관에 집중해야 한다. 앞에서 다룬 이 책의 15개 장은 이에 대한 명확한 지침을 알려줄 것이다. 그러나 목표 달성을 위한 보다 효과적인 시간 관리 요령을 간단히 알려주고자 한다.

마지막 8시간은 여가 시간이다. 이 역시 제대로 된 관리가 필요한데, 그렇지 않으면 늘 하는 집안일을 하거나 시트콤 재방송을 보거나 옆집이 차를 또 바꿨다는 얘기나 들으면서 시간을 흘려버릴 것이다. 여가 시간을 관리하는 데는 조금 더 어려움이 따를 수 있지만 여기에도 몇 가지 지침이 있다.

보다시피 시간 관리, 즉 인생 관리를 위해서는 우선 시간을 어디에 사용할 것인지를 제대로 알아야 한다.

근무 중 시간 관리

사회가 점점 복잡해지면서 해야 할 일도 늘어나는 듯하다. 이제부터 소개할 값진 조언들은 시간 관리 컨설턴트인 앨런 라킨^{Alan} Lakein과 스테퍼니 윈스턴^{Stephanie Winston}의 글을 통해 얻은 것이다. 그들은 시간에 대해 연구하는 데 많은 시간을 보냈다.

과제의 우선순위 지정

오늘, 이번 주, 이번 달에 해야 할 모든 일을 목록으로 만들어라. 그 다음 종이를 한 장 꺼내 4등분하라. 왼쪽 위 칸은 중요하면서도 긴급한 일이 들어갈 자리다. 성공하기 위해 지금 당장 해야 한다고 생각하는 일들을 여기에 적어라. 각각의 과제 옆에는 그것을 끝내야 하는 날짜와 시간을 적는다.

오른쪽 위 칸은 중요하지만 긴급하지는 않은 일이 들어갈 자리다. 여기에는 일하는 데 꼭 필요하긴 하지만 중대 사안까지는 아닌 것들을 적어라. 이 칸에 들어가는 것들을 신경 써서 관리하면 왼쪽 위 칸을 채울 일은 없을 것이다. 다시 말하지만, 각각의 과제 옆에 정확히 언제까지 그 일을 마쳐야 하는지를 메모하라. **매일 이 칸을 확인하도록 노력하라. 그래야 중요하고 긴급한 칸으로 과제가 밀려나는 일이 없다.**

왼쪽 아래 칸에는 중요하지는 않지만 긴급한 일들을 쓴다. 이 칸을 채우려면 오른쪽 위 칸을 채울 때처럼 목적에 대한 예리한 감각이 필요하다. 또한 당신에게 중요한 일들에 관하여 명확한 결정을 내릴 수 있어야 한다. 이 칸에 해당되는 것들은 대부분 임의적인 일들이다. 내 조언을 원하는 사람도 있을 것이고, 유명한 리조트에 숙박을 예약하려면 지금 당장 해야 한다는 전화를 받을 수도 있다. 이러한 것들은 무시하거나 중요하고 긴급한 칸으로 옮길 수 있는 것이기 때문에 굳이 적을 필요는 없다. 이 칸의 주목적은 긴급한 일이 꼭 중요한 일은 아니라는 사실을 상기시키는 것이다.

마지막으로 중요하지도 긴급하지도 않은 일을 오른쪽 아래 칸에 써라. 여기에 들어갈 내용들은 신경 쓸 일이 없는 것들이므로 굳이 이 칸을 채워야 하나 싶은 생각이 들 수도 있다. 그러나 다시 말하지만, 이 칸에 해당되는 일들이 많다는 것을 상기시키는 것은 자기 자신에게 도움이 된다.

과제를 완료하고 나면 그 목록에 줄을 그어라. 그것은 시간을 효율적으로 사용했음을 알려주는 성취의 증거다.

문서 처리

당신의 책상에는 아마 두 종류의 문서가 놓여 있을 것이다. 유용한 것(매출 자료 업데이트 등)과 불필요한 것(사무실 당구대에 관한 정보 등)이다. 불필요한 것은 버리고 책상 위에 도로 갖다 놓지 마라. 두 번 생각할 것도 없다.

유용한 자료는 가능한 한 손을 적게 대라. 할 수 있다면 그 자리에서 곧장 살펴보라. 새로운 정보를 확인하고 결재를 하고 그 자리에서 답장을 써라. 잡지 기사 같은 읽을거리는 늘 하던 시간에 따로 시간을 내서 읽어라.

어떤 이유에서든 문서를 바로 처리할 수 없다면 오른쪽 모서리 윗부분에 작은 점을 찍어라. 다음번에 그 문서를 또 집어 들게 되면 점을 하나 더 찍어라. 이렇게 하면 같은 문서에 얼마나 자주 손을 대고 있는지 알 수 있다. 그러면 어떻게든 문서를 처리해야겠다는 마음이 들 것이다.

여가 시간을 배분하기

일상적인 일들은 금세 가용 시간을 비집고 들어와 자신의 영역을 확장시키고 여가 시간을 모두 잡아먹는다. 그렇게 되지 않으려면 중요하다고 생각하는 일들에 남는 시간을 할애하기로 확실히 결정해야 한다. 다음의 방식으로 시간을 할당해 필요한 모든 일을 확실히 끝내라.

1. 하루에 1시간씩 다음 주제에 대해 조용히 명상하라.
   a. 명확한 목표에 대한 계획
   b. 자신이 이미 가지고 있는 것에 대해 감사하며 무한 지성과 소통하는 것
   c. 자기 분석. 즉, 극복해야 할 두려움을 파악하고 이를

290 / 291

위한 계획 수립

    d. 더욱 조화로운 관계를 만드는 방법

    e. 원치 않는 것은 잊고 원하는 것들에 대해 생각하기

2. 지역 사회, 배우자, 가족에게 보상을 바라지 말고 봉사하면서 한층 더 노력하는 데 2시간 할애하기.

3. 1시간 동안 자기 발전을 위해 공부하고 독서하기.

4. 1시간 동안 마스터 마인드 연합 구성원들이나 가까운 친구들과 소통하기.

이렇게 하면 여유를 즐기거나 오락과 운동, 다른 업무를 위해 3시간을 남겨둘 수 있다.

이런 활동에 익숙해질수록 다른 것들을 함께할 여유도 생긴다. 예를 들면 통근 버스나 지하철 안에서 명상을 하거나 독서를 할 수도 있다. 또 운전해서 출퇴근하는 경우라면 자기계발서 오디오북을 들을 수도 있다. 마스터 마인드 연합 구성원과 카풀을 하면서 이동하는 동안 어떤 주제에 대해 토론하고 문제를 해결할 수도 있다.

즐거운 취미 활동을 하면서 여유를 즐기길 원한다면, 지역의 봉사 단체 청년들에게 이를 가르치는 방식으로 지역 사회에 특별 봉사를 할 수도 있다. 이 외에도 당신의 역량에 따라 얼마든지 그 종류는 늘어날 수 있다.

일주일에 6일은 이런 일정을 따르고 하루는 아무것도 하지 않으면서 정신적, 육체적 여유 시간을 갖고 종교 및 철학적 활동에 참여하라. 또는 이 시간을 대부분 가족과 보내도 좋다. 그리고 나면 만족감이 한층 더 높아질 것이다.

예산 수립하기

돈 관리 방법에 관한 유용하면서도 구체적인 팁을 소개하는 책들은 시중에 수없이 나와 있으니 찾아보기 바란다. 세부적인 핵심 사항을 여기서 다루지는 않겠지만, 예산 수립의 중요성에 대해서는 다시금 짚고 넘어가려 한다.

시간과 마찬가지로 돈을 쓸 때 역시 명확한 목표가 있어야 한다. 모든 비용에 대한 예산을 세우고 자기 훈련을 통해 예산에 맞춰 돈을 쓴다.

예산에서 가장 우선순위에 두어야 할 것은 바로 고정적인 저축의 비율을 정하는 것이다. 그 규칙은 노후를 위한 투자와 관련이 있다. 조금씩 늘어가는 저축액이 밑바탕에서 탄탄하게 쿠션 역할을 하게 되면 이는 가난에 대한 두려움에 맞서 싸울 수 있는 중요한 무기가 될 것이다. 혹은 역경이나 질병이 덮치더라도 저축을 충분히 해둔다면 그 즉시 동일한 이익의 씨앗을 찾아 나설 수 있다.

빚이 있는 사람들처럼 대출금 상환을 걱정하지 않아도 되므로 더 빨리 회복할 가능성이 높다.

나에게 의지하는 사람들이 있다면 생명 보험을 든든하게 들어 놔야 한다. 좋은 보험을 들어놓으면 그 보험금으로 피부양 가족의 고통을 조금이나마 덜 수 있다는 장점이 있다. 갑작스럽게 세상을 떠나면 남은 가족은 슬픔 이상의 괴로움을 느낄 것이다. 가난의 위협이 그들의 고통을 가중시켜선 안 된다.

수입의 일정액을 기부하라. 이는 당신이 계속해서 한층 더 노력하기 위해 중요한 부분이다. 도움을 주는 지원 단체에 의지할 일이 절대 없길 바라지만, 누군가에게 한 번도 도움을 준 적 없는 사람이 무슨 권리로 남의 도움을 받을 수 있겠는가?

만약 빚이 있다면 그 빚을 갚을 수 있는 현실적인 여유가 되는 만큼만 돈을 써야 한다. 일주일에 100달러씩 펑펑 써왔으면서 나중에는 10달러로도 살 수 있을 거란 식으로 생각해선 안 된다. 그럴 경우, 만약 11달러를 쓰고 나면 이미 계획이 틀어졌다고 생각해서 차라리 갈 데까지 가는 게 낫겠다고 포기해버릴지도 모른다. 이는 파멸에 이르는 길이다. 그리고 저축 할당액을 줄여 빚을 갚는 데 쓰는 것도 옳은 방법이 아니다. 저축하는 습관을 들여라. 좋은 습관은 절대 포기하면 안 된다.

빚을 청산하고 나면 빚 갚는 데 사용하던 돈을 저축액과 일반 가계비와 문화비로 나누어라. 소득이 증가할 경우 이를 오롯이 저축 금액에 포함시키는 것도 좋지만, 자기 스스로에게 노력한 일에 대한 즉각적인 보상을 주는 것도 필요하다.

예산 범위 내에서 해결할 수 없는 상황도 생길 수 있다. 갑작스러운 건강 문제가 발생하거나 아이가 태어날 수도 있고, 또는 부모가 금전적 지원을 요청해올 수도 있다. 그러나 결코 상황에 굴복해선 안 된다. 당신은 이미 예산을 세우고 이를 지키면서 자기 훈련 습관을 길러왔다. 그리고 용도에 맞게 돈을 사용하는 법도 배웠다. 당신은 이미 이것들을 해봤으므로 분명히 다시 할 수 있다.

습관은 시간과 돈을 계획적으로 사용하는 데 중요한 역할을 한다. 이는 개인 성취학의 모든 원칙에 있어 중요하다. 실제로 습관은 모든 개인적 성취의 핵심이다. 다음 장에서는 우주의 법칙을 기반으로 습관을 선택하고 통제하는 법에 대해 알아볼 것이다.

17

우주적 습관의 힘을 활용하라

• • •

현재 당신은 어떤 사람인가, 그리고 어떤 위치에 있는가는 당신의 오랜 습관이 낳은 결과라고 할 수 있다.

이 책의 목표는 여러분이 각각 자신의 몸에 밴 습관을 면밀히 살펴보고 이를 변화시킬 방법을 찾게 하는 것이다. 이를 위해 이른바 '우주적 습관의 힘'이라는 보편의 원칙을 먼저 이해하고 활용할 필요가 있다.

우주적 습관의 힘은 모든 생명체, 모든 물질의 입자가 그 환경의 영향을 받게 하는 법칙이다. 이는 당신에게 유리하게 작용할 수도 불리하게 작용할 수도 있다. 선택은 당신의 몫이다.

자연의 힘 활용하기

우주적 습관의 힘을 가장 잘 보여주는 예는 천체의 운동이다. 별과 행성은 시계처럼 정확히 움직인다. 이들은 서로 충돌하지 않으며 갑자기 궤도를 이탈하는 법도 없다(초신성이나 블랙홀처럼 그에 작용하는 힘에 어떤 중대한 변화가 있는 경우는 예외지만 이 또한 그 자체로 정해진 패턴에 따라 행동하는 물질의 또 다른 예다). 중력과 관성, 인력과 척력의 복잡계Complex system는 물체가 정확히 이동하도록 만들기 때문에 수천 년 동안 인간은 별과 행성의 위치, 일식이 나타나는 시기, 유성우의 규칙적인 패턴 등을 예측할 수 있었다.

해바라기는 순무 씨에서 자라지 않는다. 기린은 올챙이를 낳지 않는다. 구름은 우유를 뿌리지 않는다. 모든 것은 그 본성에 따라 정해진 일을 할 뿐이다.

이 모든 것이 우주적 질서를 반영하고 있기에 우리는 세계의 물리 작용의 많은 부분을 이해할 수 있다. 분명 우리는 더 많은 것을 이해하기 위해 노력하고 있지만, 과학은 보편 질서가 있다는 믿음을 기반으로 한다. 즉, 모든 작용과 반작용은 이런 질서를 기초로 한 불변의 진리인 것이다.

개인 성취학에서는 습관을 통제함으로써 이러한 질서를 통제할 수 있다고 본다. 당신은 명왕성의 궤도가 그 본성의 일부인 것처럼, 당신의 생각과 행동이 당신 본성의 일부라는 것을 알고 있다. 습관이 긍정적이면 습관이 심은 씨앗도 긍정적일 것이다.

그러나 우주적 습관의 힘이 항상 작용하고 있음을 간과해서는 안 된다. 습관이 부정적이면 그 결과도 부정적일 것이므로 자기 훈련을 통해 습관을 통제해야 한다.

습관은 반복을 통해 당신 본성의 일부로 자리매김한다. 마음 속으로 특정한 생각을 반복함으로써 사고 습관으로 만들면, 우주적 습관의 힘이 이러한 사고 패턴을 이어받아 어느 정도 영구적인 것으로 발전시키고(반복과 실천의 강도에 따라 그 정도가 좌우된다), 활용하기 시작한다.

예를 들어 당신이 매일 같은 길로 출퇴근을 하고 있다면 그 경로를 습관으로 만든 것이다. 그것이 습관인 줄도 모르고 있다가 어느 날 가게에 들르거나 친구를 만나기 위해 다른 길로 가야 할 때 비로소 그 사실을 알아차릴 것이다. 만약 당신이 여행을 시작할 때 주의를 집중하지 않는다면 방향을 트는 것을 깜빡하거나, 해야 할 일을 완전히 잊어버릴 수도 있다. 이는 왜 모든 습관을 인식하고 통제해야 하는지를 보여주는 예다.

당신의 지배적인 마음의 습관이 가난에 대한 생각이라면, 우주적 습관의 힘은 당신의 삶에 가난을 몰고 올 것이다. 반면에 지배적인 마음의 습관이 번영과 평화에 대한 것이라면, 우주적 습관의 힘은 그것을 실제로 불러올 것이다.

여기에는 끝없는 순환이 존재한다. 습관이 반복되면 그것이 강화되어 집착이 된다. 따라서 가난이나 성취에 집착하게 될 수도 있다. 바로 이러한 점 때문에 앞서 **생각이야말로 내가 결심하기만 하면 완벽히 통제할 수 있는 유일한 대상**이라고 여러 번 강조했던 것이다. 습관을 통제하려면 생각을 통제해야 한다.

우주적 습관의 힘은 당신에게 기회가 오지 않았다고 불평할 여지를 주지 않는다. 당신에게 생각을 형성하고 표현할 수 있는 힘이 있는 한, 삶의 여건을 당신이 원하는 대로 변화시킬 수 있다는 것을 기억하라.

당신이 아직 원하는 삶을 살고 있지 못하다면, 그것은 우주적 습관의 힘에 의해 현재 상황으로 떠밀려왔기 때문이다. 그러나 우주적 습관의 힘이 떠받치는 명확한 목표가 있으면 자기 훈련과 자기 주도성을 통해 당신의 현재 상황을 원하는 방향으로 변화시킬 수 있다.

돈 버는 습관

당신이 원하는 상황에는 당연히 더 많은 돈을 버는 것도 포함되어 있을 것이다. 돈을 많이 벌기 위해서는 우주적 습관의 힘을 어떻게 사용해야 하는지에 대해 소개한다.

제1단계. 돈을 얼마나 벌고 싶은지 마음속으로 명확한 이미지를 만들어라. '많이'는 좋은 대답이 아니다. 현재 수입 이상의 구체적인 숫자 또는 백분율이 필요하다.

제2단계. 새로운 집, 딸 의대에 보내기, 안락한 은퇴 생활 등 그 돈을 벌었을 때의 결과에 대해 상상하라. 이렇게 하면 10가지 기본 동기 중 어느 것이 나를 이끌고 있는지(39쪽에서 목록 확인) 명확히 알 수 있다. 돈을 많이 버는 것과 연관 지을 수 있는 동기가 많을수록 당신은 목표 달성을 위해 더 열심히 노력할 것이다.

제3단계. 추가 수입을 어떻게 얻을 것인지 정하라. 대가 없이 얻을 수 있는 건 아무것도 없다고 앞서 여러 번 강조한 바 있다. 반드시 계획이 있어야 한다.

제4단계. 목표와 계획을 적어라. 더 많은 돈을 벌기 위한 동기를 포함시켜라. '돈 걱정 없이 은퇴하고 싶다'는 문장 대신 '빚 없이 내 집을 소유하고 싶다' 혹은 '일 년에 세 번 여행을 하고 가족을 만날 수 있다면 좋겠다'와 같은 문장을 써라. 이 목표를 시작하고 실현하기 위한 날짜를 정하라. 계획에 서명을 해서 이를 자신과의 계약으로 만들어라.

제5단계. 계획으로 돌아가서 목표 실현을 위해 필요하지만 지금 하고 있지 않은 모든 항목에 밑줄을 그어라. 이런 것들은 따로 목록을 만들어라.

제6단계. 이 목록에 있는 항목을 실행하라. 그중에는 외식비를 줄이고 저축액을 늘리는 등 매일 해야 하는 일도 있을 것이다. 장기적인 계획도 있겠지만, '직장에서 한층 더 노력하기'와 같이 매일의 성과가 필요하다. 이런 일을 하는 데 모든 노력과 생각을 쏟아야 한다.

제7단계. 암기할 때까지 매일 목표를 크게 소리 내어 읽어라. 아침에 일어났을 때, 일을 시작할 때, 점심 먹고 자리에 돌아왔을 때, 근무 시간이 끝났을 때, 그리고 잠자리에 들기 전에 마음속으로 목표를 반복해 말하라.

그렇다. 이것은 명확한 주요 목표와 관련해 꼭 해야 하는 것으로, 우주적 습관의 힘이 따라야 할 패턴을 부여하는 일이다. 긍정적인 결과를 얻기 위해 마음을 길들이는 데 드는 시간은 대부분 자신의 말과 행동을 어느 정도의 믿음과 열정이 뒷받침해주느냐에 따라 좌우된다. 자발적으로 생긴 모든 긍정적인 습관은 명확한 목표 달성을 향한 의지력의 산물인 것이다.

당신이 "언젠가는 10만 달러를 갖고 싶다"고 되뇌인다는 것은 "나는 내 목표에 확신이 없다"고 말하는 것과 같다. 이런 경우에는 우주적 습관의 힘이 작용할 수가 없다. 따라야 할 명확한 패턴이 없기 때문이다. 그 대신 "6개월 후에 10만 달러를 갖고 싶으니, 그 돈을 얻기 위해 나는 X, Y, Z를 할 것이다"라고 말하면, 우주적 습관의 힘은 따라야 할 패턴을 얻게 된다. 먼저 당신의 생각과 행동이 우주적 습관의 힘을 그리로 이끌어야만 한다는 것이다. 만일 당신이 먼저 X, Y, Z를 하지 않으면 결코 우주적 습관의 도움을 받지 못할 것이다.

유연한 습관

어떤 영감을 받았을 때 어려움 없이 계획을 바꾸려면, 애초에 그 계획을 충분히 유연하게 만들어야 한다. 여기서 키워드는 '영감을 받는 것'이다. 계획을 실천하고, 실행하는 믿음을 가질 때 무한 지성은 지금보다 더 나은 계획을 가져다줄 수 있다. 그러한 영감을 존중하는 마음으로 대해야만 무한 지성이 당신의 빈약한 계획을 굳건하게 만들도록 도와줄 것이다.

직감을 업신여기는 표현은 삼가라. "오늘 너무나 멍청한 생각을 했어"라고 스스로에게 말하면 당신은 정말 그 말처럼 멍청한 생각만 하게 될 것이다. 그 대신 직감이 발동하자마자 종이에 적어라. 이를 꼼꼼히 살펴본 다음, 해본 적 없는 일이라는 이유만으로 또는 현재 습관과 맞지 않는다는 이유만으로 직감을 거부하는 일이 생기지 않도록 유념하라.

우주적 습관의 힘은 당신이 습관에 휘둘리는 것이 아니라 습관이 당신에게 도움이 되도록 만드는 것이 목적이다. 한때 당신에게 도움이 됐던 습관이라 해도, 그것이 너무 몸에 배어 있으면 현재의 기회와 관용, 믿음, 열정을 제약하기 때문에 습관에 끌려가서는 안 된다.

아메리칸 익스프레스American Express는 1980년대에 신용카드 사업으로 엄청난 성공을 거뒀다. 더불어 그 자체가 품격의 상징이 되면서 수백만 명의 회원이 신규 가입을 하기에 이르렀다. 그 어느 때보다도 많은 업체에서 아메리칸 익스프레스 카드의 회원을 손님으로 유치하기 위해 이 카드사에 가입했다. 그 후 경제가 변했으나 아메리칸 익스프레스 카드를 쓰는 습관은 변하지 않았다.

그런데 시간이 지날수록 카드 소지자들은 한 푼이라도 아끼기 위해 여윳돈을 꼼꼼히 따지기 시작했고, 결국 이들은 수수료가 높은 아메리칸 익스프레스 카드에서, 수수료는 없는데 혜택은 거의 동일한 비자와 마스터 카드로 옮겨가기 시작했다. 가맹점들 또한 아메리칸 익스프레스가 다른 카드에 비해 높은 수수료를 징수하자 불만을 표하기 시작했다. 게다가 가맹점에 대한 입금도 늦게 되는 편이었다.

상황이 이러하자 카드 회원 수가 급격히 떨어지기 시작했다. 보스턴에서는 일부 식당 주인들이 모여 가맹점에 대한 정책에 항의하기 위해 아메리칸 익스프레스 보이콧을 진행했다. 이로써 아메리칸 익스프레스의 수익은 점점 떨어졌고 손실은 더욱 쌓여갔다.

여기에는 우주적 습관의 힘이 작용하고 있었다. 아메리칸 익스프레스는 이와 같은 위기로 큰 타격을 입을 때까지 기존 방식을 고수하며 계속 사업을 운영해나갔다. 아메리칸 익스프레스를 프리미엄 신용 카드로 만들었던 그 습관은 프리미엄 신용 카드의 지위를 '유지'하는 데 적합하지 않았던 것이다. 즉, 습관을 지배한 것이 아니라 습관에 휘둘린 셈이었다.

당신이 어떤 습관을 갖고 있든 우주적 습관의 힘은 그것을 실행할 것이다. 단순히 좋은 습관을 만들고 그대로 두는 것만으로는 불충분하다. 자기 습관의 효과를 늘 경계해야 하며 새로운 경쟁자가 더 나은 서비스를 선보이면 즉시 변할 준비가 되어 있어야 한다.

이런 습관에 주의하라

다행인 것은, 아이러니하게도 아래의 나쁜 습관들을 하나라도 갖고 있으면 결국 그런 습관으로 인해 얼마간 좌절을 경험함으로써 자연스럽게 이를 없애야겠다는 생각에 이른다는 점이다. 물론 스스로 반성하면서 부정적인 습관을 파악해 이를 긍정적인 습관으로 바꾸려는 의지가 있다면 그런 수고를 아낄 수 있다.

- 가난
- 상상의 병
- 게으름
- 시기
- 탐욕
- 허영
- 냉소주의
- 목적 없이 떠돌기
- 짜증
- 복수심
- 질투심
- 부정행위
- 오만함
- 가학성

이런 습관을 수용하라

위의 나쁜 습관들을 아래의 항목으로 바꾸어 실행하면 도움이 될수 있다.

- **명확한 목표.** 이는 좋은 습관의 핵심이다. 이런 습관은 당신을 더 민활하고, 더 풍부한 상상력을 발휘하며 더 열정 넘치는 사람으로 만든다. 의지도 한결 강해진다.

- **믿음.** 긍정적인 생각에 정신을 집중하고 모든 부정적인 영향과 두려움을 걷어내라. 그러기 위해서는 자기 훈련이 필요하다.

- **자기 주도성.** 처음에는 남의 지시 없이 당신 스스로 먼저 해야 할 수도 있다. 그러나 끈기 있게 하다 보면 훨씬 수월해질 것이다.

- **열정.** 절제된 열정이 당신의 목표임을 기억하라. 원하는 대로 열정을 끌어내는 한편, 부적절하거나 실제로 위험할 수 있는 상황에서는 열정을 자제할 수 있는 능력도 필요하다.

- **자기 훈련.** 이는 순환하는 과정이다. 자기 훈련을 하면 할수록 더 많은 자기 훈련 능력을 발휘할 수 있다.

- **한층 더 노력하기.** 바로 보상이 주어지기 어려운 일을 함으로써 지금 당장 더 노력하라. 오로지 노력을 통해 매일 한 걸음씩 더 나아가려 애쓴다면, 그 노력이 결국 습관으로 자리 잡을 것이다.

의지력 조절하기

자기 훈련에 관한 장에서 의지력의 원천인 자아에 대해 다룬 바 있다. 긍정적인 습관을 기르고 이를 우주적 습관의 힘이 이어받게 하려면 무엇보다 강한 의지력이 관건이다. 의지를 강화하기 위한 단계들을 살펴보자.

제1단계. 목표를 달성하는 데 도움을 줄 수 있는 다른 사람들과 적극 협력하라. 마스터 마인드 연합은 우주적 습관의 힘이 작용하는 다양한 패턴을 만든다.

제2단계. 연합 구성원 전체의 도움으로 지식, 능력, 믿음의 힘을 얻으면서 명확한 계획을 세워라.

제3단계. 열등감을 심어주는 사람과 그런 상황을 멀리하라. 긍정적인 자아는 부정적인 환경에서 제대로 자랄 수 없다. 우주적 습관의 힘은 모든 생명체가 그것을 둘러싼 환경의 지배적인 영향을 받도록 한다.

제4단계. 과거의 불쾌한 경험에 대한 기억의 문을 닫아버려라. 강한 의지는 과거에 연연하지 않는다. 활기 넘치는 자아는 아직 달성하지 않은 목표에 대한 희망과 열망을 발판으로 성장한다. 마음속에 희망과 열망을 계속 품고 있으면 우주적 습관의 힘이 그것들을 물질적인 등가물로 바꾸기 시작할 것이다.

제5단계. 명확한 목표의 본질을 마음에 새기기 위해 가능한 한 모든 수단을 주변에 두어라. 벽에 좌우명을 걸고 자신이 하고 싶은 일을 하는 사람들의 사진도 붙여두라. 목표를 실현하는 자신의 이미지를 마음속으로 쉽게 그려낼 수 있는 것일수록 좋다. 이런 이미지를 더 많이 만들수록 우주적 습관의 힘이 이를 더 빨리 이어받아 잠재의식에 새겨넣을 것이다.

제6단계. 자아가 풍선처럼 부풀어 오르지 않도록 주의하라. 그렇게 된다면 핀에 살짝 찔리기만 해도 폭주하는 로켓처럼 뜨거운 공기가 쏜살같이 빠져나오면서 오히려 목표에서 멀어지고 말 것이다.

우주적 습관의 힘에 내재된 세 가지 핵심 요소

아래의 세 가지 핵심 요소는 습관이 자발적으로 확립되는 과정의 기초가 된다.

가소성

이것은 변할 수 있는 능력이다. 또한 일단 변화가 일어나면 또 다른 변화가 일어나기 전까지는 새로운 형태가 그대로 유지된다는 것을 의미한다. 과거의 상태로 되돌리지 못하는 것이다.

쉽게 변할 수 있지만 주어진 형태를 오래 유지하는 공작용 점토와, 잠시 동안은 어떤 형태든 취할 수 있지만 그 형태를 오래 유지하지 못하는 수은의 차이를 생각해보자.

당신은 환경의 영향이나 스스로의 의사 결정에 따라 변할 수 있다.

각인의 빈도

반복은 습관의 어머니다. 습관이 자리 잡는 속도에 영향을 주는 요인들 중 하나는 얼마나 자주 의식적으로 이를 반복하는가이다. 의식적으로 반복하는 능력은 상황에 따라 달라질 수 있다. 맡은 업무에만 오롯이 집중해야 하는 직업을 가진 경우에는 오로지 그 일에만 신경 쓰고 습관 형성은 여유 시간을 활용해야 할 것이다. 여기에는 자기 주도성 또한 영향을 미친다. 게으르면 열심히 습관을 만들 수 없으므로 습관은 당연히 더디게 형성될 수밖에 없다.

각인의 강도

마지못해서 하는 척할 수도 있고, 그 일에 정말 집중할 수도 있다. 집중하면 습관이 빨리 생긴다. 해당 습관을 잠재의식에 각인시키면 어떤 일을 하든 그 습관이 작용한다.

위에서 언급한 세 가지 핵심 요소가 작용하는 예를 소개하겠다. 한 여성이 일하는 전자제품 생산 공장에서는 야간 교대로 일하는 사람들이 저녁 6시와 10시 반에 10분간 두 번의 휴식 시간을 가질 수 있었다. 그녀의 동료들은 대부분 이 시간에 담배를 피웠다. 반면, 그녀는 건강을 해칠 수 있는 데다 남들에게 호감을 주지 않는 그와 같은 나쁜 습관은 들이고 싶지 않았다. 그래서 그녀는 휴식 시간에 간식을 먹기로 했다. 마침 그녀가 꾸민 텃밭에 작물이 가득 열렸기에 당근과 사과, 또는 자신이 직접 기른 것들을 가져와서 먹곤 했다.

그녀는 사람인만큼 이미 가소성을 지니고 있었다. 이는 모든 인간의 본성이기도 하다. 그녀는 여름과 가을 내내 매일 정확히 저녁 6시와 10시 반에 간식을 먹었다. 각인되기에 충분한 빈도의 습관이었다.

'강도'라는 요소는 그녀의 허기의 정도에 따라 달라졌다. 그녀가 아침을 조금 먹고 나온 날에는 간식을 맛있게 먹었다. 출근 전에 식사를 건너뛴 경우에는 허기의 강도가 더욱 세졌다. 그러다 그녀는 점점 배고픔의 정도와는 상관없이 휴식 시간이 될 때마다 간식을 먹기 시작했다.

몇 달이 지나자, 그녀는 이제 자신이 아침 식사를 했는지 안 했는지와는 상관없이 휴식 시간이 다가올 때쯤이면 습관적으로 배가 고파진다는 걸 깨달았다. 그래서 휴식 시간을 기다리며 종종 시계를 쳐다봤다. 때로는 그 시간이 영원히 오지 않을 것처럼 느껴지기도 했다. 텃밭에서 더 이상 신선한 작물이 나지 않자, 집에서 초코바나 도넛, 쿠키 등을 가져오기 시작했다.

이는 자발적으로 형성되는 습관의 명확한 예를 보여준다. 그러나 이것이 정말 좋은 습관이라 할 수는 없었다. 이후 그녀는 살이 쪘고, 휴식 시간 30분 전부터 일에 집중할 수가 없었다.

그래서 그녀는 이 습관을 고치기로 결심하고 더 이상 음식을 가져오지 않았다. 하지만 그것은 답이 아니었다. 공장 내 자판기 음식을 사 먹기 시작했기 때문이다. 결국 그녀는 계속 먹게 되었을 뿐만 아니라 그것을 사 먹기 위해 돈을 지출하는 상황에까지 이르렀다.

이 시점에서 그녀는 스스로 진정한 자기 마음의 주인이 되어 강한 동기를 갖고 확실한 행동에 나서야 함을 깨달았다. 그녀는 습관을 고치기 위해 먼저 작은 목표를 세웠다. 바로 독서였다. 음식에 대한 욕망을 지식과 영감에 대한 욕망으로 대체한 것이다. 휴식 시간이 되면 초코바 대신 책을 펼쳤다. 물론 각인의 빈도는 동일했다. 유일한 차이가 있다면 허기의 강도였다. 처음에는 배고픈 기분이 지속되었으나, 며칠 후 독서에 대한 욕구가 조금씩 생기기 시작하면서 어느 순간부터 그것은 그녀의 오랜 신체적 욕망을 뛰어넘고야 말았다. 그리고 마침내 오랜 습관을 버리고 새로운 습관을 들이는 데 성공했다.

쓸모없고 불필요하거나 해로운 습관은 충분히 고칠 수 있으며, 원한다면 더 바람직한 습관으로도 대체 가능하다. 개인 성취학 전체를 아우르는 핵심은 바로 이 개념에 있다. 우주적 습관의 힘은 성공의 17가지 원칙 하나하나를 삶에 통합하기 위한 수단이다. 마음가짐을 통제하고, 자기 훈련을 통해 긍정적인 마음을 유지하여 정신적 토양을 다져라. 그러면 반복적이고 강렬한 각인을 통해 가치 있는 계획, 목표 또는 열망, 그 어떤 것이든 마음에 심을 수 있다. 이 씨앗이 싹트고 자라나 점차 모습을 드러내면 당신의 삶에서 그 어떠한 목표든 이루게 해줄 것이라는 사실을 명심하라.

마음속으로 무슨 생각을 하고 믿든지, 당신은 해낼 수 있다.

성공의 17가지 원칙

간단히 살펴보기

아래의 목록은 지금까지 다룬 내용을 다시 한 번 확인하기 위한 것이다. 당신은 각 영역에서 꾸준히 진전을 보이고 있는가? 이러한 원칙들을 수용하기 위한 노력을 규칙적으로 평가하라. 그렇게 하면 당신이 정확하게 사고하는 노력을 게을리했다거나, 동료들이 당신을 갑자기 탐욕스러운 기회주의자로 대하는 것 등을 알아챌 수 있기 때문에 갑자기 위기를 겪을 일은 별로 없을 것이다.

1. 명확한 목표를 세워라
2. 마스터 마인드 연합을 구축하라
3. 매력적인 성품을 갖춰라

4. 실행하는 믿음을 활용하라

5. 한층 더 노력하라

6. 자기 주도성을 개발하라

7. 긍정적인 마음가짐을 길러라

8. 열정을 절제하라

9. 자기 훈련을 실천하라

10. 정확히 사고하라

11. 집중력을 통제하라

12. 팀워크를 다져라

13. 역경과 좌절을 통해 배워라

14. 창의적인 비전을 길러라

15. 건강을 유지하라

16. 시간과 돈을 계획적으로 사용하라

17. 우주적 습관의 힘을 활용하라

세부 평가

다음은 각각의 원칙을 삶의 일부로 만들기 위한 여러 단계를 간략히 요약한 것이다. 이를 끝까지 읽은 다음, 각 부분의 맨 끝에 제시된 빈칸을 활용해 성공 원칙을 이행하기 위한 구체적인 행동들을 적어라.

요약 내용 자체에도 실행 계획에 대한 구체적인 권고가 포함되어 있다. 명확한 목적에 따라 주요 목표를 정의하고 실행 계획을 자세히 쓴 다음, 그 계획을 매일 큰 소리로 읽는 것이 좋다. 이 모든 것은 아래의 요약 부분에도 언급해두었다. 단순히 책의 내용을 그대로 따라 쓰지 말고, 자신에게 맞추어 변경할 필요가 있는지 신중히 생각해서 가능한 한 상세하게 적어라. 몇 주 또는 몇 달 후에 이 메모를 보면, 당신이 그간 얼마나 발전해왔는지를 한눈에 알 수 있고 성공의 의지 또한 새롭게 다질 수 있을 것이다.

1. 명확한 목표를 세워라 -
긍정적인 마음가짐으로

모든 훌륭한 성취의 시작점

당신이 바라는 목표는 높고, 바람직하고, 뛰어나야 하며 이를 언제나 마음속에 간직하고 있어야 한다. 또한 명확한 주요 목표에 도달하는 데 도움이 되는, 서로 충돌하지 않는 여러 가지 목표를 가져야 한다. 당장의 목표, 중기적 목표, 먼 미래의 목표가 있는 것이 좋다. 명확한 주요 목표를 세울 때, 어느 것이 이러한 목표를 달성하는 데 도움이 될지 쉽게 알아볼 수 있다.

원하는 것을 정확하게 결정하고 마음속에 고정하라. 즉, 명확해야 한다.

정확히 무엇을 대가로 내어줄 것인지 평가하고 결정하라.

정확히 언제 열망을 가질 것인지 명확한 날짜를 정하라.

목표를 실행하고 달성하기 위한 명확한 계획과 자신의 열망을 동일시하라. 계획을 한 번에 **실행하라.**

성취 계획을 명확히 정의하라. 원하는 것이 무엇인지, 그것을 언제 성취하고 싶은지, 그 대가로 무엇을 내어줄 계획인지를 정확하고 간결하게 종이에 써라.

그 내용을 아침저녁으로 매일 큰 소리로 읽어라. 읽으면서 이미 목표를 이룬 자신의 모습을 보고 느끼고 **믿어라.**

이를 규칙적으로 점검하며 자신이 올바른 길로 가고 있는지, 제대로 된 방향으로 가고 있는지를 파악함으로써 목표 달성을 향한 경로에서 벗어나는 일이 없도록 해야 한다.

확실한 성공을 보장하기 위해 매일 공부하고, 나와 가족에 대해 그리고 어떻게 목표를 달성할지에 대해 생각하는 데 시간을 사용하라. 긍정적인 마음가짐으로.

마음속으로 무슨 생각을 하고 믿든지,

반드시 해낼 수 있다는 것을 기억하라.

긍정적인 마음가짐을 갖고 이를 실천하면 무엇이든 가능하다.

이 원칙을 인생에 활용하기 위해 나는 다음과 같은 일을 할 것이다:

_____

_____

_____

_____

_____

2. 마스터 마인드 연합을 구축하라 -
긍정적인 마음가짐으로

마스터 마인드 연합은 구체적인 목표 달성을 위해 둘 이상의 마음이 서로 완벽한 조화의 정신을 바탕으로 모여 서로 협력하는 관계를 말한다. 즉, 조력자 집단이다.

이 원칙을 활용하면 타인과의 유대를 통해 목표 달성에 필요한 많은 지식과 경험을 얻을 수 있다.

완벽한 조화의 정신을 바탕으로 목표 달성을 위해 진심 어린 도움을 주려는 사람들의 조언과 충고, 개인적인 도움의 손길을 기꺼이 받아들이고 이에 공감함으로써 마스터 마인드 연합을 만들 수 있다.

마스터 마인드 연합의 구성원은 배우자, 관리자, 친구, 동료 등이 될 수도 있다. 일단 마스터 마인드 연합이 형성되면 그룹 전체가 지속적으로 활발히 활동해야 한다. 즉, 명확한 시간에 명확한 공동의 목표를 향해 명확한 계획을 실행해야 하는 것이다. 연합이 우유부단하거나 나태하거나 꾸물거리면 제대로 된 기능을 할 수 없다. 이때 어떤 구성원과도 주저 없이 완벽한 의견 일치를 보아야 한다.

여러 개의 마스터 마인드 연합을 만드는 것도 가능하다. 단, 그 목적은 각각 다르다. 배우자와의 마스터 마인드 연합은 가족 차원의 목표를 달성하는 데 중점을 두는 반면, 은행 직원이나 투자 상담사 또는 변호사와의 마스터 마인드 연합은 주로 경제적 목적으로 결성된다. 목사나 성직자와의 연합이 주로 영적인 목표를 가지고 형성되는 것과 마찬가지다.

이 원칙을 인생에 활용하기 위해 나는 다음과 같은 일을 할 것이다:

_____

_____

_____

_____

_____

3. 매력적인 성품을 갖춰라 -

긍정적인 마음가짐으로

성품은 그 사람의 최대 자산 혹은 최대 부채다. 성품은 마음과 몸, 영혼 등 그 사람이 통제하는 모든 것을 아우르기 때문이다. 사람의 성품은 곧 그 사람이다. 이는 생각과 행동, 타인과의 관계의 속성을 결정하며, 당신이 이 세상에서 점유하게 되는 공간의 경계를 설정한다.

그러므로 반드시 당신 스스로에게, 그리고 남들이 보기에 호감이 가는 성품을 갖춰라.

어떤 사람, 상황, 사건에 대한 당신의 반응에 대한 자각과, 당신의 말과 생각 및 행동에 다른 사람들이나 집단이 보이는 반응을 예민하게 살피는 습관을 반드시 들여야 한다.

호감 가는 성품의 긍정적인 요소

긍정적인 마음가짐	스포츠맨 정신	관용
진정성	주의 집중력	유머 감각
상식적인 예의	겸손한 마음	사람에 대한 호감
미소 짓기	유연성	열정
눈치 빠른 행동	기분과 감정의 조절력	유쾌한 어조
인내심	얼굴 표정 관리	예의에 맞는 옷차림

남에게 대접받고자 하는 대로

남을 대접하라.

이 원칙을 인생에 활용하기 위해 나는 다음과 같은 일을 할 것이다:

_____

_____

_____

_____

_____

4. 실행하는 믿음을 활용하라 -

긍정적인 마음가짐으로

믿음은 목표, 열망, 계획, 목적이 물리적 또는 경제적 등가물로 변환될 수 있는 마음의 상태다.

실행하는 믿음은 **행동**, 특히 어떤 상황에서도 믿음을 실행하는 습관을 의미한다. 당신이 믿는 신, 또는 당신 자신, 당신과 같은 사람들, 그리고 당신이 이용할 수 있는 무한한 기회에 대한 믿음이다.

행동하지 않는 믿음은 결국 죽은 것과 다름없다. 믿음은 **행동**

함으로써 믿는 기술이며 끈질긴 **행동**의 결과로 나타난다. 긍정적인 믿음의 실행은 무한 지성과 직접 소통하는 데 매우 중요하다.

실행하는 믿음은 전폭적인 활동으로 뒷받침할 수 있는, 목표나 목적에 대한 믿음이다. 결과를 원한다면 기도를 해보라. 기도할 때는 당신이 이미 누리고 있는 것들에 대한 은혜와 감사의 마음을 표하라. 그런 다음 하느님의 도움을 구하라. 매일 밤낮으로 기도를 통해 열망의 목표를 확인하라. 상상력을 동원해 이미 목표를 손에 넣은 자기 모습을 그려보고, 실제 목표를 손에 넣은 것처럼 행동하라. 무언가를 소유하기 위해 노력하는 일은 그것을 소유한 자신의 모습을 상상하는 일에서부터 시작해야 한다.

기도는 가장 강력한 힘이다!

이 원칙을 인생에 활용하기 위해 나는 다음과 같은 일을 할 것이다:

_____

_____

_____

_____

_____

5. 한층 더 노력하라 -

긍정적인 마음가짐으로

당신이 받은 대가보다 더 많이, 더 좋은 서비스를 제공하라. 여기에는 반드시 긍정적인 마음가짐을 동반해야 한다. 한층 더 노력하는 습관을 들여라. 그러면 그 자체만으로도 즐거움을 얻을 수 있을 뿐만 아니라 당신의 내면 깊숙한 곳까지 영향을 미쳐서 결국에는 그것이 당신 자신에게 도움이 되기 때문이다. 당신이 뿌리는 유용한 서비스의 모든 씨앗은 몇 배로 늘어나, 나중에 엄청난 양으로 자신에게 되돌아오게 되어 있다.

　이 원칙을 따르면 당신은 다른 사람들에게 없어서는 안 될 존재가 될 것이다. 이 원칙은 두 가지 중요한 법칙으로 표현되는데, 하나는 보상의 법칙이고 다른 하나는 수확 체증의 법칙이다. 이 불변의 법칙들은 항상 즉각적인 보상의 한계와 상관없이 직관적으로, 지적 노력들을 보상한다.

$$Q^1 + Q^2 + MA = C \text{ ('한층 더 노력하기' 공식)}$$

　서비스의 질과 양에 그것을 제공할 때의 마음가짐을 더하면, 그 결과는 당신이 받는 보상과 동료들의 마음속에서 당신이 차지하는 비중으로 나타나게 된다.

긍정적인 마음가짐으로 한층 더 노력하는 습관을 만들어라!

이 원칙을 인생에 활용하기 위해 나는 다음과 같은 일을 할 것이다:

_____

_____

_____

_____

_____

6. 자기 주도성을 개발하라 -
긍정적인 마음가짐으로

자기 주도성은 모든 **행동**을 시작할 수 있는 내면의 힘이자, 시작한

일을 완수하도록 자극하는 힘이다. 또한 상상력에 시동을 걸어 행

동으로 옮기게 만드는 발전기다.

이는 사실상 **자발적인 동기 부여**다.

동기 부여는 **행동**을 유도하거나 선택하게 만들며, 이는 동기를

제공한다. 동기란 오로지 개인의 내면에만 있는 내적 욕구로, 생각

이나 감정, 욕망, 충동으로 인한 **행동**을 부추긴다. 동기는 구체적

인 결과를 도출하려는 과정에서 시작되는 희망, 또는 그 외의 다른

힘이다.

스스로에게 동기를 부여할 수 있는 원칙을 알고 있다면, 다른

사람에게 동기를 부여할 수 있는 원칙 또한 아는 것이다.

긍정적인 마음가짐으로 스스로에게 동기를 부여하라. 희망은 동기 부여의 마법과 같은 요소이지만, 성취의 비결은 그것을 **행동**으로 옮기는 것이다.

자발적인 동기를 이용하고 개발하라. 지금 당장!

이 원칙을 인생에 활용하기 위해 나는 다음과 같은 일을 할 것이다:

_____

_____

_____

_____

_____

7. 긍정적인 마음가짐을 길러라

긍정적인 마음가짐이란 신의 섭리나 인간의 권리를 위반하지 않는 선에서 사람, 상황 또는 여건에 대한 **올바르고 정직하며 건설적인 생각과 행동 또는 반응**을 뜻한다.

긍정적인 마음가짐은 희망을 발판으로 절망과 좌절의 부정적인 태도를 극복할 수 있게 해준다. 또한 마음먹은 일은 무엇이든 해낼 수 있는 정신력과 감정, 자신감을 심어준다. 이는 흔히 사람들이 인생에서 어려운 상황을 마주했을 때 나오는 '나는 할 수 있다! 나는 해낼 것이다!'와 같은 태도를 일컫는다.

자신의 의지력을 통해 긍정적인 마음가짐을 만들고 유지할 때, 그 바탕에는 적용하고자 하는 동기가 깔려 있다. 긍정적인 마음가짐을 기르려면 다음의 황금률을 이해하고 적용하라. 사려 깊게 행동하고 타인의 반응을 예민하게 살펴라. 감정적인 반응을 자제함으로써 스스로의 반응도 예민하게 살펴라. 좋은 탐지력을 갖춰라. 어떤 목표든 성취할 수 있다고 믿어라. 그리고 올바른 사고 및 행동 습관을 길러라.

긍정적인 마음가짐은 가치 있는 성공을 달성하기 위해 필요한 촉매제다. 긍정적인 마음가짐과 명확한 목표는 그 외의 15개 성공 원칙들 가운데 하나 또는 그 이상과 적절히 결합할 때 성취를 이룰 수 있다.

올바른 정신적 태도, 즉 긍정적인 마음가짐을 유지하라.

이 원칙을 인생에 활용하기 위해 나는 다음과 같은 일을 할 것이다:

8. 열정을 절제하라 -
긍정적인 마음가짐으로

열정이 없는 사람은 태엽이 없는 시계와 같다. 노터데임^{Notre Dame} 대학교의 신학 연구 교수인 존 오브라이언^{John O'Brien} 신부는 "성공적이고 유능하고 실력 있는 개인에게 절대적으로 필요한 첫 번째 요소는 바로 열정이다"라고 말한다. 또한 그는 "열정이라는 단어는 그리스어에 어원을 두고 있는데, 그 어원을 살펴보면 열정이란 말의 근원, 기본적이고 근본적인 원래 의미를 알 수 있다. 첫 번째는 바로 'theos'로, '신'을 뜻한다. 다른 두 단어는 'en-Tae'인데, 고대 그리스인들이 초기에 이 용어를 사용한 방식을 보면 문자 그대로 '자기 안의 신'을 뜻했다"라고 하며 이 말을 더했다. "어떤 전투도 열정 없이는 이길 수 없다."

원하는 목표를 성취하는 데 열정을 다하려면 그 목표를 매일

매 순간 마음속에 품어야 한다. 그것이 가치 있고 바람직한 목표일수록 더욱 헌신과 열정을 다하게 될 것이다. 윌리엄 제임스^{William}

James의 다음과 같은 말을 이해하고, 그에 따라 행동하라: "감정이 항상 이성을 즉시 따르지는 않지만, **행동은 항상 즉시 따른다.**" 열정은 긍정적인 마음과 행동이 발판이 될 때 더욱 큰 힘을 발휘한다. 이는 열정을 절제하기 위한 핵심이다. 항상 열정적으로 집중할 만큼 가치 있는 목표를 제시하고, 그러한 목표에 열정을 쏟아부으면 그 열정이 당신을 앞으로 이끌어갈 것이다.

진정한 열정은 내면으로부터 나온다. 그러나 열정은 마치 우물에서 물을 퍼 올리는 것과 같아서, 처음에는 펌프에 마중물을 부어야만 물을 계속해서 퍼 올릴 수 있다. 당신은 자신이 아는 일, 그리고 하는 일, 나아가 그 어떤 일에든 열정을 다할 수 있다. 열정에는 긍정적인 마음가짐이 지닌 특성이 있다. 열정은 한 사람의 생각과 느낌, 감정으로부터 자연스럽게 생겨나지만, 더 중요한 것은 의지에 따라서도 열정을 불러올 수 있다는 점이다.

열정적이 되려면 열정적으로 행동하라!

이 원칙을 인생에 활용하기 위해 나는 다음과 같은 일을 할 것이다:

9. 자기 훈련을 실천하라 -
긍정적인 마음가짐으로

자기 훈련은 자기 스스로에 대한 통제력을 키울 수 있게 해준다. 자기 훈련의 시작은 자신의 생각, 자신의 진정한 정체성, 자신이 하는 일을 잘 아는 데서 비롯된다. 실패와 성공은 습관의 결과다. 사람은 습관의 동물이지만, 마음과 몸을 모두 다 가진 존재이기에 습관을 충분히 바꿀 수 있다.

자기 훈련은 사고 습관의 형성과 유지를 돕는 데 있어 가장 중요한 역할을 할 것으로 예상한다. 사고 습관은 개인이 원하는 목표에 온 정신을 집중하고, 그 목표를 달성할 때까지 집중력을 유지할 수 있게 해준다.

생각을 통제하지 않으면 행동 역시 통제할 수 없다. 따라서 생각이 선행되고 난 다음에 행동이 뒤따라야 한다. 자기 훈련은 당신이 목표 및 목적과 조화를 이룰 수 있도록 하는 데 필요한 사고 패턴을 자발적으로 형성하게 만드는 원칙이다.

생각을 유도하고, 감정을 절제하고,

긍정적인 마음가짐으로 자신의 운명을 결정하라.

이 원칙을 인생에 활용하기 위해 나는 다음과 같은 일을 할 것이다:

_____

_____

_____

_____

_____

10. 정확히 사고하라 -

긍정적인 마음가짐으로

정확한 사고는 다음의 두 가지 주요 기본 원리를 기반으로 하고 있다.

    1. 알려지지 않은 사실이나 가설에 대한 추정을 기반으로

한 귀납적 추론

2. 알려진 사실이나 사실로 여겨지는 명제를 기반으로 한
연역적 추론

우리는 학교에서 연역적 추론과 귀납적 추론, 잘못된 전제에서 비롯된 부당 전제의 오류와 추론의 오류를 배운다. 정확한 사고와 상식은 부분적으로 경험의 결과다. 목표 달성을 위해 원칙을 인식하고, 연관 짓고, 완벽히 이해하고, 적용하는 법을 익히면 자신뿐 아니라 타인의 경험을 통해서도 배울 수 있다.

1. 사실을 허구 또는 전문傳聞 증거와 구분하라.

2. 사실을 중요한 것과 중요하지 않은 것으로 구분하라.

타인의 의견은 위험하거나 유해할 수도 있으므로 늘 유의하라. 타인의 편견을 나의 의견으로 삼지 말라. 정확한 사고를 하는 사람은 자신의 의견을 믿고 판단함으로써 누가 자기에게 영향을 주려는지와 상관없이 신중히 행동하는 법을 익힌다.

편협한 마음 앞에서도, 무지하거나 믿음을 거부하는 태도 앞에서도,

진실은 진실일 뿐이다.

이 원칙을 인생에 활용하기 위해 나는 다음과 같은 일을 할 것이다:

_____

_____

_____

_____

_____

11. 집중력을 통제하라 -

긍정적인 마음가짐으로

통제된 집중력은 유기적인 마음의 힘이자, 자기 훈련의 최고 형태다. 또한 이것은 마음의 모든 기능을 조율하고, 이 통합된 힘을 주어진 목적 또는 명확한 목표로 향하게 하는 행위로써 엄격한 자기훈련을 통해서만 가능하다.

따라서 긍정적이고 명확한 목표에 집중하면서 일상의 사고 습관을 통해 마음을 해당 주제에 집중할 때, 잠재의식이 그러한 목표에 따라 행동하게끔 길들이는 것이다. 통제된 집중력이 목표에 초점을 맞출 때, 이는 자기 암시의 원칙을 긍정적으로 활용하기 위한 수단으로써 기능하게 할 것이다.

마음은 가만히 있을 수가 없다. 자는 동안에도 마찬가지다. 마음은 그것에 미치는 영향에 반응하면서 끊임없이 움직인다. 따라서 통제된 집중력의 목적은 당신의 목표 달성에 도움이 될 수 있는 주제에 생각을 전념하게 만드는 것이다.

통제된 집중력은 최고 수준의 극기다. 자기 마음을 다스릴 줄 아는 사람이 다른 모든 것도 다스릴 수 있다는 것은 기정사실이기 때문이다.

원하는 것들에 마음을 집중하고,

원치 않는 것들은 잊어버려라.

이 원칙을 인생에 활용하기 위해 나는 다음과 같은 일을 할 것이다:

_____

_____

_____

_____

_____

12. 팀워크를 다져라 -

긍정적인 마음가짐으로

팀워크는 특정 목적을 달성하기 위해 모두가 적극 협력하면서 노력을 분담하는 것을 말한다. 팀워크의 정신이 적극적이고 자발적이고 자유로울 때 그 팀은 강력하고 지속적인 힘을 얻을 수 있다.

이는 모든 팀원들의 자원과 재능을 조율하는 동시에 부정행위와 불공정을 자연스럽게 저지하는 시스템으로, 정직하고 이타적으로 팀을 위해 노력하는 사람들에게는 적절한 보상이 따르도록 한다.

팀워크의 원칙은 마스터 마인드의 두 가지 필수 요소인 명확한 목표의 원칙이나 조화의 원칙을 반드시 수용할 필요 없이 노력을 분담하는 방식을 채택하고 있다는 점에서 마스터 마인드 원칙과는 다르다.

팀워크는 힘을 발휘하지만, 그 힘이 일시적인지 영구적인지는 협력을 유발하는 동기에 따라 달라진다. 만일 동기가 자발적인 협력을 이끌어내는 것이라면, 이런 종류의 팀워크를 통해 생긴 힘은 자발성이 유지되는 동안만 지속될 것이다.

팀워크는 개인과 기업을 발전시키며 모두에게 무제한의 기회를 제공한다. 그것은 바로 당신이 가진 좋은 것의 일부를 남들과 공유하는 것이다.

공유하면 배가 되고,

숨기면 줄어들 것이다.

이 원칙을 인생에 활용하기 위해 나는 다음과 같은 일을 할 것이다:

_____

_____

_____

_____

_____

13. 역경과 좌절을 통해 배워라 -
긍정적인 마음가짐으로

긍정적인 마음가짐을 갖고 이를 실천하는 사람은 그 어떤 역경 속에서도 그와 동일하거나 더 큰 이익의 씨앗을 발견한다.

좌절은 이를 대하는 방식과 마음가짐에 따라 디딤돌이 될 수도 있고 걸림돌이 될 수도 있다.

좌절은 그것을 실패라고 받아들이기 전까지 절대 실패가 아니다.

좌절에 대한 마음가짐은 당신이 운 또는 불운의 흐름에 편승할 것인가를 결정하는 매우 중요한 요소다. 긍정적인 마음가짐을 가진 사람은 좌절을 받아들이지 않고 투지로 대응하는 반면, 부정적인 마음가짐을 가진 사람은 무력하게 좌절을 받아들인다.

당신에게 일어나는 최악의 일은

그 상황에 굴하지 않는 한 최고의 일이 될 수도 있다.

이 원칙을 인생에 활용하기 위해 나는 다음과 같은 일을 할 것이다:

_____

_____

_____

_____

_____

14. 창의적인 비전을 길러라 -

긍정적인 마음가짐으로

인간이 가진 최고의 능력은 사고력Thinking Mind이다. 사고력은 분석하고 비교하고 선택한다. 또한 새로운 것을 만들고 마음속에 그러보고 앞을 내다보고 아이디어를 만들어낸다.

　상상력은 마음의 운동이고 도전이며 모험이다. 상상력은 개인이 이룬 모든 성취의 핵심이고 인간이 행하는 모든 노력의 주요 동인이며 영혼으로 통하는 비밀의 문이다. 상상력은 물질적인 것에 연관된 아이디어와, 물질적인 것에 관한 인간의 활동에 영감을 준다.

　상상력은 낡은 생각과 기정사실들이 한데 섞여 새로운 조합으로 탄생됨으로써 새롭게 활용할 수 있는 인간 정신의 작업실이다. 그것은 물질, 지식 또는 생각들을 새롭고 독창적이고 합리적인 시스템으로 분류하는 건설적인 지성의 행위로, 시적, 예술적, 철학적, 과학적, 윤리적 상상력을 수용하는 건설적이고 창의적인 능력이다.

　창의적인 비전은 정신의 타고난 자질일 수도, 후천적으로 획득한 자질일 수도 있다. 상상력을 자유롭고 대담하게 활용함으로써 만들어지는 것이기 때문이다.

　창의적인 비전은 물질적인 것에 대한 이해관계 너머로 확장된다. 과거를 미루어 미래를 판단하고, 과거보다 미래를 더 중시한다. 상상력은 이성과 경험의 힘에 영향을 받고 통제된다. 창의적인 비전은 이러한 힘을 제쳐두고 아주 새로운 아이디어와 방법으로 목표를 달성한다.

　아이디어의 흐름을 촉진하기 위한 한 가지 방법은 바로 공부 시간, 생각하는 시간, 계획하는 시간을 갖는 습관을 들이는 것이다. 조용한 곳에서 가만히 목표 달성 방법에 대해 깊이 생각하면서 내면의 목소리에 귀를 기울여라.

상상할 수 있는 것은 창조할 수 있다.
긍정적인 마음가짐을 통해서라면.

이 원칙을 인생에 활용하기 위해 나는 다음과 같은 일을 할 것이다:

_____

_____

_____

_____

_____

15. 건강을 유지하라 -
긍정적인 마음가짐으로

우리는 몸과 마음을 가진 존재다. 뇌가 몸을 통제하는 만큼, 건강한 신체에는 긍정적인 마음가짐과 건강 관념이 필요하다. 일, 놀이, 휴식, 영양 섭취, 공부 등의 활동을 위해 균형 잡힌 좋은 건강 습관을 들여라. 건강 관념을 유지하려면 질환이나 병이 아닌 좋은 건강 상태에 대해 생각하라. 경제적 성공이든 육체적 건강이든, 마음이 집중하는 대상은 그대로 현실이 된다는 것을 기억하라.

올바른 건강 관념을 기르고 유지하기 위해 긍정적인 마음가짐을 가지려면 자기 훈련이 필요하다. 또한 마음속에서 부정적인 생각과 영향을 몰아냄으로써 균형 잡힌 삶을 유지해야 한다. 일한 후에 놀이를, 정신적 노력 후에 신체적 노력을, 식사 후에 단식을, 진지함 후에 유머를 즐기면 건강과 행복을 얻을 수 있다.

긍정적인 마음가짐을 활용하면 건강한 정신과 신체를 만들 수 있다. 즉, 긍정적인 마음가짐은 결국 건강과 장수를 누리게 해준다는 사실을 기억하라.

나는 건강하다! 나는 행복하다! 기분이 정말 좋다!

이 원칙을 인생에 활용하기 위해 나는 다음과 같은 일을 할 것이다:

_____

_____

_____

_____

_____

16. 시간과 돈을 계획적으로 사용하라 -

긍정적인 마음가짐으로

일과 생활 모두에서 시간과 자원을 균형 있고 현명하게 사용하라. 자신의 역량과 활동을 깨닫고 시간과 돈을 어디서 어떻게 사용하고 있는지를 파악하라.

공부 시간, 생각하는 시간, 계획하는 시간을 가져라.

시간이나 돈을 낭비해선 안 된다. 당신의 시간이나 버는 돈의 10퍼센트는 저축을 하거나 투자하기 위한 것이다. 잘나가는 사업가들이 그렇듯 예산을 수립해야 한다. 목표 달성을 위해 시간을 효율적으로 사용하라. 생활비, 저축, 투자를 위해 소득 사용 계획을 세워라.

기대한 바를 얻으려면 항상 긍정적인 마음가짐으로

자신을 점검해야 한다.

이 원칙을 인생에 활용하기 위해 나는 다음과 같은 일을 할 것이다:

_____

_____

_____

_____

17. 우주적 습관의 힘을 활용하라 -

긍정적인 마음가짐으로

온 우주와 관련된 우주적 습관의 힘은 기존의 패턴이나 습관을 통해 우주의 균형이 유지되는 법칙이다. 이는 모든 생명체와 모든 물질의 입자가 그 환경의 지배적인 영향을 받는다는 법칙으로, 인간의 신체적 습관과 사고 습관도 여기에 포함된다.

우주적 습관의 힘은 보편적인 법칙이나 원칙을 사용할 때 긍정적인 마음가짐으로 활용하는 힘이다. 의식이든 잠재의식이든 정신력을 사용할 때 우주적 습관의 힘을 발휘할 수 있다. 당신은 대체로 이러한 방식으로 생각하면서 점점 부자가 되거나 원하는 목표를 성취할 수 있으며, 이때 신의 섭리를 거스르거나 다른 사람의 권리를 침해하지 않아야 함은 물론이다.

우리는 모두 습관의 지배를 받는다. 이런 습관은 반복적인 생각과 경험을 통해 굳어진다. 자신의 생각에 완벽한 통제권을 가진 것은 자기 자신이다. 특정한 생각이나 행동을 반복함으로써 하나의 사고 패턴이 만들어지면, 우주적 습관의 힘이라는 법칙이 이러한 패턴을 이어받아 의식이 재조정하기 전까지 거의 영구적으로 남는다.

사람이라면 누구나 좋은 습관과 나쁜 습관을 갖고 있을 것이다. 대부분의 습관은 스스로 알고 있지만, 바람직하지 못한 습관중에는 그 자신도 미처 깨닫지 못한 것들이 있다. 각각의 습관은 의식적으로든 무의식적으로든 마음속에서 시작된다. 그리고 마음을 제대로 활용하면 자신이 원하는 대로 각 습관을 키워가거나 상쇄시키거나 바꿀 수 있다.

사람은 각자 자기 습관의 지배를 받는다. 기존의 습관을 대체하려면 새로운 습관을 들여야 한다. 명확한 목표나 목적을 달성하는 데 도움이 될 만한 긍정적인 습관을 길러라.

행동의 씨앗을 뿌리면 습관을 거둔다.

습관의 씨앗을 뿌리면 성격을 거둔다.

성격의 씨앗을 뿌리면 운명을 거둔다.

이 원칙을 인생에 활용하기 위해 나는 다음과 같은 일을 할 것이다:

_____

_____

_____

_____

_____

"성공한 자신의 모습을 머릿속에 그리면서

불타오르는 열망을 키워라!

열망의 불꽃이 높이 타올라

당신이 앉아 있는 의자를 태워버리게 만들어라."

옮긴이 김현정

서울대에서 국문학과 불문학을 전공했고, 몬터레이국제대학원 통번역 석사 과정을 졸업했다. 외교통상부 통상법무과 영문 에디터를 거쳐 정부 기관 및 기업에서 번역 업무를 맡았다. 현재는 출판번역 에이전시 유엔제이에서 영어 번역가로 활동하고 있다. 옮긴 책으로는 《타이탄의 지혜들》, 《사람을 끌어당기는 피드백 대화법》, 《구글맵 혁명》, 《미국, 제국의 연대기》, 《디지털 혁신을 구축하라》 등이 있다.

나폴레온 힐
당신은 반드시 성공할 것이다

1판 1쇄 발행 2024년 1월 29일

지은이 나폴레온 힐
옮긴이 김현정
발행인 오영진 김진갑
발행처 토네이도미디어그룹(주)

책임편집 유인경
기획편집 박수진 박민희 박은화
디자인팀 안윤민 김현주 강재준
마케팅 박시현 박준서 조성은 김수연
경영지원 이혜선

출판등록 2006년 1월 11일 제313-2006-15호
주소 서울시 마포구 월드컵북로5가길 12 서교빌딩 2층
원고 투고 및 독자 문의 midnightbookstore@naver.com
전화 02-332-3310 팩스 02-332-7741
블로그 blog.naver.com/midnightbookstore
페이스북 www.facebook.com/tornadobook
인스타그램 @tornadobooks

ISBN 979-11-5851-284-2 (03190)